Allegria

Die Autorin

Ellen Dugan, die auch als die »Gartenhexe« bekannt ist, ist eine Hellseherin, die mit ihrem Mann und ihren drei Kindern in Missouri lebt. Als seit achtzehn Jahren praktizierende Hexe verfügt Ellen auch über viele Jahre Erfahrung mit Baumschulen und Gartenbaus, einschließlich Landschafts- und Gartengestaltung. Ihren *Master in Gartenbau* erhielt sie von der Universität in Missouri und ihrem örtlichen County Extension Office. Suchen Sie nach anderen Artikeln von Ellen in den Llewellyn-Jahrbüchern »Magical Almanac«, »Wicca Almanac« und »Herbal Almanac«. Besuchen Sie auch ihre Website unter www.geocities.com/edugan_gardenwitch.

Ellen Dugan

Mabon

Das Fest des Herbstes

Aus dem Amerikanischen übersetzt
von Georg Karg

Ullstein

Besuchen Sie uns im Internet:
www.ullstein-taschenbuch.de

Allegria im Ullstein Taschenbuch
Herausgegeben von Michael Görden

Aus dem Amerikanischen übersetzt von Georg Karg

Die Originalausgabe mit dem Titel
»AUTUMN EQUINOX – The Enchantment of Mabon«
erschien 2005 im Verlag LLewellyn Publications, St. Paul, MN, USA

Umwelthinweis:
Dieses Buch wurde auf chlor- und säurefreiem Papier gedruckt.

Ullstein Taschenbuch ist ein Verlag
der Ullstein Buchverlage GmbH, Berlin.
Originalausgabe im Ullstein Taschenbuch
1. Auflage August 2008

Umschlaggestaltung: FranklDesign, München

Gesetzt aus der Garamond
Satz: Keller & Keller GbR
Druck und Bindearbeiten: GGP Media GmbH, Pößneck
Printed in Germany
ISBN 978-3-548-74324-0

Inhalt

Widmung 11
Einleitung 13

Kapitel 1
Die Herbst-Tagundnachtgleiche und das Erntefest 19

Herbstäquinoktien oder Mabon? Ein Erntefest, egal aus welchem Blickwinkel 21
Verschiedene Mythen um Göttinnen der Ernte 23
Erntefabeln 24
Ihr nennt es Corn, wir nennen es Mais 26
John Barleycorn und der Herr der Ernte 28
Der Opfergott 31
Europäische Erntebräuche, Folklore und Feste 33
Erntefeste zur Zeit der Tag- und Nachtgleiche 36
Englisches Erntedankfest 36
Holy Road Day oder Nutting Day 37
Michaeli 38
Oktoberfest 39
Das amerikanische Erntefest: Thanksgiving 39
Das Erntedankfest down under 42
Fröhliche Erntefeiertage 43
Die Feier des Herbstes und der Ernte heute 45

Kapitel 2
September – Sonnenzeichen und Sterne 47

Virgo, die Jungfrau 49
Herbstfeen-Meditation 52
Ein Virgo-Tarotzauber für den Überfluß 54
Ein Virgo-Kerzenzauber-angewandte Magie 57
Ein September-Kräuterzauber 59

Ein Anti-Streß-Kräuterzauber 60
Anrufung der Amseln um Fertigkeiten und Schläue 61
Libra – die Waage 63
Die Meditation des sechszackigen Sterns der Waage 65
Ein Tarotzauber der Waage 66
Waagen-Kerzenzauber zur Förderung der Harmonie 69
Ein herbstlicher Kräuterzauber 71
Auf den Flügeln der Taube: ein Zauber für Schönheit und Partnerschaft 72

KAPITEL 3
ERNTE-MONDMAGIE 75

Ein Familien-Outing 77
Ein Mondfest in der Mitte des Herbstes 80
Eine Anrufung von Chang-O, der Göttin des Herbstmondes 82
Vollmondmagie für den Herbst 84
Vollmondritual für eine Person: der Weinmond 85
Vollmond-Feen-Weisheitszauber 90
Das Arbeiten in der Gruppe 94
Vollmond-Gruppenritual 96

KAPITEL 4
ERNTEGÖTTINNEN 99

Demeter, die ultimative Ernte-Muttergöttin 100
Eine neue Betrachtungsweise für eine alte Geschichte 103
Die Geschichte der Persephone 105
Magie mit Demeter und Persephone 109
Eine Anrufung Demeters um Überfluß und Erfolg 110
Korrespondenzen der Persephone 111
Die Wahl des eigenen Weges mit Persephone 112
Elen von den Wegen 114
Eine Anrufung Elens 115
Pomona, die römische Göttin der Äpfel 118
Pomona und die Magie der Herbstäpfel 120
Mehr Ideen zur Göttinnen-Magie 122

KAPITEL 5
DIE GÖTTER DER VEGETATION UND DES WEINSTOCKS 125
Dionysos, Gott des Weinstocks 127
Die Geschichte des Dionysos 129
Die Gaben des tanzenden Gottes 131
Eine Gruppenanrufung des Dionysos zu Mabon 132
Die Erfahrung der Weinernte heute: örtliche Weinhandlungen 133
Der grüne Mann 137
Herbstmagie mit dem grünen Mann 139
Herne, der Jäger 142
Begegnung mit Ängsten mit Hilfe des Gottes der wilden Jagd 144
Geweihe und Eicheln 146

KAPITEL 6
DER GARTEN IM HERBST: HERBSTBLUMEN- UND LAUB-FASZINATION 147
Herbst im Garten 149
Ein Dutzend magischer Herbstpflanzen der Gartenhexe 150
Blumenzauber für den Herbst 160
Ein Vielzweck-Herbststiefmütterchen-Zauber 161
Trichterwinden-Schutzzauber 161
Das Wirken von Zirkeln mit Herbst-Chrysanthemen 162
Ein Zwiebelpflanzzauber 163
Herbstlaub 164
Herbstfarbenmagie mit Laub 166
Gelb und Gold 167
Orange und Rostfarbe 168
Rot und Burgunderrot 170
Diese bezaubernden Blätter, Blumen und Bäume 173

KAPITEL 7
DER ZAUBER DER ÄQUINOKTIEN: CHARME DES HERBSTES 175
Äpfel 173
Weintrauben 178
Ziermais und Kornbündel 179

Kürbisse 180
Füllhörner 183
Weizen und Getreide 185
Ein goldener Erfolgszauber 185
Die Vogelscheuche 186
Vogelscheuchen-Folklore in Europa und Amerika 190
Vogelscheuchen-Magie 193
Ein Vogelscheuchen-Schutzzauber für das Grundstück 194
Eine Vogelscheuchen-Verzauberung des Überflusses 195
Herbstliche Kerzenmagie 196
Kerzenfarbentabelle für den Herbst 197
Ein Kerzenzauber des Gottes und der Götttin 197
Äquinoktien-Kerzenritual der Balance 199
Herbstäquinoktien-Ritual für eine Person 200

KAPITEL 8
DAS FEST DER ERNTE ZEIT 205

Jahreszeitliche Rezepte 209
Truthahn-Zeittafel 209
Die Zubereitung von Wildbret 210
Kens und Ellens Füllung 211
Rosmarin-Knoblauch-Kartoffeln 213
Käseüberbackener Kürbis 214
Shoepeg-Mais-Schmorpfanne 215
Vegetarische Spinatlasagne 215
Doras Weintrauben-Marmelade 216
Janets Apfelbutter aus dem Topf 217
Großmutter Dorothys Kuchenkruste 218
Streuselkruste für Kuchen 219
Apfelkuchen für tiefe Formen 219
Zuckerfreie Apfelkuchenfüllung 220
Brombeerkuchen 221
Ernteäpfel-Kopfüber-Kuchen 221
Kürbisbrot 222
Apfelsaucen-Kekse 223

Backtips, Küchenhinweise und spaßige Fakten 224
Allzweckzauber zur Segnung der Nahrung 225
Verhexte Tips und Tricks für natürliche Blumengewinde 226
Speisesegen und heidnische Gebete 228
Erntegebet 228
Allgemeines Tischgebet 229
Sabbat-Gebet 229

KAPITEL 9
HERBSTPOTPOURRI: ZAUBERKÜNSTE UND MAGISCHE PROJEKTE 231

Weinlaubkranz für die Tag- und Nachtgleiche 233
Metallischer Minilaubkranz 234
Beleuchtete Schutzgirlanden für den Herbst 237
Belaubte Leuchtkörper zur Erhellung der Nächte 238
Kräuterseifen 239
Lavendel-Zitronen-Seife 241
Honig-Hafermehl-Seife 242
Gärtner-Schrubber-Seife 243
Seifenzauber 245
Korrespondenztabelle für weitere Herbstzauber 246
Erntegottheiten 246
Kristalle und Steine für den Herbst 248
Magische Kräuter, Pflanzen und Nahrungsmittel 250
Herbstzauber-Arbeitsblatt 253

ABSCHLUSS 255

Die Erntehexe 255

Danksagung 258
Bibliographie 259
Index 263

Widmung

Für meine Kinder Kraig, Kyle und Erin

Ich erinnere mich gerne daran, wie ich Euch die Grundlagen der Kunst und die Namen aller Sabbate beigebracht habe, als Ihr noch klein wart. Ich erinnere mich auch, wieviel Freude es Euch gemacht hat, den Namen eines ganz bestimmten Herbst-Sabbats zu rufen, auch wenn Ihr dic korrekte Antwort gewußt hättet, nur um mich durcheinanderzubringen.

Da saßen wir, ob wir nun Eier für Ostara anmalten oder Geschenke für das Yulfest einpackten, und ich fragte um den Namen des kommenden Feiertages. Ihr drei habt Euch angesehen, gegrinst und unisono »Mabon!« gerufen. Egal welche Frage ich Euch in Sachen Magie über die Jahre hinweg gestellt habe, dies ist zu einer Standardantwort geworden.

Dann kam die Zeit, in der Ihr alle älter wart, auf der Highschool und im College und ich darum gebeten wurde, eines der Bücher für die Sabbat-Serie zu schreiben. Nachdem ich angenommen hatte, ging ich ins Wohnzimmer, verwirrt und aufgeregt, um festzustellen, daß Ihr Euch auf den Möbeln breitgemacht hattet und aufs Schönste miteinander strittet.

»Ratet mal, welches Sabbat-Buch ich schreiben soll?« fragte ich Euch drei. Ich glaube, es war Kyle, der seine Augenbraue hochzog und fragte: »Wenn ich jetzt ›Mabon‹ sage, haust Du mir dann etwas um die Ohren?«

Wie um alles in der Welt es mir gelungen ist, solch gewitztsarkastische, besserwisserische Kinder aufzuziehen, ist ein beständiges Rätsel für mich. Unglücklicherweise liebe ich Euch deswegen nur um so mehr.

Dies ist für Euch drei.

Einleitung

Den alten Herbst ich sah, des Morgens, ganz im Nebel,
Der Stille gleich und frei von Schatten, lauschend.

Thomas Hood

Der vergessene Sabbat?
Im Gegenteil, dies ist die Jahreszeit der Hexe

Die Herbst-Tagundnachtgleiche darf für immer als einer meiner Lieblingssabbate gelten. Warum? Wahrscheinlich weil es ein so stiller und doch tiefer Feiertag ist. Es ist ein magischer Feiertag, der noch nicht vom Kommerz überschattet ist. In den letzten Jahren haben einige Leute angefangen, diesen Feiertag als den »vergessenen Sabbat« zu bezeichnen, was mir ein Rätsel ist. Wie kann er vergessen sein, wenn die Veränderung in der Luft, die sich verfärbenden Blätter und die kürzer werdenden Tage alles tun, um Ihre Aufmerksamkeit auf sich zu ziehen?

Diese Jahreszeit spricht die Sinne an. Sie können sehen, wie sich die Blätter an den Bäumen verändern, Sie spüren den Biß der abendlichen Luft und den Tau, der Ihre Schuhe durchnäßt, wenn Sie am Morgen über das Gras schreiten.

Halten Sie inne und riechen Sie den würzigen Geruch der Herbstblumen, wenn sich die Farbe im Garten von Pastell zum tiefen Ton von Juwelen und wunderbaren Mustern verändert.

Der Herbst ist, wenn Sie mich fragen, die verhexteste Zeit des Jahres. Im vergangenen Jahr bin ich mit meiner Familie zum Äpfelpflücken gegangen, da dies eine unserer liebsten Familientraditionen ist, und zwar an einem nebligen Septembermorgen. Wir waren früh losgezogen und hatten den Obstgarten, wie es das Glück fügte, für uns allein. Da waren nur wir fünf und der schwarze Labrador des Bauern, der mit uns auf dem Traktor zum Garten gefahren war. Er genoß die Streicheleinheiten und Aufmerksamkeiten der Kinder, ignorierte aber geflissentlich ihre Versuche, ihn einen Stock apportieren zu lassen.

Es war ruhig und friedlich, bis auf die Tatsache, daß meine Kinder, allesamt ältere Teenager, entweder darüber stritten, welche der vielen Äpfelsorten am besten schmeckte, oder einander aufs Fröhlichste beleidigten. Ich wanderte etwas abseits von den Kindern und ihren Zwistigkeiten und überließ es meinem Mann, Schiedsrichter zu spielen, und schritt weiter weg die Baumreihen entlang.

Die Sonne versuchte, den Nebel hinwegzubrennen, aber dieser hielt sich. Als ich durch den knöcheltiefen Nebel schritt und die Reihen der schwer mit goldgelben Früchten beladenen Apfelbäume entlangwanderte, fragte ich mich, ob so wohl Avalon aussehen könnte. Ich blickte über den Obstgarten hin und bemerkte eine leichte Verfärbung in den umliegenden Wäldern. Ich schoß ein paar Bilder und stellte fest, daß es mich keineswegs überraschen würde, wenn plötzlich ein Naturgeist auftauchte.

Mein Mann schob seinen Kopf hinter einem Apfelbaum hervor und begab sich still an meine Seite. Für einen Moment standen wir ruhig beieinander und genossen die Aussicht. »An diesem Morgen kann man den Herbst regelrecht fühlen«, sagte er.

Als ich so stand und mich bei ihm anlehnte, sahen wir zu, wie der dünner werdende Nebel über das Gras kroch, und ich murmelte: »Das Jahresrad dreht sich.«

Wir standen noch für einige Augenblicke in gemeinschaftlichem Schweigen und genossen die Magie des Obstgartens und des nahenden Herbstes. Wir mußten lachen, als kurz darauf unsere drei »erwachsenen« studierenden und noch im Schulalter befindlichen Kinder dahergelaufen kamen, lachend und einander mit herabgefallenen Äpfeln bewerfend. Ich warf einen letzten Blick auf den sich lichtenden Nebel und sprach einen stillen Dank an den Herrn und die Herrin für die Gelegenheit, ein wenig vom Zauber des Herbstes zu erfahren. Dann versammelten wir unsere Truppen und machten uns daran, Äpfel zu pflücken.

Die Kinder zum Äpfelpflücken mitzunehmen ist eine Herbsttradition, die ich ins Leben rief, als meine Jungs gerade gehen gelernt hatten. Im ersten Jahr, als wir loszogen, blieb mein Mann mit meiner Tochter zu Hause, da sie noch ein Säugling war. Wir drei verlebten eine großartige Zeit; ich machte unzählige Photos und die Jungs genossen es, mir zu zeigen, wie groß sie seien, indem sic gerade nach den Äpfel griffen, die außerhalb ihrer Reichweite hingen.

Im darauffolgenden Jahr waren wir zu fünft und seitdem haben wir jedes Jahr in aller Stille im September die Herbst-Tagundnachtgleiche gefeiert.

Jetzt, da die Kinder heranwachsen, wird es mehr und mehr eine Herausforderung, sie dazu zu bringen, mitzumachen. Doch sie tun es. Ich hasse es, ihnen damit lästig zu fallen, aber irgendwann in der nicht allzu fernen Zukunft werden sie dasselbe mit ihren Familien machen wollen.

Die Feier der Jahreszeit

Wie Sie darangehen, den Beginn des Herbstes und den Sabbat der Äquinoktien zu feiern, wird zu einem großen Teil davon abhängen, was in dem Teil der Welt, in dem sie leben, draußen geschieht. Hier, im mittleren Westen der Vereinigten Staaten, beginnt das Einbringen von Mais, Sojabohnen, Äpfeln, Weintrauben, Winterkürbissen und Kürbissen. Was tut sich in der Natur, dort, wo Sie leben? Gehen Sie ins Freie und benutzen Sie Ihre Sinne. Spüren Sie nicht die Veränderung der Magie, die in der Luft liegt? Welche verzauberten Traditionen pflegen Sie in dieser Zeit des Gleichgewichts und der Fülle?

In der wiccanischen Tradition hat dieser Sabbat viele Namen und mehrere dieser Bezeichnungen gehen stark auseinander, abhängig von der magischen Tradition des Praktizierenden. Der Einfachheit halber werde ich mich hier der Bezeichnung »Herbst-Tagundnachtgleiche« bedienen. (Die zahlreichen und unterschiedlichen Namen und Titel dieses Sabbats werden im ersten Kapitel behandelt.)

Ein Thema, das sich in all diesen verschiedenen magischen Traditionen und Festivitäten durchhält, ist die Tatsache, daß es sich um das zweite Erntefest des landwirtschaftlichen Jahres handelt; das erste ist Lammas (oder Lughnassadh). Es ist das Fest des Einbringens der späten Saaten, Früchte und Gemüse. Die Herbst-Tagundnachtgleiche ist im Grunde genommen ganz einfach ein Erntedankfest. Und diese bezaubernde Feier ist eine Gelegenheit, dankbar für die Fülle der Erde und all ihre Segnungen zu sein.

Suchen Sie nach einigen frischen Anregungen, wie Sie diesen »vergessenen« Sabbat so gestalten können, daß er wie gemacht für Sie und Ihren Lebensstil erscheint? Lassen Sie uns zusammen einen Blick von einem neuen Standpunkt auf dieses Erntefest werfen und sehen, welche Art von Herbstzauber wir hervorbringen können. Dieses Buch fließt über von magischen Ideen, Zaubersprüchen, Bezauberungen, zur Jahreszeit passenden Rezepten und verhexten Künsten, die Sie ausprobieren können.

Auch gibt es einen ersten Überblick über die Geschichte der traditionellen Erntefeste aus der ganzen Welt, die Sie zu Rate ziehen können. In diesem Buch findet sich ein Kapitel über die Magie der Sonnenzeichen während der Herbstmonate und ein Kapitel, das den Zaubern und Ritualen zur Feier des Herbstmondes gewidmet ist.

Es gibt magische Informationen über die wichtigsten Erntegottheiten wie Demeter und Dionysos, Persephone und den grünen Mann, über die Sie grübeln können, und zusätzlich Zauber und Rituale, um ihre Hilfe anzurufen. Wie wäre es mit einem Gesuch an Demeter, um Überfluß in Ihr Leben zu bringen? Oder damit, Dionysos um Leidenschaft und Freude anzurufen?

Wir werden über die Zauber der Natur nachdenken und die natürliche Magie in Ihrem eigenen Hinterhof entdecken, wobei ein ganzes Kapitel dem Garten im Herbst gewidmet ist, das Herbstlaubsprüche und Herbstblumenbezauberungen behandelt. In diesem Sabbatbuch werden Sie viele einfache und natürliche Herbstverzauberungen und Äquinoktienrituale für Einzelpersonen finden.

Zur Abrundung am Schluß gibt es dann noch Kapitel für die Herbsttafel mit Rezepten, Essenssegnungen und Erntegebeten und zuallerletzt ein Kapitel über die Hexenkünste, das allerhand lustige und clevere Tricks enthält, die zur Jahreszeit passen und die Sie zu Hause ausüben können, während Sie die Herbstsaison feiern.

Egal, wie Sie diesen Sabbat nennen - diese Zeit des Jahres birgt einen Überfluß an Zauber und Magie. Also lassen Sie uns beginnen! Die Herbst-Tagundnachtgleiche ist unser Anpfiff für die farbenfroheste und verhexteste Zeit des Jahres.

Herbstfeuer

Rings in allen Gärten,
die im Tale sind,
rauchen nun die Feuer,
und der Herbst beginnt.
Fern ist nun der Sommer
und der Blumenduft.
Rote Feuer lodern.
Rauch steigt in die Luft.
Lobt den Lauf des Jahres
und den Wechsel auch!
Blumen bringt der Sommer
und der Herbst den Rauch!

Robert Louis Stevenson

Kapitel 1

Die Herbst-Tagundnachtgleiche und das Erntefest

Kommt Roger und Nell,
kommt Simpkin und Bell,
jeder Bursch bringe hierher seine Maid.
Tanzen und Singen
werden Vergnügen bringen,
wenn wir die Ernte feiern voll Freud'!

Altes englisches Erntelied

Der Beginn des Herbstes liegt offiziell im September auf dem Tag der Herbst-Tagundnachtgleiche. Wenn die Sonne in das astrologische Zeichen der Waage eintritt, sind die Stunden des Tageslichts und die Stunden der Dunkelheit im Gleichgewicht wie die ausbalancierten Schalen der Waage selbst. Nach diesem Zeitpunkt im Jahreskreis werden die Stunden des Tageslichts mit jedem Tag merklich kürzer und auch das Wetter beginnt, kühler zu werden. Der Herbst ist eine Zeit der Schatten und des schwindenden Lichtes, aber genauso eine Zeit des Überflusses, des Dankes und der Ernte.

Die alten Völker erkannten die Bedeutung der Sonne für das Leben auf der Erde. In der Zeit nach der Tag- und Nachtgleiche schien die Sonne schwächer zu werden und ihren Kampf gegen die Dunkelheit zu verlieren. Um ihr zu helfen, ihre alte Stärke wiederzuerlangen, hielten die Menschen Erntefeste des Lichtes ab, bei denen Fackeln und Freudenfeuer im Spiel waren, die man als Akte sympathetischer Magie entzündete, um die Sonne zu ermutigen, zurückzukehren.

Der Herbst war stets die farbenfrohe Jahreszeit der Belohnungen. Wenn die Sonne ihren Abstieg begann und ihre jährliche Arbeit beendet war, sammelten die Menschen dankbar die Feldfrüchte ein. Das Getreide von den Feldern, die Früchte aus den Obstgärten und das Gemüse aus den Gärten wurden geerntet, um für den Winter sicher verstaut zu werden. Jeder in einer Gemeinde beteiligte sich an der Ernte und man mußte sicherstellen, daß sie eingebracht werden konnte, bevor alles verdarb oder von rauhem Wetter ruiniert wurde.

Am Ende der Erntezeit waren die Menschen erschöpft, aber fröhlich und freuten sich auf eine Feier. Egal, wo auf der Erde die Ernte gefeiert wird, von Mitte August angefangen und den ganzen September hindurch, es gibt eine basale und tiefe Magie in den Herzen aller Menschen, wenn sie sich mit ihren Freunden und Familien versammeln, um zu feiern und den Überfluß der Erde zu zelebrieren.

Herbstäquinoktien oder Mabon? Ein Erntefest, egal aus welchem Blickwinkel

Das Wort »Äquinoktien« stammt ursprünglich von dem lateinischen Wort »aequinocticum« ab, welches »gleiche Nacht« bedeutet. September, der siebte Monat des römischen Kalenders, leitet sich vom lateinischen Wort für »sieben« ab, »septem«. Im Gälischen bezeichnet man diesen Monat als »An Sultuine«, den Monat der Fülle. Im Walisischen wird er »Medi« genannt, der Monat der Ernte. Die Angelsachsen wiederum nannten ihn den »Gerst month«, den Monat der Gerste, denn man glaubte, Gerste sei das erste Getreide gewesen, das in Britannien angebaut wurde.

Einer der modernen Namen für diesen Herbstsabbat kommt von dem walisischen Gott Mabon. Die Geschichte Mabons und seiner Mutter Modron lautet folgendermaßen: Mabon wurde seiner Mutter, während sie schlief, entführt, als er erst drei Tage alt war. Die Schreie, die Modron in ihrem Leiden ausstieß, waren so laut, daß man eine Suche nach dem verlorenen Kind begann. An diesem Punkt verbindet sich die Geschichte mit dem arturischen Sagenkreis, da einige Ritter des Königs, oder auch der König selbst, die Aufgabe auf sich nehmen, den Sohn Modrons zu finden. Schließlich ziehen sie die fünf weisesten Tiere zu ihrer Hilfe zu Rate: die Amsel, den Hirsch, den Adler, die Eule und den Lachs.

Schließlich findet man heraus, daß sich das Kind in relativer Sicherheit befindet. Es schlief im Schoß seiner Mutter oder, abhängig von der Version der Geschichte, ruhte in der Unterwelt. In einer pflanzlichen Analogie der Legende ruht das Kind einfach als Samen unter der Erde, bevor es die Herausforderungen des Sprossens, Wachsens und Gedeihens bestehen kann. Dann, als die Zeit Mabons gekommen war, war er bereit, die Welt als Gott des Lichtes zu betreten und als der Held seiner Mutter wiedergeboren zu werden.

Dieser Mythos verband sich schließlich mit der Feier der Herbst-Tagundnachtgleiche und wurde fortan mit ihr assoziiert. Für viele Wicca-Anhänger und Heiden ist dies etwas verwirrend. Wie kam der Sabbat trotz alledem zu diesem Namen? Ich selbst habe nie eine schlüssige Antwort gefunden. Auf jeden Fall bringt es mich zum Nachdenken ... vielleicht ist dies der Grund, warum es heute so viele verschiedene Bezeichnungen und Namen für diesen Sabbat gibt. Wie auch immer Sie diesen Sabbat nun nennen – die Herbst-Tag- und -Nachtgleiche ist eine magische Zeit der Balance und der Fülle.

Der Großteil der magischen Traditionen feiert dieses zweite Erntefest des Jahres als das der Früchte und späten Saaten. Wir sind überall umgeben von Zeichen der Natur, die uns die kürzer werdenden Tage und kühleren Nächte anzeigen. Die Blätter verfärben sich und die Vögel beginnen, nach Süden zu ziehen. Äpfel und die verschiedensten Kürbisse sind reif und bereit zur Ernte und die Weintrauben, die erst einige Wochen zuvor, im späten August und frühen September, geerntet wurden, werden nun nach und nach zu Wein verarbeitet.

In unserer modernen Zeit, in der nur wenige von uns so eng mit dem Land verbunden sind, kann das bezaubernde Fest der Ernte eine Gelegenheit sein, die Früchte der guten Taten zu ernten, die Sie gesät haben. Und, egal wo Sie leben, Sie können immer noch diese Verbindung zu den Jahreszeiten in ihrem Wechsel fühlen. An diesem Tag der herbstlichen Äquinoktien wird die Sonne ganz im Osten aufgehen und dann genau im Osten untergehen. Wenn Sie sich also je die Frage gestellt haben, wo genau die Kardinalpunkte liegen, dann ist das Ihre große Chance.

Dies ist die perfekte Gelegenheit, um über Gleichgewicht und Harmonie nachzudenken und die Funktionsweisen dieser Kräfte in Ihrem Leben zu erwägen. An diesem Tag, ob Sie ihn nun als Herbst-Tagundnachtgleiche oder den Sabbat des Mabon bezeichnen, haben Sie die Möglichkeit, die Fülle der Erde zu feiern und die Früchte Ihrer Mühen einzufahren. Dieser Feiertag ist der Erntedank der Hexen. Also lassen Sie uns für alle Segnungen, die wir erfahren, dankbar sein.

Hier sind nun einige der vielen Mythologien, Erntefeste und Erntebräuche aus der ganzen Welt. Sehen Sie sie sich an und achten Sie darauf, wie mit allen das gemeinsame Thema der großen Erdmutter verbunden ist.

Verschiedene Mythen um Göttinnen der Ernte

Auf der ganzen Welt und in vielen Mythologien wurde zur Herbst-Tagundnachtgleiche eine Göttin der Saaten, der Ernte und der guten Erde verehrt. Dies ist nicht überraschend, da die Erde selbst als eine fruchtbare Mutter - oder Gaia - gesehen wird. Aus dieser Matriarchin ging alles Leben hervor. Sie ist eine große Muttergöttin, die unter vielen Namen durch alle Zeiten hindurch und in vielen Kulturen bekannt war. Unter diesen Namen sind Astarte und Ischtar (sumerisch), Isis in Ägypten, Demeter in Griechenland und Ceres in Rom. Den Eingeborenen in Amerika war sie als »Alte Frau, die niemals stirbt« und »Mutter des Mais« bekannt.

Die Mutter der Ernte, Demeter, war die griechische Göttin des Getreides und der fruchtbaren Erde. Ihre Charakterisierung, sie sei der »Geist des Getreides«, ist in vielen Kulturen bekannt; deshalb bezeichnet man sie auch als »Kind der Mutter Erde«. Dieses Kind wird von den Samen repräsentiert, die von der Mutterpflanze herabfallen und im darauffolgenden Jahr gepflanzt werden. Man stellte sich Demeter als die reife Ähre des jeweiligen Jahres vor, wohingegen ihre Tochter Persephone den Samen vorstellte, den man von ihr nahm, um ihn im darauffolgenden Frühling zu säen.

Den Geist dieser zukünftigen Ähren konnte man sich als Tochter, junge Frau (wie Persephone) oder als göttliches Kind vorstellen. In Rußland nannte man das Kind einfach das Korn-Baby. In Ägypten war der Geist der Saat der Sohn der Göttin,

Horus. Die Azteken nannten die Erntegöttin Chicomecoatl, wohingegen eine Göttin, die man Xilonen nannte, die Göttin des neuen Maises war. Ihr Sohn symbolisierte den Samen und wurde »Geist des Maises« genannt. Die Cherokees nannten das Erntekind das »Mädchen vom grünen Mais«.

In anderen Teilen der Welt wie Südindien gibt es ein Erntefest mit der Bezeichnung Pongal. Es handelt sich dabei um ein Reisfest, das drei Tage dauert. Am ersten Tag danken die Menschen den Göttern für den Regen, der die Erde segnet und eine erfolgreiche Ernte garantiert. Den zweiten Tag bringt man damit zu, die Wärme und das Licht der Sonne zu ehren, die den Pflanzen helfen, in die Höhe zu wachsen. Der dritte Tag des Festes ehrt das Vieh, das geholfen hat, die Felder zu pflügen und die Ernte einzubringen. Es ist Tradition, die Hörner der Rinder mit Farbe, Bändern, Früchten und Blumen zu schmücken. Das Kind dieser Erntemutter nannte man Reis-Baby.

Erntefeste sind so zahlreich wie die Feldfrüchte in den Bezirken, in denen sie wachsen. Es gibt Erntefeste für Mais, Zwiebeln, Kürbisse, Äpfel, Yamwurzeln, Weintrauben, Hopfen, Reis, Gerste, Weizen und Zuckerrohr. In allen Weltteilen versammeln sich Gemeinschaften, um zu feiern, zu singen und zu tanzen, wenn sie das erfolgreiche Ende der Wachstumszeit feiern.

Fröhlich sind die Felder nun im Herbst
und ich denk' der Tage, die vergangen.

Alfred Lord Tennyson

Erntefabeln

Der frustrierendste Aspekt der Recherchen für diesen historischen Teil war zweifelsohne der allgemeine Mangel an Informationen über Herbstäquinoktien-Bräuche. Einige Referenzbücher behaupteten, im mittelalterlichen Europa hätte das Volk Demeter als die »Maismutter« verehrt. Moment... Mais ist eine in

Amerika beheimatete Pflanze und stammt ursprünglich dorther. Gab es überhaupt Mais im mittelalterlichen Europa? Es herrschte ein solcher Mischmasch von Informationen und Bräuchen, die sich mit den anderen beiden Erntefesten Lughnasadh (oder Lammas) und Samhain vermischten, daß ich anfing, mich zu fragen, was um alles in der Welt ich nur tun sollte. Ich brachte Wochen damit zu, stichhaltige Informationen über Erntebräuche zu suchen.

Viele Volksbräuche, von denen die modernen magisch orientierten Menschen behaupten, sie stammten von den »uralten« Feiern der Herbst-Tagundnachtgleiche - oder von dem, was die modernen Hexen Mabon nennen -, waren eigentlich mit der ersten großen Saaternte einer Region verbunden. Meiner großzügigsten Schätzung zufolge erfolgte diese jedoch im August. Ich brauchte etwas, das in den mittleren bis späten September fiel, also um die Zeit der Äquinoktien.

Jedoch gab es einige Informationen, die die Bräuche zur Herbst-Tagundnachtgleiche auf Erntedankfeiern zurückführten und - natürlich - zum keltischen Fest Samhain. Es war ein verlockender Gedanke - ich konnte stets einen Blick auf die Feste werfen, wenn die ersten Feldfrüchte eingebracht wurden, an Lughnasadh, und genauso die Feier der dritten Ernte betrachten, zu der alles in Vorbereitung für den Winter eingelagert wurde, Samhain.

Doch was war mit dem Fest, das wir heute als den wiccanischen Feiertag kennen, der auf die Herbst-Tagundnachtgleiche fällt? Die Bezeichnung »Mabon« ist, um ehrlich zu sein, ein ziemlich neuer Name für dieses Erntefest. Also recherchierte ich noch etwas intensiver, gewann jedoch nur mehr und mehr widersprüchliche Informationen. Ich konnte es regelrecht fühlen, wie mir graue Haare wuchsen. Und, nur um mich auf Trab zu halten, variierten auch noch die Daten des Festtermins stark, ganz abhängig von der Region, in der man die Feste beging.

Kein Wunder also, daß die Leute dieses Fest für den vergessenen Sabbat halten! Was ist mit der Wein- oder Apfelernte und wie verhält es sich mit Demeter als der alten europäischen Göttin des *Maises*? Es gibt sogar Passagen im »Golden Bough«, die Demeter als »Maisstengel haltend« und »maisohrig« beschreiben. Bin ich die einzige, die diesen Fehler bemerkt hat?

Ihr nennt es Corn, wir nennen es Mais

Demeter ist als Göttin des Ackerbaus wohlbekannt. Aber es gibt Hinweise auf sowohl Demeter als auch Ceres, ihren römischen Widerpart, als Mais-Mütter in der griechisch-römischen Periode. Wiederum: Zogen die Griechen und Römer Mais, wie wir ihn heute kennen? Oder handelte es sich einfach um einen Fehler der viktorianischen Epoche, als Volkssagen Mode waren und als romantisch angesehen wurden? Oder sollte ich annehmen, daß es sich um einen Fehler handelte, den einige wohlmeinende, aber etwas zu idealistische Schriftsteller aus den 70er Jahren verursacht hatten, so daß es nun als heilige Schrift weitergegeben wurde? Sie wissen schon: Sachen von der Art »Wir feiern dieses heidnische Erntefest Mabon schon seit hunderten von Jahren«.

Wenn dies auch ein schöner Gedanke ist, so hat er doch keine historische Grundlage, die ihn belegen könnte. Dann, als ich Hinweise auf Isis als die Mutter des Maises fand, wußte ich, daß ich in großen Schwierigkeiten war. Okay, die Ägypter haben auf keinen Fall Mais angepflanzt. Ich konnte mir zwar noch vorstellen, wie die Maispflanze, die man im modernen Amerika als »Corn« bezeichnet, im 18. und 19. Jh. nach Europa verschifft wurde – dies wäre noch nicht zu weit gegriffen. Aber Mais im alten Ägypten? Das konnte ich einfach nicht glauben. Ich wußte, daß ich etwas übersah, etwas Wichtiges. Ich fand einen Hinweis, als ich ein Buch über mittelalterliche Gärten durchsah und las, was gewöhnlich dort angepflanzt wurde. Es gab eine Überschrift »Corn«. Als ich sie nachschlug, stand dort »see wheat«.[1]

[1] Dt.: Siehe Weizen

Aufgeregt blätterte ich zu der »W«-Sektion und sah unter dem Eintrag für Weizen (wheat) nach. Dort las ich, daß Weizen als »Corn« bezeichnet wurde. Du liebe Güte. Frustriert schlug ich das Buch zu und warf meine Hände in die Höhe... ich hatte den Wald vor lauter Bäumen nicht gesehen. Als mein Mann an diesem Nachmittag heimkam, machte er den großen Fehler, zu fragen, wie meine Recherchen vorwärtsgingen. Er bekam einiges zu hören. (Und es war kein weiterer Hinweis auf »Corn«, was die Göttin verhüten möge!)

Er hörte sich mein Lamentieren an und schlug mir dann vor, mir die Geschichte der Landwirtschaft in Britannien vorzunehmen - vielleicht sei Mais ja im späten 18. Jh. angebaut worden, spekulierte er. Er mußte es wissen, denn schließlich stammt er aus einer generationenlangen Linie von Bauern. Wir konnten uns beide vorstellen, daß Samen ausgetauscht worden waren. Wenn Samen des amerikanischen Maises in Europa während des 19. Jhs. gezogen worden waren, dann würde dies meine Theorie über die viktorianische Ernteromantik stützen. Alle diese Hinweise über Maispuppen[1] und Maismütter[2] machten mich allmählich verrückt. Also suchte ich im Internet und dort war ich erfolgreich.

Das Wort »Corn« bedeutete einst »ein kleiner Teil von etwas, wie einem Samen oder einem Weizenkorn«. Dann stolperte ich über die Tatsache, daß die Bezeichnung »Corn« in der Botanik für das vorherrschende cerealische Getreide einer größeren Region verwendet wird. In England bedeutete »Corn« Weizen und in Irland Hafer. Die Pflanze, die man in den Vereinigten Staaten als »Corn« bezeichnet, müßte man historisch korrekt »Indian Corn« oder »Maize« nennen.

Kein Wunder also, daß all diese Bücher Demeter und Ceres nach wie vor als die Göttinnen des »Corn« bezeichneten, denn schließlich waren sie das ja auch. Demeter war die Göttin eines

---

[1] Orig.: Cornhusk Dollies. Anm. d. Übers.

[2] Orig.: Corn Mothers. Anm. d. Übers.

jeden wichtigen regionalen Getreides. Das machte Isis und Ischtar natürlich auch zu »Corn«-Göttinnen. Das Wort »Corn« wurde als Allgemeinbegriff verwendet, nicht als Name einer speziellen Pflanze. Heureka!

Mais und Korn, Mais und Korn,
fallt und werdet neu gebor'n!

Wiccanischer Erntegesang

John Barleycorn und der Herr der Ernte

Nachdem ich dieses Problem gelöst hatte, glaubte ich, ich könne nun noch einmal einen Blick auf die Erntebräuche und die über sie erhaltenen Informationen werfen. Da alle meine Informationen mit den Themen der anderen beiden Ernte-Sabbate verbunden waren, warum sollte ich mir diese nicht auch noch einmal ansehen? Es gibt drei Erntefeste im wiccanischen Kalender und sie stehen alle in Verbindung. Wir schätzen unsere Dreieinigkeiten: drei Frühlingsfeste, drei Erntefeste, drei Gesichter der Göttin (Jungfrau, Mutter und Greisin) und drei Aspekte des Gottes (der Jugendliche, der Mann in den besten Jahren und der Weise).

Die Erntefeste bedienen sich alle der Idee des Opfers; es handelt sich dabei jedoch nur um ein symbolisches Opfer. Das Opfer wird vom Geist des Korns dargebracht, der mancherorts unter dem Namen John Barleycorn bekannt ist, über den es eine ziemlich bekannte alte Ballade gibt. Sie wurde vielfach in Liedform abgewandelt und Versionen des Gedichts finden sich überall im Internet. Zumeist wird es unter »Autor unbekannt« aufgeführt. Jedoch: Zuerst geschrieben wurde es von Robert Burns, veröffentlicht 1782. Sie werden einige Abweichungen in der Schreibweise bemerken; wenn Sie über Worte stolpern, sprechen Sie sie laut aus und Sie werden herausfinden, warum.

Es ist schon eine recht grausige Ballade, aber denken Sie daran, daß es eigentlich der Lebenslauf der Gerstenkörner ist, der beschrieben wird. Es beginnt in der Zeit der Aussaat im Frühling und sodann mit der Zeit des Wachstums im Sommer. Das Gedicht schreitet fort zu den heißen Tagen des Spätsommers, wenn das Getreide braun wird. Dann kommt die Erntezeit und mit ihr der Prozeß des Korndreschens und Mahlens. Es endet mit einer Wendung, wenn die Gerste zu Bier wird und die Ballade einen Toast auf Schottland ausbringt.

John Barleycorn

Drei Könige, vom Osten her,
Drei Kön'ge hochgemut,
die schworen, daß John Barleycorn
vergießen sollt' sein Blut.

Mit einem Pflug sie fällten ihn,
bald deckt' ihn Erde rot,
und wie sie es geschworen, so
war Barleycorn nun tot.

Doch als der Frühling fröhlich kam,
silberner Regen floß:
John Barleycorn stand wieder auf -
da war das Staunen groß.

Als schwül die Luft des Sommers stand
und er an Kraft gewann,
sein Haupt schirmte mit spitzem Speer -
da konnt' ihm keiner nah'n.

Der milde Herbst zog ein ins Land
und fand ihn blaß und krank;
an müden Knochen, hängend Haupt
man seine Schwäch' erkannt.

Und als er fahl und fahler wurd',
das Alter ihn umfing,
da huben seine Feinde an,
zu wüten gegen ihn.

Mit einer Waffe, lang und scharf,
man seine Knie zerhieb
und band auf einen Wagen ihn,
als wäre er ein Dieb.

Sie warfen auf den Rücken ihn
und prügelten ihn sehr,
dann hingen sie ihn in den Sturm,
der warf ihn hin und her.

Sie füllten auf ein dunkles Loch
mit Wasser bis zum Rand
und warfen Barleycorn hinein,
auf daß er drin versank.

Sie legten auf den Boden ihn,
zu wirken weit'res Leid,
und schüttelten ihn durch und durch,
als sich noch Leben zeigt'.

Und über einer Flamme heiß
verbrannten sie sein Mark.
und ein Müller zermalmt' grausam ihn
mit zween Steinen stark.

Von seinem Herzblut tranken sie,
als es in Strömen floß,
und als sie tranken mehr und mehr,
ward ihre Freude groß.

John Barleycorn war ein tapf'rer Held,
von edelmüt'gem Geist,
und wenn Du trinkst von seinem Blut,
so wird der Mut Dir dreist.

Es mildert eines Mannes Weh
und hebet seine Freud',
der Witwe Herz reizt es zum Sang,
weinte sie auch vor Leid.

Trinken wir auf John Barleycorn,
füllt Eure Gläser neu,
und mögen seine Nachkommen
Alt-Schottland bleiben treu![1]

Der Opfergott

Während der Erntezeit stellt sich die Erkenntnis ein, daß der Sommer, die Zeit der Sonne und des vollen Mondes, zu Ende geht. Der Herbst ergreift das Zepter und die Zeit des schwindenden Mondes und der wachsenden Dunkelheit tritt ein. Alles Leben, von Pflanze wie Tier, gleitet langsam in Richtung der dunklen und wüsten Zeit des Winters, die mit Samhain beginnt.

So wie die Sonne von der Dunkelheit überschattet wird, versinnbildlicht durch die kürzer werdenden Tage, fällt die Herbst-Tagundnachtgleiche auf den Tag des Gleichgewichts, an dem die lichten und die dunklen Stunden gleich verteilt sind. Symbolisch genommen macht sich der Gott am Tag der Äquinoktien als der König des Korns und Herr der Ernte in die Unterwelt auf. Er wurde gefällt und das Korn wird vom Schoß der Erde wieder aufgenommen.

---

[1] Trad. Georg Karg

Das symbolische Opfer des Gottes am Sabbat der Herbst-Tagundnachtgleiche oder Mabon ist ein Teil des Fruchtbarkeitsprozesses für die zukünftige Zeit der Aussaat im Frühjahr. Für uns heute ist dies eine Zeit, das abzuschneiden, dessen wir nicht länger bedürfen oder das wir hinter uns gelassen haben. Es gibt einige Variationen von Erntebräuchen aus der ganzen Welt, die die letzte auf den Feldern stehende Garbe als den »alten Mann« bezeichnen. Ich frage mich, ob dies eine Verbindung zum sich opfernden König der Ernte bedeutet. Überall wird der »alte Mann« wesentlich unsanfter behandelt als die Kornmutter oder das Kornkind, da hier, im Geist der Ernte, der Gott sein Leben gibt, um sein Volk zu ernähren.

Wenn die letzten Ähren und Früchte gesammelt werden, kehrt der Gott, repräsentiert von der schwächer werdenden Sonne, in die Erde zurück, um bei der Göttin zu ruhen, bis die Zeit seiner Wiedergeburt gekommen ist. Manchmal spricht man von diesem Prozeß als das Eingehen des Gottes in die Samen oder sein Wohnen im Korn. Wenn die Erntezeit anbricht, ergießt sich eine Welle unglaublicher Fülle über das Land. Die Halme waren voll vom Leben und der Energie des Gottes, die Erdmutter belohnte uns mit ihrem Überfluß und schließlich wurde die Ernte eingebracht. Die Feldfrüchte wurden eingesammelt und schließlich sicher verwahrt.

Das Leben war gut, das Essen reichlich, und die öden, kalten Tage des Winters schienen weit weg. Trauben wurden zu Wein verarbeitet und Äpfel zu Most gepreßt. Unser Freund John Barleycorn begann seinen Fermentierungsprozeß in Richtung Bier. Als das Einbringen sich der Vollendung näherte und die Ernte vielversprechend aussah, wurde die Stimmung fröhlich. Die Aufmerksamkeit der Erntenden wandte sich nun konzentriert der letzten Getreidegarbe zu, die man zeremoniell auf dem Feld stehengelassen hatte.

Ich traue der Natur mit ihren Gesetzen der
Schönheit und des Nutzens.
Der Frühling wird pflanzen und der Herbst ernten
bis zum Ende der Zeiten.

Robert Browning

Europäische Erntebräuche, Folklore und Feste

Man glaubte zur Erntezeit üblicherweise, daß der Geist der Muttergöttin in der letzten Korngarbe, die auf dem Feld stand, präsent war. Abhängig von den lokalen Gebräuchen wurde diese Garbe entweder mit Respekt oder mit Furcht behandelt. Es kam vor, daß diese Garbe mit Stöcken geschlagen wurde, um die Kornmutter auszutreiben; man glaubte, wenn sie ausgetrieben wäre, könne sie nicht gefangengenommen oder gar, was der Himmel verhüten möge, getötet werden.

Die letzte Garbe, die eingesammelt wurde, erfuhr auf jeden Fall eine Sonderbehandlung. Zumeist wurde sie anders als der Rest gebunden und von der Person, die sie geschnitten hatte, vom Feld getragen. Wenn dieses Individuum das Feld verließ und dieses besondere Garbenbündel trug, war dies das Zeichen, daß die Ernte offiziell vorüber war. Einige Lokaltraditionen schrieben vor, den Garbenträger mit Wasser zu besprengen, sowohl um ihn zu segnen als auch, um Dürre im folgenden Jahr abzuwenden.

In einigen europäischen Dörfern wurde die letzte Korngarbe geflochten und in eine weibliche Puppe verwandelt. Ich denke mir, daß sie im großen und ganzen so ausgesehen haben wird wie die Maipuppen von heute. In einigen Teilen Englands und Schottlands nannte man die letzte Korngarbe Cailleach und ihre Halme wurden zu einer Puppe geflochten. Man bewahrte diese »corn dolly« als Glücksbringer bis in den nächsten Frühling auf, um die Frühlingssaat zu segnen. Auch hier taucht das Wort »corn« wieder auf. Dies konnte Weizen, Gerste oder Hafer bedeuten, doch wie bereits zuvor festgehalten, ist das Wort »corn« ein botanischer Terminus für das in einer Region hauptsächlich vorkommende Getreide. Es handelt sich nicht um den in Amerika bekannten Mais.

Die so geformte Kornpuppe, die die Muttergöttin der Ernte repräsentierte, wurde gekleidet und mit Blumen und farbigen Streifen und Bändern geschmückt. Es gibt Hinweise, daß die Puppe ganz mit blauen und weißen Bändern bekleidet wurde. Dann wurde sie auf eine Stange gesteckt und mit der letzten Wagenladung Getreide heimgebracht. Derjenige, der die Stange trug, mußte sie rütteln und schütteln, so daß die Puppe in Bewegung blieb, um den Eindruck zu erzeugen, sie sei noch am Leben. Wenn man einmal zurück auf dem Hof war, wurde die Puppe auf dem Platz auf den Boden gelegt, wo das Korn gedroschen wurde. Die Puppe blieb dort, bis man mit dem Dreschen fertig war. Einige Texte behaupten, daß die Puppe in der Nähe des bäuerlichen Herdes aufgestellt wurde. Auf diese Weise blieb der Geist der Korngöttin bei den Schnittern und Bauern und versicherte sie so einer reichlichen Ernte im folgenden Jahr.

In Irland lud man, will man der ländlichen Folklore Glauben schenken, junge, unverheiratete Mädchen ein, das letzte Bündel zu schneiden. Diejenige, der es gelang, es in einem einzigen Schnitt zu tun, würde innerhalb eines Jahres verheiratet sein. Dann wurde die junge Frau, die das letzte Bündel eingebracht hatte, vom ältesten Sohn des Bauern zum Erntefest geleitet. Der erste Tanz am Abend des großen Festes gehörte ihnen. Kein Wunder, daß sie bestimmt war, das erste Mädchen in ihrem Dorf zu sein, das heiraten würde - man maneuvriert sie in den Tanz mit dem ältesten heiratsfähigen Sohn des Bauern? Hmm... für mich klingt das wie eine Ehestiftung durch die Gemeinde.

Bei diesen Gemeindeversammlungen trug man Ernteknoten, um anzuzeigen, daß die Ernte abgeschlossen war - ein Widerpart der modernen Ansteckblumen oder Anststräußchen. Denken Sie sich ein Arrangement geflochtenen Weizens mit aufwendigeren Knoten für die Damen und einfacheren für die

Herren. Das Tragen der Ernteknoten war in vielen ländlichen Bezirken in Irland, England und Schottland beliebt.

Dieser Folklore zufolge war das Tragen von Kränzen und Girlanden üblich, die aus Getreidehalmen, Blumen der Jahreszeit und Laubwerk gewunden wurden. Manchmal trug »das hübscheste Mädchen im Dorf« einen Kranz aus Herbstblumen, Halmen und Blättern und führte die Prozession von den Feldern zurück zum Dorf. Sie wurde von zwei Burschen begleitet, die die geschmückte Puppe der Kornmutter an einer langen Stange trugen. Wenn der Zug das Haus des Grundbesitzers erreichte, wurde der Kranz dort aufgehängt. Die Puppe wurde entweder in der Mitte des Tisches aufgestellt oder am Kaminsims oder der Küchenwand aufgehängt und verblieb die Zeit der Erntefeste über an ihrem Ehrenplatz.

Diese Festlichkeiten wurden auf dem Grund des Bauern abgehalten, wo, an herausgehobener Stelle, die letzte Garbe zur Schau gestellt wurde. Man glaubte, der Garbe wohne eine eigene Magie inne. Es gibt Hinweise auf die Heilung kranken Viehs, die Stärkung von Pferden und sogar darauf, daß Hühner angespornt wurden, viele Eier zu legen, wenn man sie am Yulfest an die Tiere verfütterte. Die Garbe konnte bis zur Ernte im nächsten Jahr aufgestellt bleiben oder, abhängig von den örtlichen Bräuchen, bis im nächsten Frühling die Aussaat begann. Dann wurde sie der Erde in Form eines Opfers als Dank für die Segnungen des vergangenen Jahres zurückgegeben.

In manchen Teilen Schottlands wurden dem Schnitter, der ausersehen war, die letzte Garbe zu schneiden, die Augen verbunden und man drehte ihn herum, bis ihm schwindlig wurde. Dann ließ man ihn los, um zu sehen, ob er die letzte Garbe zu schneiden vermochte. Wie bereits erwähnt, hatte das letzte Weizen- oder Getreidebündel viele Namen, die mit alter Erntefolklore in Verbindung standen. Sie konnte alte Frau, alter Mann oder Erntekind heißen.

Oft war die ganze Angelegenheit der »Erntekornmutter« eine, die viel Lachen und gutgemeinte Scherze beinhaltete. Einigen

Erntefesttraditionen zufolge wurde der, der das letzte Bündel umschnitt, »Kornmutter« genannt, ob es nun ein Mann oder eine Frau war. Angeblich wurde ihr ein Kleid aus Weizenhalmen angezogen und man fuhr sie auf einem Wagen oder, in moderneren Zeiten, auf einem Schubkarren durch das Dorf, während eine lachende und auf das Gelingen der Ernte trinkende Menge das Geleit gab.

Zur Erntezeit, Erntevolk, Diener und alle,
mögen die fröhliche Feier begeh'n in der Halle.
Ist die Ernte zu Ende, sei schlecht keiner gestimmt,
erfreu', die Dir halfen, Mann, Frau und Kind.

Thomas Tusser,
»Fünfhundert Punkte zur gelungenen Landwirtschaft«

Erntefeste zur Tag- und Nachtgleiche

Englisches Erntedankfest

Das englische Erntedankfest mit dem Namen »Harvest Home« begann man Mitte des 19. Jh. zu feiern, als man Kirchenmitglieder aufforderte, die Ernte in ihren Gemeinden zu feiern. Man sang besondere Hymnen und die Kirchen wurden oft mit zur Jahreszeit passenden Blumenarrangements geschmückt. Während dieser Festzeiten wurde das spielerische Ernten und Einbringen der Feldfrüchte entwickelt. Bei diesem Fest war der Erntende, der das letzte Bündel schnitt, der »Herr der Ernte«. Während die Gemeinden die Feldfrüchte einbrachten und die letzten Wagenladungen auf den Weg nach Hause geschickt wurden, fuhren die Arbeiter, ihre Freunde und Lieben auf den Wagen oder gingen neben ihnen her und sangen Erntelieder, trugen vielleicht ein paar Herbstblumen und machten allerhand Späße.

Dem erfolgreichen Einbringen der Ernte folgte ein Ernteabendessen. Die Speisenfolge beinhaltete zumeist Rindfleisch,

Schwein, Ale und Most. Abhängig von den örtlichen Bräuchen wurde auch eine Erntekönigin gewählt. Diese wurde mit ihrem Schmuck versehen, den besten Früchten und Ähren der Jahreszeit, und durch die Straßen geführt, entweder auf einem Pferderücken (der Folklore zufolge war es üblicherweise ein weißes Pferd) oder in einem kleinen Wagen.

Die örtliche Kirche oder das Heiligtum waren normalerweise mit Herbstblumen und Gemüse dekoriert. Kunstvoll geflochtene Garben aus Weizen oder Gerste wurden ausgestellt. Man buk Brotlaibe in zum Fest passenden Formen, die die Symbole der Herbstsaison darstellten, so z.B. Sicheln, Sensen, Weizengarben oder eine Sonne.

Holy Rood Day oder Nutting Day

Am 14. September beginnt die Nußsaison. In Hecken und Wäldern reift die Haselnuß und beginnt, ihre dornigen Hüllen abzuwerfen. Doppelte Haselnüsse, die an einem Stiel wachsen und an diesem Tag gepflückt werden, haben viele magische Eigenschaften. Zahlreiche Volkssagen ranken sich um die Haselnuß. Die Nüsse des Haselstrauchs symbolisieren Weisheit und seine Zweige geben machtvolle Zauberstäbe ab und können zu Wünschelruten geformt werden. Man glaubte, Haselnüsse würden Schmerzen und Qualen des Rheumatismus vertreiben, Zahnschmerzen bannen und die hartnäckigen Effekte negativer Magie und böswilliger Zauber zerstieben.

Alte Zauberanweisungen heißen uns, zwei Nüsse, die nach Ihnen und Ihrem Partner benannt sind, ins Feuer zu werfen. Werden sie gemeinsam zu Asche, können Sie sich auf eine lange und glückliche Beziehung einstellen. Wenn die Nüsse Sprünge bekommen oder auseinanderspringen, muß man sich auf Streit und Zank gefaßt machen. Wenn eine der Nüsse Feuer fängt und hell brennt, ist dies ein Zeichen kommenden Reichtums.

Eine einzelne, an einem Wollfaden aufgehängte Haselnuß kann als Pendel verwendet werden; eine an ein Band gebundene

Haselnuß ist ein Glücksbringer. Jedoch durften nur die reifen Nüsse gesammelt werden, da man glaubte, im Herbst fließe alle magische Kraft der Pflanze in die Nuß. Die magische Haselnuß einzusammeln, die noch grün war, bedeutete übles Geschick und galt als Beleidigung des Geistes des Haselstrauchs. Die Ernte von Nüssen verschiedenster Art kann sich durch den ganzen Herbst bis in die dunkelsten Tage vor Samhain hinziehen. Ein alter viktorianischer Name für Halloween, unseren Samhain-Sabbat, ist »Nußknacker-Nacht«.

Michaeli

Der 29. September, auch bekannt als Michaeli, ist der Festtag des Erzengels Michael oder des heiligen Michael. Der heilige Michael kümmerte sich um die Seelen der Toten. Er wog ihre guten Taten gegen die bösen auf einer Waage ab (eine weitere Verbindung zum Sternbild Waage?). Dabei handelt es sich um ein Erntefest, das die Kirche übernahm und nur schlecht maskiert hat. In alten Zeiten war es für die Menschen schwierig, den Termin der Äquinoktien zu berechnen. Sie konnten die Muster der Sonne und des Mondes beobachten, und ich kann mir gut vorstellen, daß dies eine recht präzise Methode war, aber anders als wir hatten sie keine Ahnung vom genauen Termin der Äquinoktien. Es war wahrscheinlich einfacher für sie, einen festen Termin zu benutzen.

Dies war es, wo die Kirche einhakte, und so machte sie den 29. September zu einem geweihten Tag - nicht viel anders, als es bei den Mittwinter- oder Yulfeierlichkeiten geschah. Man fixierte ein Datum zur Erntezeit, so daß das einfache Volk sich leichter daran erinnern konnte und das Ganze etwas weniger heidnisch wurde. Brombeeren, Früchte der Herbstzeit und Nüsse und die traditionelle gebratene Gans standen üblicherweise auf dem Speiseplan.

Oktoberfest

Die klassische Definition des Oktoberfestes ist »ein im Frühherbst abgehaltenes Biergelage«. Viele Länder kennen mindestens ein größeres Erntefest, das die jährliche Ernte feiert und Deutschland bildet keine Ausnahme.

Das bayerische Oktoberfest wurde zum ersten Mal im Jahr 1810 abgehalten, zum Anlaß der Hochzeit von Kronprinz Ludwig I. mit Königin Therese. Mittlerweile ist es ein jährlich stattfindendes Herbst-Event mit Feiern und Trinken. Traditionellerweise in München abgehalten, beginnt es in der letzten Septemberwoche und dauert zwei Wochen. In den Vereinigten Staaten feiern heutzutage viele Städte ein Oktoberfest und ihr deutsches Erbe. Die straßenfestartige Atmosphäre verdankt sich normalerweise traditioneller deutscher Musik, Handwerk und Magie, die z. B. das magische Hex-Zeichen beinhaltet. Es handelt sich dabei um kräftige geometrische Figuren, die oft das Wort »Welcome« oder deutsch »Willkommen« symbolisieren. Ich habe bei einem dieser Feste ein kleines »Willkommen«Hex-Zeichen für mein zuhause mitgenommen. Für die meisten Menschen ist der eigentlich lustige Part am Oktoberfest das vielfältige Speisenangebot und die Getränke, z. B. Bratwurst, Bier und eine Palette lokaler Weine.

Das amerikanische Erntefest: Thanksgiving

Nur in Amerika wird die Ernte gefeiert, wenn die meisten Feldfrüchte schon seit Monaten eingebracht sind und der Winter vor der Tür steht. Wie kam unser Erntefest zu seinem Platz im späten November? Würden Sie glauben, daß der Grund das Bestreben ist, den Kleinhandel anzukurbeln? Das ist kein Scherz.

Denken Sie einmal darüber nach. Sind im November noch Früchte oder Ähren auf den Feldern übrig? Nicht, wenn Sie nicht in den tiefsten Süd- oder Südweststaaten leben. In dem Gebiet, das die meisten Cerealien produziert, dem sog. »Corn

Belt« – bestehend aus den Staaten Illinois, Ohio, Indiana, Missouri, Kansas, Iowa, Minnesota, South Dakota und Nebraska – ist die Zeit des Wachstums vorbei.

Die ersten Pilger in Plymouth feierten ihre erste Ernte mit einem späten Fest im Jahr 1621. Aber ganz am Anfang haben unsere alten Freunde, die Pilgrim Fathers, ihre Feldfrüchte nicht rechtzeitig angepflanzt, ja im ersten Jahr nicht einmal hier in Amerika gezogen. Also halfen ihnen die großzügigen Ureinwohner mit Wildbret, Mais und Truthähnen aus, so daß die halb verhungerten Siedler ein spätes Fest feiern konnten.

Einige Bücher behaupten, das Fest sei im Oktober gefeiert worden, andere, im November. Präsident George Washington war der erste, der versuchte, im Jahr 1789 einen Termin für Thanksgiving festzusetzen, doch wurde der Feiertag niemals offiziell, bis er unter Präsident Lincoln, fast 100 Jahre später, auf den letzten Donnerstag im November gelegt wurde.

Es könnte jedoch eine Frau namens Sarah Josepha Hale gewesen sein, die die Dinge im Hinblick auf unser nationales Erntefest wirklich in Bewegung gesetzt hat. Sie war Herausgeberin sowohl des »Lady's Magazine« als auch »Godey's Lady's Book« 1837–1877. Sarah war die erste weibliche Herausgeberin eines Magazins in den Vereinigten Staaten. Als sie Herausgeberin wurde, hatte sie bereits ein Buch veröffentlicht, war Mutter von fünf Kindern und seit kurzem Witwe.

Ihr ganzes Leben lang war sie, gemessen an den Maßstäben ihrer Zeit, eine kleine Rebellin. Sie wurde mit 18 Jahren Lehrerin, machte eine Privatschule auf und unterrichtete junge Frauen zu einer Zeit, als Frauen als Lehrer noch nicht akzeptiert wurden. Als sie den Rechtsanwalt David Hale heiratete, ermutigte er sie, zu schreiben, und so veröffentlichte sie Kurzgeschichten und Artikel, die in der Lokalzeitung gedruckt wurden. Als ihr Mann gestorben war, wurde ihr Buch »Northwood: A Tale of New England« veröffentlicht. Obwohl es sich um eine fiktionale Erzählung handelte, erregte es die Aufmerksamkeit eines Mannes aus Boston, der den Plan hegte, eine Frauenzeitschrift zu veröffentlichen. Er bot ihr die Position des Herausgebers an. Als Herausgeberin beider Magazine nutzte sie ihre Position, amerikanische Schriftsteller zu fördern und ihren Glauben zu verfechten, daß Frauen dieselben Bildungsmöglichkeiten wie Männer erhalten sollten. Sie unterstützte auch die Frauen in ihrem Recht, Ärzte zu werden.

Wenn man sie auch nicht als Suffragette ansah, so war sie doch jemand, der Dinge erschütterte und in Bewegung brachte. Diese Frauenmagazine waren zu ihrer Zeit extrem einflußreiche Publikationen. Mit einer Auflage von 150 000 Abonnenten informierten sich Frauen aus ganz Amerika durch sie über die neueste Mode, Nachrichten, Feiertagsideen, soziale Fertigkeiten und die neuesten Erfindungen für den Haushalt sowie über die unterschiedlichsten Rezepte und Informationen.

Sarah begann sich bereits 1827 für Thanksgiving als einen Nationalfeiertag starkzumachen, indem sie eine Sammlung von Leitartikeln und Beiträgen, die für einen nationalen »Tag des Dankes« eintraten, in den Magazinen herausgab. Sie publizierte Geschichten und Rezepte und schrieb Dutzende und Aberdutzende Briefe an Gouverneure, Senatoren und Präsidenten über vierzig Jahre hinweg. Schließlich zahlte sich ihre harte Arbeit aus. Am 3.10.1863 rief Präsident Abraham Lincoln den amerikanischen Feiertag Thanksgiving aus.

Dieses Datum wurde ein letztes Mal von Franklin Delano Roosevelt und dem Kongreß auf den vierten Donnerstag im November verlegt, um der Wirtschaft in der Zeit nach der großen Depression zu helfen, wieder auf die Beine zu kommen und den Händlern bei ihren Feiertagsverkäufen zu helfen, indem man den Kunden fast einen ganzen Monat gab, ihre Feiertagseinkäufe zu erledigen.

Beliebte Motive dieses amerikanischen Erntefeiertags sind beispielsweise Weizengarben und indianischer Mais, der Truthahn, der Gerüchten zufolge fast unser Nationalvogel geworden wäre, orange Kürbisse und reife Äpfel, glänzende purpurne Weintrauben, die letzten Reste des Herbstlaubs und überquellende Füllhörner - all dies sind gerngesehene Dekorationen an Thanksgiving. Also, meine lieben Mit-Amerikaner, wir haben ein Erntefest. Nur eben ein sehr spätes.

Das Erntedankfest down under

Auf der Südhalbkugel fällt die Erntezeit in den März, also auf eine dem September genau entgegengesetzte Zeit. Ich stelle mir lieber nicht vor, wie frustrierend es ist, alle diese wiccanischen Daten und Feiertage hin- und herzuschieben, wenn man auf der Südhalbkugel lebt. Da aber alle Hexen und Heiden im Ruf stehen, schlaue und einfallsreiche Menschen zu sein, bin ich sicher, daß sie der Aufgabe gewachsen sind.

Die folgenden Informationen verdanke ich der Llewellyn-Autorin Catherine Wishart, einer Freundin von mir, die heute mit ihrer Familie in New Mexico lebt. Sie stammt ursprünglich aus Neuseeland und ist von maorischer Abstammung. Als ich das erste Mal mit ihr darüber sprach, daß ich Informationen über die Ernte für die Menschen down under beifügen wollte, sagte sie mir, ich solle mir etwas Papier holen und sie würde mir alles über das Erntefest in ihrem Heimatland erzählen.

Die Maori sind die Eingeborenen Neuseelands und feiern die Kumara-Ernte im März. Die Kumara ist ein Knollengewächs, der Süßkartoffel nicht unähnlich. Das Erntefest trägt den Namen Poututerangi Ngahuru (ausgesprochen »Pu-tu-tay-ran-ii Nah-hu-ruh«). Dieses Erntefest feiert die Zeit, in der Nahrung im Überfluß vorhanden ist.

Die Maori wußten, wann sie mit ihrer Ernte rechnen konnten, indem sie nach dem Sommerstern Vega Ausschau hielten. Wenn die Vaga ihnen ihren Gruß entbot, war es Zeit, mit der Ernte zu beginnen. Die erste Kumara, die ausgegraben wurde, war dieselbe, die man im Frühling zuvor rituell eingesetzt hatte. Ursprünglich wurde die Kumara mit langen Stangen vom Boden gehoben. Das Wort »Poututerangi« bedeutet »der Pfosten, der den Himmel trägt«.

Pani war die Göttin dieses Festes des »längsten und glücklichsten Monats«, und wenn die Menschen mit der Ernte begannen, hielten sie Ausschau nach einer besonderen Kumara, die als »Kanu« bezeichnet wurde. Ein Kanu zu finden, wobei es sich um eine ungewöhnlich große und wie ein Boot aussehende Knolle oder Yamwurzel handelt, wurde, als Zeichen der Göttin angesehen. Wenn ein Kanu ausgegraben wurde bedeutete das, daß die Göttin tatsächlich auf die Anrufungen geantwortet und die Maori mit einer Fülle von Feldfrüchten gesegnet hatte.

Nach der Ernte wurden die Knollen in speziellen Gruben gelagert, die mit einer Vielfalt einheimischer Poleiminze ausgelegt waren. Die eingelagerten Knollen durften nur von Männern oder solchen Frauen, die die Wechseljahre hinter sich hatten, berührt werden. Wenn die Kumara-Früchte erst sicher eingesammelt und gelagert waren, feierten die Maori mit Erntespielen, Tänzen, Liedern und natürlich einem Festmahl mit Kumaras, die, wie mir Catherine erzählt hat, traditionellerweise in einem »Hangi«, einem Kessel im Boden, gekocht wurden.

Viel' junge Männer und Mägdelein,
tanzen im Schatten den fröhlichen Reih'n.
Und jung und alt zum Spiele naht
an diesem sonn'gen Feiertag.

John Milton

Fröhliche Erntefeiertage

Wie wir gesehen haben, hat die Herbst-Tagundnachtgleiche Verbindungen zu Erntedankfeiern aus der ganzen Welt. Dieser Feiertag gilt als geringerer Sabbat, wie auch die Frühlings-Tagundnachtgleiche und die Sommer- und Wintersonnwende. Ich frage mich, ob sie die Bezeichnung »geringerer Sabbat« erhalten haben, weil sich ihre Daten von Jahr zu Jahr verschieben.

Jedenfalls ist dieser magische Feiertag ein solares Fest mit vielen Namen und Titeln. Einige andere Namen, über die Sie stolpern könnten, sind Mabon, zweites Erntefest, Erntedank, das Weinfest, das Füllhorn, Modron, das Fest Avalons, Equinozio di Autunno (Strega) und Alben Elfed (Caledonii).

In den norwegisch-heidnischen Traditionen könnte dieser Sabbat unter der Bezeichnung Winteranfang laufen, eine Zeitspanne, die sich von der Tagundnachtgleiche bis Mitte Oktober erstreckt und den Beginn des norwegischen neuen Jahres markiert. Zu guter Letzt gibt es noch die Bezeichnung Mean Fomhair (druidisch). Falls Sie sich nun fragen, wie man diesen keltischen Namen ausspricht: Es heißt »Myawn Foe-wir«. Versuchen Sie, es dreimal hintereinander schnell auszusprechen.

Oh, und ich denke, wir behandeln gleich einen anderen Diskussionspunkt, wo wir schon dabei sind: die Aussprache eines der verbreiteteren Namen dieses Herbstsabbats.

Das Wort »Mabon« kann »May-bon«, »Mah-bun« oder »Mayban« ausgesprochen werden. Alle sind korrekt. (Es ähnelt in der Aussprache dem Wort »herb«. Hier im Mittleren Westen sprechen wir das Wort ohne H-Laut aus, so daß das Wort wie »erb« klingt. Im Osten, in Kanada und drüben in England kommt das »H« zum Tragen. Wenn Sie im Mittleren Westen das »H« klingen lassen, wenn Sie »herb« aussprechen, werden die Leute Sie korrigieren. Genauso, wenn Sie das »H« im Osten weglassen – man wird Sie berichtigen. Nehmen Sie es also cum grano salis und machen Sie sich nicht zu viele Gedanken.) Wenn Sie wirklich in die Debatte um die Aussprache einsteigen wollen, fragen Sie die Leute einfach nach der korrekten Aussprache von »Athamae«. Dies wird Sie eine Zeitlang in Atem halten.

Die Feier des Herbstes und der Ernte heute

Heutzutage gibt es eine unglaubliche Bandbreite an Produkten, die uns das ganze Jahr über zur Verfügung steht. Aber es ist nicht schwierig, sich vorzustellen und die Frage vorzulegen, wie es aussähe, wenn Sie nur mit dem, was Sie erjagt und gesammelt hätten, Ihre Familie durch die langen Nächte des Winters zu bringen hätten. Wie geben wir also einem Sabbat mit Verbindungen zu uralten Erntefesten eine moderne Wendung? Nun, wir werden kreativ. Eine Feier der Herbst-Tagundnachtgleiche kann ganz einfach sein, mit frischen Früchten, die man vom Markt mitnimmt, oder vielleicht haben Sie einen eigenen zur Jahreszeit passenden Brauch und nehmen Ihre Familie mit zum Apfelpflücken oder machen eine Fahrt, um das sich verfärbende Laub zu sehen.

Studieren Sie die lokalen Erntebräuche und lernen Sie die Landwirtschaftsgeschichte Ihres Landes kennen, ganz egal, wo Sie leben. Natürlich macht es immer Spaß, etwas über andere Erntefolklore aus der ganzen Welt zu lernen, aber damit muß es nicht sein Bewenden haben. Denken Sie daran, daß die Magie dort ist, wo Sie sie finden. Studieren Sie Ihre eigenen Feste und Bräuche, die aus Ihrer Region kommen.

Lassen Sie sich von der Natur inspirieren, diese bezaubernde Herbstzeit unter einem neuen, magischen Blickwinkel zu sehen. Die folgenden Kapitel enthalten Dutzende Vorschläge für zur Jahreszeit passende Magie, Zaubersprüche und Rituale. Lassen Sie sich von diesen motivieren. Es gibt hier so viele neue Dinge zu entdecken!

Alles, was Sie zu Beginn tun müssen, ist, Ihr Gesicht dem hellen Herbstsonnenschein entgegenzuhalten. Öffnen Sie nun Ihr Herz all den Möglichkeiten und bereiten Sie sich darauf vor, mehr über den Zauber des Herbstes und diese magische Saison der Ernte zu lernen.

Kapitel 2

September –
Sonnenzeichen und Sterne

Fröhlich können wir uns baden
in warmer Septembersonn',
die alle Kreaturen erleuchtet.

Henry David Threau

Wenn sich die Erntezeit mit ihrer vollen Pracht bekleidet und zur Herbst-Tagundnachtgleiche hinführt, gibt es zwei Sonnenzeichen, die den Vorsitz über unsere Erntefeierlichkeiten führen. Das eine ist Virgo, die Jungfrau, und das andere Libra, die Waage. Ich dachte, es wäre interessant, diese Sonnenzeichen von einem magischen Standpunkt aus zu untersuchen und zu ergründen, wie diese Energien bei der Feier dieses Sabbat und in Ihrem Leben während dieser Jahreszeit ihre Anwendung finden können.

In diesem Kapitel finden sich Korrespondenztabellen, magische Informationen und Verbindungen zu Gottheiten. Es gibt Meditationen, die Sie ausprobieren können, und Zauber, die sich mit den magischen Sonnenzeichen des Herbstes verbinden. Wie wäre es mit einem praktischen Virgo-Tarotzauber, um sich auf die Erdmutter und ihre Fülle zu konzentrieren? Oder mit einem Waagen-Tarotzauber für Gerechtigkeit und Balance? Wie wäre es mit Tierkreiszeichen-Farben- und Kerzenmagie? Sehen Sie, worauf ich hinauswill? Wenn ich mich an astrologische Magie heranwage (von der ich zugebe, daß sie nicht mein Lieblingsgebiet ist), dann können wir genauso gut ein wenig Spaß haben, wenn wir schon dabeisind.

Also machen Sie es sich bequem, während wir darangehen, uns diesem Thema auf eine neue Weise zu nähern. Die Informationen in diesem Kapitel richten sich nicht nur an die unter Ihnen, die zu dieser Zeit des Jahres geboren sind. Es handelt sich vielmehr um eine Studie, welche astrologischen Energien bzw. welche Energien des Tierkreises während der Herbstmonate, die den Sabbat der Tagundnachtgleiche umgeben, am stärksten sind. Lassen Sie uns herausfinden, wie diese astrologischen Entsprechungen des Herbstes gelenkt, geformt und mit magischer Zielrichtung und auf eine praktikable Weise in Ihr Leben eingewoben werden können.

Jungfrau und Herrin der Monate und Sterne,
geborgen nun in den kahlen Feldern des Himmels.

Algernon Charles Swinburne

Virgo – die Jungfrau

23. August - 22. September

Vorherrschender Planet:	Merkur
Metall:	Platin, Quecksilber
Element:	Erde
Schlüsselsatz:	»Ich analysiere.«
Schlüsselwort:	Praktisch
Qualitäten:	Pragmatismus, Scharfsinn, Heilung, Handwerkskunst
Zahl:	Fünf
Tag:	Mittwoch
Kristalle und Steine:	Peridot, Saphir, Turmalin, Karneol
Blumen und Feldfrüchte:	Rosmarin, Astern, Prunkwinde, fünfblättrige Rose, Weizen
Bäume:	Haselstrauch, Schwarzer Holunder
Kräuter:	Minze
Räucherwerk:	Zimt, Frucht d. Lorbeerbaumes
Tarotkarten:	Die Kaiserin, Die Neun der Münzen, Die Königin der Münzen
Tiere:	Eichhörnchen, Amsel
Farben:	Traditionellerweise Grün und Dunkelbraun sowie die Herbstfarben Rotbraun, Orange und Gold
Assoziierte Gottheiten:	Astrea, Demeter, Persephone

Das Bild des astrologischen Zeichens der Jungfrau ist das einer Frau, die eine Blume und eine Weizengarbe in der Hand hält. Die Jungfrau ist die zweitgrößte Konstellation am Himmel. Sie beinhaltet zwei Hauptsterne mit zwei für die Jahreszeit wirklich passenden Namen. Da ist einmal Spica, die Kornähre, und dann Vindemiatrix, der »Weinsammler«. Die fünfblättrige Blume und die fünf Weizenhalme, die die Jungfrau in der Hand hält, sind mit der Magie des Pentagramms und der Alchemie verbunden. Die Blätter und der Weizen lassen sich leicht den fünf Punkten des Pentagramms zuordnen. Fünf ist die Zahl der physischen Sinne, die Zahl der Finger an jeder Hand und die der magischen Elemente von Erde, Luft, Feuer, Wasser und Geist.

Die Zeit der Jungfrau ruft uns dazu auf, unsere magischen Angelegenheiten in Ordnung zu bringen, sich das, worauf man hinarbeitet, genau anzusehen und die Spreu vom Weizen zu sondern. Dies ist die Zeit, effizienter zu werden, hart zu arbeiten oder zu studieren und die Früchte dieser Bestrebungen einzufahren. Seien Sie wie das Eichhörnchen, das mit dieser Zeit in Verbindung gebracht wird, und legen Sie den gleichen Fleiß an den Tag. Fangen Sie damit an, die »Nüsse« zu verstauen oder für die Zukunft aufzuheben. Was ist es wert, geerntet zu werden? Jetzt ist die Zeit, zu entscheiden, welche Dinge und Handlungen in Ihrem Leben Sie behalten oder loswerden sollten.

Die Jungfrau wird oft als Erdmutter dargestellt, weil sowohl zu Demeter als auch zu Persephone aus der griechischen Mythologie und zu ungefähr jeder anderen weiblichen Hauptgottheit aus der Geschichte der jungen Zivilisation ein Bezug besteht. Die Jungfrau wurde auch mit der Sternengöttin Astrea in Verbindung gebracht, die auch die Göttin der Gerechtigkeit war. Der mythologischen Überlieferung zufolge blieb sie am längsten auf der Erde und lebte unter den Sterblichen. Ihre Hauptanliegen waren Gerechtigkeit und Ausgewogenheit, bis sie zum Himmel zurückkehrte, von wo aus sie auf die Sterblichen niederschauen und über sie wachen konnte. Mit der Zeit wurden die ihr zugeordneten Sterne als die Konstellation Jungfrau bekannt.

Die Jungfrau ist eines der astrologischen Zeichen vom Element Erde. Der Planet Merkur, der die Jungfrau beherrscht, ist ein unbeständiges und veränderliches Zeichen. Anpassungsfähigkeit und Witz spielen zu dieser Zeit des Jahres ebenfalls eine Rolle. Den astrologischen Einflüssen zufolge führt der Merkur den Vorsitz über die Hände. Menschen unter dem Zeichen der Jungfrau haben für gewöhnlich Freude daran, mit ihren Händen zu arbeiten und wunderbare und praktische Kunstwerke und Handwerksarbeiten herzustellen. Auch haben die Leute, die unter diesem Zeichen geboren sind, typischerweise einen Zug in Richtung Kräuterkunde und Heilkünste; auch sind sie von Natur aus fürsorglich. Versuchen Sie sich während dieser Jahreszeit ein wenig an Kunst und Handwerk. Probieren Sie das Photographieren aus oder Näharbeiten. Versuchen Sie sich am Malen oder machen Sie ein Blumenarrangement aus Blumen und Beeren der Jahreszeit. Pflanzen Sie einen Baum oder fügen Sie Ihrem Garten noch einige Blumen hinzu.

Die Phase der Jungfrau kommt während der letzten Sommertage durchgehend zum Tragen; etwas Wundervolles geschieht, während die Stunden des Tageslichts abnehmen. Diese Zeit überrascht uns mit einer Empfindsamkeit zur Entdeckung der Magie der Natur und der Elemente. Gehen Sie hinaus und genießen Sie die Landschaft in Ihrer Gegend, wenn die Tage kürzer werden und die Blätter sich verfärben. Achten Sie darauf, wie sich die Amseln versammeln und die Körner von den Feldern der Bauern einsammeln. Setzen Sie sich und führen Sie ein meditatives Gespräch mit dem Feenreich und den Elementaren, wenn sich die Natur das letzte farbenfrohe Stelldichein des Jahres gibt. Finden Sie heraus, was die fleißigen Feen des Herbstes Ihnen während dieser Zeit der Veränderung, Vorbereitung, Fülle und Magie zu sagen haben.

Herbstfeen-Meditation

Beginnen Sie Ihre Meditation, indem Sie sich umschauen und einen schönen Platz in der Natur finden. Versuchen Sie es mit einem Baum, unter dem Sie sitzen können, oder mit einer netten, sonnenbeschienenen Parkbank. Oder versuchen Sie, in Ihrem Hinterhof bequem draußen auf dem Rasen zu sitzen. Lehnen Sie sich mit dem Rücken an einen freundlichen Baum oder setzen Sie sich kerzengerade hin. Halten Sie Ihre Hände geöffnet und legen Sie sie mit den Handflächen nach Oben auf Ihren Schoß. Stellen Sie sich vor, daß ein farbenfroher Kreis aus Herbstblättern um Sie herum ausgebreitet ist. Wenn Sie das Gefühl haben, daß Sie nun zentriert und ruhig sind, öffnen Sie die Augen und blicken sich um.

Was fällt Ihnen in der Natur auf? Lassen Sie Ihren Geist schweifen und achten Sie auf Sätze oder Gedanken, die auftauchen. Wenn Sie feststellen, daß es Sie ablenkt, wenn Sie die Augen offen haben, dann schließen Sie sie und lassen Ihren Geist schweifen ...

Stellen Sie sich vor, wie eine fleißige und behende Fee sich auf Ihrer Schulter niedergelassen hat. Sie schaut Sie neugierig an und flüstert Ihnen ins Ohr, daß Sie das Ganze viel zu ernst angehen. »Hallo«, neckt sie Sie, »Du strengst Dich viel zu sehr an.« Sie klopft Ihnen spielerisch mit ihrem kleinen Knöchel auf den Kopf, als wolle Sie feststellen, ob sich da etwa ein Gehirn findet. Sie können hören, wie das kleine farbenfrohe Kostüm aus Herbstblättern, das die Fee trägt, raschelt, während sie Ihnen Unverschämtheiten ins Ohr flüstert, um Sie zum Lächeln zu bringen.

»Sieh Dich um ...« Die Stimmung der Fee wird blitzartig ernst und sie flüstert Ihnen ins Ohr: »Siehst Du die Fülle der Erde? Siehst Du in den Herbstregen wirklich den Segen, der sie sind? Dieses Wasser nährt die Pflanzen, während sie sich darauf vorbereiten, Kraft zu sammeln, um sich den Rest des Jahres schlafen zu legen. Kannst Du die Energie der Sonne spüren, siehst

Du die kräftigen, hellen Farben in der ganzen Natur? Kannst Du riechen, wie sich alles verändert, während die Herbstbrise verspielt die Blätter auf dem Gras herumwirbelt?«

Die Fee hält inne und fragt schließlich: »Die Natur hat ihren eigenen, klugen Plan für die Kreisläufe und die Jahreszeiten. Bist Du in dieser Zeit der Fülle auch dankbar für Deine Verbindung mit der Magie der Natur? Nimmst Du diese Gaben in Freiheit an?«

Antworten Sie, daß Sie diese Segnungen annehmen wollen, und lenken Sie nun Ihr geistiges Auge mit aller Aufmerksamkeit auf die Fee. Wie erscheint sie Ihnen? Ist sie männlich oder weiblich? Passen Sie gut auf und schauen Sie, was sie Ihnen vielleicht sonst noch zu sagen hat. Nach einiger Zeit erinnert Sie die Fee daran, Ihre Aufmerksamkeit wieder der physischen Ebene zuzuwenden und dankbar für die Freigebigkeit der Erde zu sein und nicht zu lange auf der astralen Ebene herumzutrödeln. Denken Sie daran, der Fee zu danken, wenn sie sich davonmacht, um sich auf die Ankunft des Winters vorzubereiten.

Wenden Sie nun Ihre Aufmerksamkeit von der Fee zurück auf sich selbst. Schauen Sie sich zu, wie Sie entspannt dasitzen, auf's Angenehmste umgeben von der Natur. Zählen Sie für einige Augenblicke Ihre Herzschläge und konzentrieren Sie sich wieder auf Ihre Atmung. Atmen Sie tief durch die Nase ein, halten Sie den Atem für vier Zähleinheiten an und atmen Sie dann langsam durch den Mund aus. Öffnen Sie Ihre Augen und sehen Sie sich Ihre unmittelbare Umgebung an. Wahrscheinlich finden Sie ein Pfand der Fee.

Es könnte ein glattgeschliffener Kiesel oder ein interessant geformter Felsen sein, ein abgefallenes Blatt, eine Eichel oder ein hübscher Zweig. Heben Sie dieses natürliche Souvenir auf und stecken Sie es in Ihre Tasche. Denken Sie daran, der Fee für das Geschenk zu danken und für all die Dinge, große und kleine, die Ihr Leben bereichern, dankbar zu sein.

Ein Virgo-Tarotzauber für den Überfluß

Mit diesem Zauber zielen Sie auf Überfluß und Gedeihen. Er arbeitet mit Tarotkarten, die als Requisiten dienen sollen, auf die Sie sich während des Zaubers konzentrieren können. Die Bilder auf den Tarotkarten sind machtvoll. Sie reichen hunderte von Jahren in der Geschichte der Magie zurück und sind wunderbare Werkzeuge, wenn sie in der Magie zur Anwendung kommen. Die drei Karten in diesem Zauber haben alle eine Verbindung zum Thema der Muttergöttin, der Liebe zur Natur, der Erntezeit und der Fülle und schließlich einer Zeit des Lohns.

Traditionellerweise wird im Tarot die Karte der Herrscherin als Frau dargestellt, die üblicherweise schwanger und von üppigen Feldern, Weizenstengeln, reifen Früchten und Blumen umgeben ist. Die Herrscherin steht für Wohlbefinden, Fruchtbarkeit, die Muttergöttin und die Mutterschaft. Benutzen Sie diese Karte, um Fruchtbarkeit, Überfluß und die Göttin Demeter darzustellen.

Die Tarotkarte der Königin der Münzen ist eine Hofkarte, die eine Frau symbolisiert, die eine klassische Erdpersönlichkeit darstellt. Sie ist sinnlich, praktisch und steht mit beiden Beinen fest auf der Erde. Sie schafft ein wunderbares, einladendes Haus, ist besorgt um andere, schätzt schöne Dinge und liebt die Natur. Arbeiten Sie mit dieser Karte, ob Sie nun ein Mann oder eine Frau sind, um sich die wundervollen und luxuriösen Dinge zu versinnbildlichen, auf die Sie in Ihrem Leben hinarbeiten, z. B. ein glückliches Heim, Wohlstand und eine liebende Familie.

Die Karte der Neun der Münzen wird von einer Frau symbolisiert, die in einem wunderschönen Garten steht, umgeben von der Natur. Es ist die Karte, die die Zeit des Friedens und des Lohns nach all Ihrer harten Arbeit symbolisiert. Mit anderen Worten: Genießen Sie die Früchte Ihrer Anstrengungen. Auch erinnert diese Karte Sie daran, innezuhalten, sich einen Moment für sich zu nehmen und die wundervollen Dinge, die Sie schon besitzen, zu genießen.

Bringen Sie folgende Hilfsmittel mit:

- Die Tarotkarten Herrscherin, Neun der Münzen und Königin der Münzen.
- Einige Halme getrockneten Weizens oder eine Ähre Ziermais.
- Einen frischen Apfel, der kreuzförmig aufgeschnitten wurde, so daß man die Samenkörner in ihrer sternförmigen Anordnung sehen kann.
- Verschiedene Herbstblätter.
- Eine goldbraune Kerze, an der Seite versehen mit dem Symbol der Jungfrau (Zeichen); benutzen Sie eine alte Nadel oder einen Nagel, um die Glyphe einzuritzen.
- Einen mehrarmigen Kerzenleuchter.
- Ein Feuerzeug oder Streichhölzer.

Um die besten Ergebnisse zu erzielen, sollten Sie diesen Zauber während der Phase der Jungfrau (23. August bis 22. September) wirken lassen. Arbeiten Sie während einer Phase *zunehmenden* Mondes, um Überfluß und Harmonie in Ihr Leben zu bringen. Arbeiten Sie während einer Phase *abnehmenden* Mondes, um sich auf den Aspekt zu konzentrieren, daß die Zeit des Wachstums zu Ende geht und Sie nun alle Negativität, die sich bei Ihnen angesammelt hat, loslassen werden, um den Überfluß in Ihr Leben zu lassen.

Arrangieren Sie die Kerze im Zentrum des Platzes, wo Sie arbeiten werden, wobei die drei Karten fächerförmig davor ausgebreitet werden sollten. Legen Sie den Weizen oder den Mais links neben die Karten, den Apfel auf die rechte Seite.

Zünden Sie die Kerze an und wiederholen Sie folgenden Zauberspruch:

»Der Jungfrau Zeit ist die Zeit der Fülle,
Mutter, hör' mich, da die Bäume verlier'n ihrer Blätter Hülle.
Der Münzen Königin gehört zur Erd',
Erfolg, Überfluß, Wiedergeburt sei mir von Dir nun gewährt.
Der Münzen Neun gemahnt an Dank und auch Frieden,
Aufmerksamkeit auf meine Wünsche und Träume sei mir
beschieden.«

Nehmen Sie sich nun einen Moment Zeit und konzentrieren Sie sich auf den Symbolgehalt der Karten. Fahren Sie mit Ihren Händen über die Herbstblätter und nehmen Sie einen Bissen von dem Apfel. Stellen Sie sich dabei vor, daß alle die überreiche und günstige natürliche Energie, die zu dieser Jahreszeit zur Verfügung steht, um Sie herumwirbelt und dabei raschelt wie das Geräusch der Herbstblätter. Schließen Sie den Zauber mit folgenden Worten:

»Dieser Zauber steht in der Jungfrau Sonnenzeichen,
Schenk' Überfluß mir und Freud, und Harm möge
weichen!«

Erden und zentrieren Sie sich. Erlauben Sie der Kerze, an einem sicheren Ort herunterzubrennen. Nehmen Sie den Weizen oder Mais und legen Sie ihn als freundliche Gabe für die Vögel, Tiere und Naturgeister hinaus ins Freie. Essen Sie den Apfel als kleinen Imbiß und seien Sie dankbar für all die Segnungen der Erde während dieser Zeit der Fülle.

Denken Sie daran:

Dieser Zauber kann leicht zu einem Fruchtbarkeits- oder Empfängniszauber umgewandelt werden. Konzentrieren Sie sich auf den Symbolismus der Herrscherin und die Energien der liebenden Ehefrau und der Mutter aus der Königin der Münzen. Benutzen Sie eine weiße Kerze statt einer goldbraunen und winden Sie ein blaßrosa und ein hellblaues Band um den Kerzenleuchter. Passen Sie dann die Worte im Zauberspruch entsprechend an.

Ein Virgo-Kerzenzauber – angewandte Magie

Die traditionellen Farben, die der Jungfrau zugeordnet werden, sind grün und dunkelbraun. Diese uralten Farben sind mit dem Element der Erde und der Natur verbunden. Dieser sinnvolle Zauber soll Sie ermutigen, organisierter zu werden und eine Liste all der Dinge anzufertigen, die Sie vollbringen wollen, und sie dann auch zu tun. Im Grunde genommen weist er Sie an, praktischer zu werden.

Sie brauchen:

- Eine Weihekerze mit Zimtgeruch.
- Eine grüne Weihekerze mit Lorbeer- oder Piniengeruch.
- 2 zueinander passende Kerzenhalter für Votivkerzen.
- Einen Federhalter und ein Stück Papier.
- Eine sichere, flache Oberfläche, auf die Sie sie legen können.
- Ein Feuerzeug oder Zündhölzer.

Beginnen Sie diesen Zauber, indem Sie die Ziele, auf die Sie hinarbeiten möchten, oder auch Dinge, die Sie vollbringen wollen, auflisten (darin sind Jungfrauen hervorragend). Sagen wir einmal, Sie wollen mehr über Pflanzenmagie und Herbalismus wissen. Dann könnte das Ganze vielleicht so aussehen:

HERBALISMUS

1. Schau Dir die magischen Bücher an, die Du hast, und mache Dir Notizen.
2. Frag Freunde, welche Bücher zu diesem Thema sie gut finden.
3. Geh in die Bücherei und schau, was Du Dir leihen kannst.

4. Geh in einen Buchladen und stelle fest, ob Dir irgendetwas zu dem Thema ins Auge springt.
5. Fang einen neuen Abschnitt in Deinem Buch der Schatten an; versieh ihn mit dem Titel »Herbalismus«.
6. Bringe Dir bei, magische Pflanzen zu identifizieren.
7. Geh in botanische Gärten, einen Park oder eine Baumschule, um Pflanzen wachsen zu sehen.
8. Mach Dir Notizen über das, was Du gelernt hast.
9. Besuche einen Kurs über Gärtnerei oder Kräuterkunde.
10. Zieh selber einige magische Pflanzen im Frühling.

Nehmen Sie jetzt Ihre Aufgabenliste und stellen Sie die Kerzen in ihren Haltern auf die Oberseite des Blattes. Zeichnen Sie ganz oben eine Glyphe für das Sonnenzeichen der Jungfrau (♍).

Stellen Sie sich nun vor, wie Sie sich auf ganz praktische Art durch die Liste arbeiten. Wenn Sie darauf hinarbeiten, mehr über ein bestimmtes Gebiet zu lernen, dann fügen Sie der Zauberanordnung etwas hinzu, was diesem Thema entspricht. Wenn Sie Ihr Studium magischer Pflanzen intensivieren wollen, dann fügen Sie dem Papier ein Büschel Kräuter oder ein Blatt bei. Wenn Sie mehr über Astrologie lernen wollen, dann zeichnen Sie einige astrologische Symbole auf das Papier; benutzen Sie Ihre Vorstellungskraft. Nehmen Sie sich nun einen Moment Zeit, zentrieren Sie sich und wiederholen Sie dann diesen Zauberspruch:

»Der Jungfrau Farben sind grün und dunkelbraun
meiner Träume Erfüllung werd' ich alsbald schau'n.
Meine Magie durch Kerzen und Farben entsteht,
sie bring' mir Geschick und Weisheit, die nicht mehr vergeht.«

Beschließen Sie den Zauber mit den Worten:

»Im Zeichen der Jungfrau meine Magie wird gewirkt;
wie ich es wünsche, so sei es, ohne daß Übles wird.«

Erlauben Sie den Kerzen, von alleine herunterzubrennen. Dann nehmen Sie Ihre Aufgabenliste und fangen Sie an, daran zu arbeiten. Wenn Sie Ihre Ziele erreicht haben, belohnen Sie sich.

Ein September-Kräuterzauber

Die Minze ist eines der Kräuter, die dem Sonnenzeichen der Jungfrau assoziiert sind. Die Spezies der Mentha ist groß und vielfältig. Für diesen Kräuterzauber werden wir die Dinge pragmatisch halten - ein Qualitätssiegel der Jungfrau - und mit normaler Gartenminze wie z. B. Grüner Minze und Pfefferminze arbeiten (der botanische Name ist Mentha spicata bzw. Mentha piperita). Magisch gesehen wird Minze für Erfolg, Heilung und Schutz verwendet. Wenn Sie einen Minzzweig auf Ihren Altar oder magischen Arbeitsplatz legen, wird das die Naturgeister bewegen, bei jeder Zauberei, die Sie ausführen, mit Hand anzulegen. Die Zeit im Jahr, die mit der Minze in Verbindung gebracht wird, ist von Mittsommer bis Mittherbst, was schön mit der Herbst-Tagundnachtgleiche und dem Thema des Mabon-Sabbats zusammengeht.

Diese beliebten Minzen sind kraftvolle Kräuter mit aufrechten, rechteckig geformten Stielen und höchst aromatischen Blättern. Sie werden sich aggressiv ausbreiten, wenn Sie sie nicht unter Kontrolle halten. Versuchen Sie, sie in großen Containern anzupflanzen und diese dann in den Boden einzulassen. Dies wird helfen, die Wurzeln einzuhegen und die Größe der Pflanzen unter Kontrolle zu halten.

Die Minze ist ein Stimulans. In der Aromatherapie wirkt der Duft der Pfefferminze kräftigend; er wird Sie aufrichten und Ihrer Konzentration förderlich sein. Und dann hilft der Duft und der Geschmack der Pfefferminze natürlich, Brechreiz unter

Kontrolle zu halten. Tee, der mit Minzblättern zubereitet wurde, wird Ihnen helfen, Ihre Nerven und auch den Magen zu beruhigen, Kopfschmerzen loszuwerden und die Verdauung zu unterstützen. Minze ist ein ziemlich harmloses Kraut; sie wird gern zur Aromatisierung von Tees und Mahlzeiten verwendet. Fragen Sie aber, um sicherzugehen, einen Arzt, wenn Sie stillen oder schwanger sind, bevor Sie irgendwelche Kräutertees trinken oder Heilmittel mit Kräutern zu sich nehmen.

Haben Sie brodelnde Spannungskopfschmerzen? Wie steht es um Streß, der Ihnen überallhin zu folgen scheint? Versuchen Sie es mit dem folgenden schnellen Jungfrau-Kräuterzauber, der darauf ausgelegt ist, Ihren Blick auf das Leben aufzuhellen, Ihre Gesundheit zu fördern und Streß abzubauen.

Ein Anti-Streß-Kräuterzauber

Hilfsmittel:

- Ein rein weißes Teelicht.
- Ein Kerzenhalter.
- Ein Feuerzeug oder Zündhölzer.
- Ein Zweig frischer Minze, Grüne Minze oder Pfefferminze.
- Ein etwa 20 cm langes grünes Band.

Plazieren Sie den Kerzenhalter auf eine sichere, flache Oberfläche und zünden Sie die kleine Kerze an. Nehmen Sie als nächstes den Minzzweig und reiben Sie die duftenden Blätter zwischen den Fingern Ihrer Haupthand (der, mit der Sie schreiben). Atmen Sie nun den Duft der Minze ein. Stellen Sie sich vor, wie ein grünes heilendes und beruhigendes Licht sich von Ihrem Gesicht aus ausbreitet, bis hinunter zu ihren Fußsohlen. Binden Sie nun das Band in einer Schleife um den Stengel der Minze und sprechen Sie diesen einfachen Spruch:

»Die Minz' ist ein Kraut, das die Hetze verscheucht,
nimm nun den Streß mir und mein Leben erleucht'!
Du frisches Kraut und Du, grünes Band,
wenn ich Euch seh', mich des Zaubers gemahnt!«

Hängen Sie das Kraut an einem herausstechenden Platz auf, wo Sie es oft sehen können, wenn Sie diesen Zauberspruch rezitiert haben. Erlauben Sie es der Kerze, von allein zu Ende zu brennen. Wenn das frische Kraut nach ungefähr einer Woche getrocknet ist, geben Sie es auf die angemessene Weise der Natur zurück. Behalten Sie das Band als ein Pfand für den Zauber.

Anrufung der Amseln um Fertigkeiten und Schläue

Die Amsel hat eine lange magische Geschichte. Sie war das erste Tier, das befragt wurde, als die Ritter nach dem Kind Mabon suchten. Die Amsel läutet die Herbstzeit der Magie und der Veränderung ein, wenn sie sich am Tor zwischen zwei Welten niederläßt. Als Sammler ist die Amsel immer auf der Jagd nach übriggebliebenen Ähren, die auf den Feldern stehen, oder auf der Suche nach einem reichlich gefüllten Vogelhaus in der Nachbarschaft. Die Amsel ist schlau und unnachgiebig bei der Verfolgung ihrer Ziele.

Benutzen Sie diesen Zauber, um Ziele, die Sie sich selbst gesetzt haben, zu erreichen, wie auch immer diese aussehen mögen. Ob es nun darum geht, abzunehmen, einen besseren Job zu finden oder ein persönliches Projekt abzuschließen - dieser Spruch wird funktionieren. Dies ist die Jahreszeit, in der Sie die Früchte einfahren sollten, für die Sie so hart gearbeitet haben. Lassen Sie uns also Ihre Fertigkeiten verbessern und Ihre Instinkte schärfen!

Die Liste der Hilfsmittel für diesen Spruch sieht recht einfach aus: Alles, was Sie brauchen, sind fünf ausgefallene Federn (nach Möglichkeit schwarz), Sie selbst und ein schöner, windiger Tag im Freien. Packen Sie sich selbst und die Federn ein und machen

Sie sich zu einem ruhigen und sicheren Ort in der Natur auf. Versuchen Sie es mit Ihrem Hof oder einem Park in der Nachbarschaft. Halten Sie die Federn in der Hand und konzentrieren Sie sich auf die Fertigkeit und Anlage der schlauen Amsel.

Bitten Sie darum, daß Sie während dieser Zeit der Fülle der Erde Ihren gerechten Lohn erhalten. Konzentrieren Sie sich dann auf Ihre persönlichen Ziele und sehen Sie, wie Sie sie verwirklichen. Warten Sie nun auf eine Brise, dann heben Sie die Hände und sprechen Sie diesen Zauberspruch:

»Im Zeichen der Jungfrau will ich um Schläue und
Fertigkeit fleh'n,
das Element Luft läßt diese fünf Federn weh'n.
(Lassen Sie die Federn auf der Brise davonsegeln.)
So schnell wie die Amsel, die in der Luft zieht ihren Kreis,
werden wahr meine Wünsche; Göttin, Gnad' mir erweis'!«

Schließen Sie den Zauber mit den Worten:

»Durch Macht von Luft und Erde wird dieser
Spruch gewirkt,
wie ich es wünsche, so sei es, ohne daß Übel wird.«

Lassen Sie die Federn liegen, wo sie landen. Wenden Sie sich nun um und gehen Sie voll Vertrauen nach Hause. Überlegen Sie es sich, eine einfache Vogelfeder aufzuhängen, und genießen Sie es, den Vögeln zuzuschauen. Wenn Sie in der Stadt leben und nicht viel Platz haben, könnten Sie leicht eine Untertasse aus Ton mit Körnern füllen und sie in Ihren Span oder auf Ihren Balkon stellen. Halten Sie zu dieser Jahreszeit die Augen nach den Aktivitäten der Vögel offen, schauen Sie, was Ihnen auffällt und wie sie sich benehmen, wenn der Herbst beginnt.

Die poetische Gerechtigkeit steht mit erhobener Waage,
mit der sie im Gleichgewicht die Wahrheit gegen Gold abwieget
und ernstes Wägen gegen leeres Lob.

Alexander Pope

Libra – die Waage

23. September - 22. Oktober

Herrschender Planet:	Venus
Metall:	Kupfer
Element:	Luft
Schlüsselsatz:	»Ich balanciere.«
Schlüsselwort:	Harmonie
Qualitäten:	Harmonie, Stabilität, Unterscheidungsgabe, Schönheit, Partnerschaft
Zahl:	Sechs
Tag:	Freitag
Kristalle und Steine:	Opal, Saphir, Moosachat
Blumen und Feldfrüchte:	Veilchen, Weizen, Hafer, Mais, Gerste
Bäume:	Apfelbaum, Walnuß
Kraut:	Petersilie
Räucherwerk:	Jasmin, Sandelholz
Tarotkarten:	Gerechtigkeit, Die Zwei der Schwerter, Mäßigung
Tiere:	Hirsch, Hase, Taube, Schwan, Sperling
Farben:	Königsblau, rosiges Pink, Tiefpurpur
Assoziierte Gottheiten:	Maat, Themis, Aphrodite, Venus

Es ist nicht überraschend, daß mit der Herbst-Tagundnachtgleiche, zum Zeitpunkt der Balance der gleichen Stunden von Tag und Nacht, das astrologische Zeichen der Waage einsetzt. Unter ihrer Ägide beginnen die Stunden der Nacht langsam zuzunehmen. Die Phase der Waage ist eine Zeit der Ernte, eine Zeit, zu feiern und mit solchen zu teilen, die weniger Glück hatten als man selbst. Das ursprüngliche Zeichen der Waage wurde dargestellt in Form einer Göttin, die mit der rechten Hand eine Waagschale hält, während die andere zum Herzen zeigt. Ich frage mich, ob das ein Überbleibsel der Astrea und ihrer Fürsorge für die Menschheit war.

Das Tierkreiszeichen der Waage kann auch als der Fuß der Waage, der auf der auf- oder untergehenden Sonne ruht, dargestellt werden; dies stammt aus der ägyptischen Mythologie. Die Schalen der Waage sollen dabei symbolisieren, daß Ihre Handlungen in diesem Leben und in allen anderen gewogen werden und Ihr Karma ausbalancieren. Dies steht in Verbindung mit der ägyptischen Göttin Maat, die die Schalen hält und alle menschlichen Seelen wiegt. Es gibt auch Hinweise darauf, daß die Waagschalen von der Klaue des Skorpions gehalten werden, was interessant wird, wenn man den magischen Symbolgehalt betrachtet. Virgo, die Erdmutter, steht für Geburt und Leben, während der Skorpion Sexualität und Endgültigkeit symbolisiert. Die Waage hält im Zentrum dieser beiden Sonnenzeichen die Balance. Die Waage trennt die Jungfrau mit dem Beginn der Erntezeit auf der Linken vom Skorpion, dem Beginn der Winterzeit und der Samhainsfeier auf der Rechten.

In dieser Zwischenzeit der Äquinoktien ist die ganze Natur im Gleichgewicht. Die Stunden des Tages und der Nacht sind gleich und schon kurz nach diesem Zeitpunkt beginnt sich die Waagschale langsam dem Sabbat Samhain, dem kommenden Winter und der Zeit der Dunkelheit zuzuneigen.

Die Zeit der Waage kann Harmonie und Balance in Ihr Leben bringen. Die Waage könnte Ihr Bedürfnis symbolisieren, Ihre Persönlichkeit ins Gleichgewicht zu bringen und die Harmonie in Ihren Beziehungen wiederherzustellen. Jede Geschichte hat zwei Seiten und die Waage will sicherstellen, daß beiden die gleiche Aufmerksamkeit zuteil wird. Die Energien der Waage stärken Schönheit, Liebe, Mitleid und Gerechtigkeit.

Die mit der Waage assoziierte Zahl Sechs wird von einem sechszackigen Stern repräsentiert. Dieser Stern, der von zwei sich überlappenden Dreiecken geformt wird, kann während einer Meditation als Symbol der Fokussierung verwendet werden. Stellen Sie sich den sechszackigen Stern als Symbol des Seins vor, das mit der physischen Ebene verbunden ist, auch dann, wenn wir versuchen, unser Bewußtseinsniveau zu erhöhen. Das nach unten zeigende Dreieck erinnert uns an unsere äußerst reale Verbindung mit der Erde und den Elementen, während uns das himmelwärts zeigende Dreieck an den Sog der Sterne, der Sonnenzyklen und des immer in Veränderung befindlichen Mondes gemahnt.

Die Meditation des sechszackigen Sterns der Waage

Wenn Sie zur Tag- und Nachtgleiche auf der Basis dieses sechszackigen Sterns meditieren wollen, dann suchen Sie sich einen bequemen Platz, vorzugsweise in der Natur. Wenn das nicht möglich ist, setzen Sie sich an ein geöffnetes Fenster an einem angenehmen Tag und erlauben Sie es dem Sonnenlicht, auf Sie herniederzuscheinen. In dieser Meditation geht es darum, Ihnen zu helfen, Ihr Balancegefühl zu finden und dabei Ihre Verbindung mit Himmel und Erde zu bekräftigen.

Setzen Sie sich auf den Boden und halten Sie sich gerade. Sitzen Sie in einer gelösten Position mit überkreuzten Beinen und atmen Sie schön tief und regelmäßig. Bringen Sie Ihre Hände mit den Handflächen nach oben auf der Oberseite Ihrer Knie. Schließen Sie die Augen und stellen Sie sich vor, wie der sechszackige Stern genau über Ihnen herunterscheint. Ziehen Sie etwas von dem goldenen Licht durch Ihren Mund in sich hinein, indem Sie kontrollierte tiefe Atemzüge nehmen, und stellen Sie sich vor, daß ein goldener Glanz Sie von Kopf bis Fuß zu erfüllen beginnt. Halten Sie sich nun in Ihrer Vorstellung das Bild der goldenen Schalen der Waage vor Augen. Stellen Sie sich vor, daß jede Ihrer geöffneten Handflächen eine dieser Schalen darstellt. Sehen Sie sie als perfekt ausbalanciert und mit all den positiven und starken Zielen gefüllt, auf die Sie in diesem Leben hinarbeiten.

Fühlen Sie die Stabilität der Erde unter ihrem Hintern, wenn Sie auf dem Boden sitzen, und erfahren Sie die Energie und Kraft der Sonne, des Mondes, der Sterne, wenn sie sich über Ihnen im Kreis bewegen. Nehmen Sie, wenn einige Augenblicke verstrichen sind, einen tiefen Atemzug, halten Sie den Atem an, bis Sie bis vier gezählt haben, und atmen Sie dann langsam durch den Mund aus. Erlauben Sie der Vorstellung des Sterns und der Waagschalen, zu verblassen. Öffnen Sie nun die Augen und lächeln Sie. Stehen Sie auf und streichen Sie über Ihre Hände. Das Gefühl des Gleichgewichts und des Friedens wird für den Rest des Tages bei Ihnen bleiben; erinnern Sie sich daran, daß die Balance und die positiven Ziele, auf die Sie in Ihrem Leben hinarbeiten, immer innerhalb Ihrer Reichweite sind.

Ein Tarotzauber der Waage

Dieser Tarotzauber arbeitet mit folgenden Karten:

DIE ZWEI DER SCHWERTER für Gerechtigkeit und Balance. Die Trägerin des Schwertes hat hier die Augen verbunden, was anzeigt, daß die Gerechtigkeit fair ist und beide Seiten der Angelegenheit erwogen hat. Diese Karte symbolisiert eine Zeit des wiederhergestellten Friedens und der Balance.

GERECHTIGKEIT, die Karte der großen Arcana, die mit dem Symbol der Waage in Verbindung steht und die klassische Definition eines Rechtsfalles oder des Bedürfnisses nach Gerechtigkeit in Ihrem Leben ist. Sie sollten mit dieser Karte arbeiten, wenn Sie das Gefühl haben, ungerecht behandelt worden zu sein, oder Sie glauben, die Dinge wieder ins Gleichgewicht bringen zu müssen, um eine positive Veränderung in Ihrem Leben herbeizuführen.

MÄSSIGKEIT, die Karte der großen Arcana, die Ihnen hilft, Balance und Harmonie in Ihrem Leben auf sanfte Weise wiederherzustellen. Traditionellerweise zeigt diese Karte eine geflügelte Gestalt, die Flüssigkeit zwischen zwei Tassen hin- und herschüttet, so als suche sie die korrekte Mischung oder Balance. Arbeiten Sie mit dieser Karte, wenn Sie sich überfordert und gestreßt fühlen.

DER EREMIT mag für diesen Zauber etwas fehl am Platz wirken, ist es aber ganz und gar nicht. Sehen Sie sich die traditionelle Darstellungsweise dieser Karte genau an. In der Laterne, die er in der Hand hält, scheint die Erleuchtung des sechszackigen Sterns. Der Eremit ist ein Pfadfinder; er zieht alleine aus, um zu meditieren und über die Herausforderungen in seinem Leben nachzudenken. Er ist allein, aber nicht einsam. Holen Sie sich eine Anregung vom Eremiten und arbeiten Sie daran, nach innen zu blicken, um die Antworten, nach denen Sie suchen, zu finden.

Die Symbolkraft dieser vier Karten ist machtvoll. Konzentrieren Sie sich auf die Bilder und vertrauen Sie auf sich selbst. Dies wird Ihnen helfen, Ihr Gleichgewicht wiederzuerlangen, eine gesunde Balance zu finden und einen Ort der Kraft zu entdecken, von dem Sie Ihren Ausgang nehmen können.

Hilfsmittel:

- Ein Satz Tarotkarten, der folgende Motive enthält: »Die Zwei der Schwerter«, »Mäßigkeit«, »Gerechtigkeit« und »Der Eremit«.

- Eine blaue Kerze (eine Farbe der Waage), die mit dem Symbol der Waage versehen ist (♎).
- Eine Nadel oder ein Nagel, um die Kerze damit zu zeichnen.
- Ein Kerzenleuchter mit aufeinander abgestimmten Halterungen.
- Feuerzeug und Zündhölzer.

Wirken Sie diesen Zauber während des Tierkreiszeichens der Waage, vom 23. September bis zum 22. Oktober. Zünden Sie die Kerze an und arrangieren Sie die vier Karten vor der brennenden Kerze. Dieser Zauber funktioniert wunderbar, wenn er in einer solchen Zwischenzeit des Gleichgewichtes gesprochen wird, zum Beispiel während des Sonnenuntergangs. So, wie die Schalen der Waage das Gleichgewicht bringen, sollten Sie versuchen, diesen Zauber während des Sonnenuntergangs zu wirken, wenn Tag und Nacht zusammentreffen und die Schatten und das Licht im Gleichgewicht sind.

»Der Waage Zeichen zu den Äquinoktien beginnt,
Balance und der Gerechtigkeit Schalen hier
repräsentieret sind.
Liebliche Herbsttage bringt uns die Erntezeit;
für mich halt' sie Gleichgewicht und Festigkeit bereit.
Es leuchten reiche Farben, da die Sonn' nun sinkt
und der sechszackige Stern Weisheit und strahlende
Magie mir bringt.«

Schließen Sie den Zauber mit einer Schlußzeile:

»Unter dem Zeichen der Waage wird dieser Zauber gewirkt,
gewährt mir Gerechtigkeit und Balance, und daß er kein
Unheil birgt.«

Erlauben Sie der Kerze, herunterzubrennen. Lassen Sie die Tarotkarten für einige Tage an einem herausgehobenen Platz, dann legen Sie sie in den Satz zurück.

Waagen-Kerzenzauber zur Förderung der Harmonie

Dieser Zauber arbeitet darauf hin, Harmonie zu fördern und Balance wiederherzustellen. Er sollte eingesetzt werden, wenn Sie das Gefühl haben, daß Sie ungerecht beurteilt oder kritisiert worden sind, z. B. wenn Ihr Chef Ihnen für die Fehler eines anderen aufs Dach steigt oder Ihr Bruder oder Ihre Schwester sich aufregen, weil sie glauben, Ihre Eltern würden Ihnen und Ihrer Familie mehr Aufmerksamkeit schenken und dergleichen mehr. Er ist geeignet, wenn Sie in einer ungerechten Situation feststecken. Wenn Sie das Gefühl haben, die Dinge seien aus dem Gleichgewicht geraten, ohne daß Sie daran Schuld hätten, dann ist das Ihre Fahrkarte hinaus.

Ich warne jedoch, daß, wenn Sie nicht ehrlich sind und Sie eine Schuld tragen, die Waagschale gegen Sie ausschlagen wird. Also seien Sie ehrlich mit sich selbst, bevor Sie mit diesem Zauber beginnen, und stellen Sie wirklich sicher, daß Ihre Hände rein sind.

Dieser Spruch arbeitet aus gutem Grund mit Cent-Stücken: Erstens, weil sie aus Kupfer bestehen und dies mit dem herrschenden Planeten der Waage, der Venus, in Verbindung steht. Und zweitens sind sie üblicherweise überall zu finden, so daß man sich nicht schwertut, welche zu bekommen.

Hilfsmittel:

- Eine königsblaue Votivkerze (Blau ist eine Farbe der Waage, die für Gleichgewicht steht).
- Eine zartrosafarbene Weihekerze (Rosa ist die Farbe der Venus für Mitleid und Liebe).
- Zwei Behältnisse für Weihekerzen.
- Reiszwecke oder Nagel, um die Kerzen damit zu zeichnen.

- 12 Kupfercents; teilen Sie sie in zwei Haufen zu je sechs Stück.
- Ein Blatt Papier.
- Ein blauer Filzstift oder Füller.
- Ein Feuerzeug oder Streichhölzer.
- Eine flache, sichere Oberfläche, auf die Sie das Ganze stellen können.

Nehmen Sie das Papier und den Stift und zeichnen Sie das Zeichen der Waage. Geraten Sie jetzt nicht in Panik, skizzieren Sie es einfach, das muß kein Meisterwerk werden. Ich habe wirklich nur äußerst grundlegende Zeichenfertigkeiten, so daß ich das wirklich verstehen kann, aber tun Sie einfach das Beste, was Sie können. Nehmen Sie als nächstes sechs von den Kupfercents und legen Sie sie auf einer der gemalten Waagschalen auf einen Haufen. Legen Sie nun die anderen sechs auf die zweite gemalte Schale.

Diese Cents symbolisieren, daß die Schalen im Gleichgewicht sind und daß Gerechtigkeit, Fairness und Mitgefühl den Tag bestimmen. Nehmen Sie nun die blaue und die rosa Kerze und versehen Sie sie mit dem Zeichen der Waage auf beiden Seiten der Weihetafel (♎). Geben Sie sie in die dafür vorgesehenen Behälter und stellen Sie sie auf die linke und rechte obere Ecke des Papiers. Stellen Sie die blaue nach rechts und die rosafarbene nach links. Zünden Sie nun die Kerzen an und sprechen Sie folgende Formel:

»Eine Kerze blau, für Balance, und eine rosa, für Gefühl.
Herr und Herrin, habt Mitleid und führt mich zum Ziel.
Die Schalen der Waage sind gleich Tag um Tag
und wiegen des Karma identische Menge mir ab.
Laßt Harmonie, Recht und Wahrheit heilen,
für alle Beteiligten, zu gleichen Teilen.«

Schließen Sie den Kerzenzauber mit folgenden Worten:

»In der Kerze flackerndem Schein, unter der Waage Zeichen:
Vollendet muß dieser Zauber sein!«

Erlauben Sie es den Kerzen, herunterzubrennen, und lassen Sie das Papier mit den Cents für ungefähr einen Tag an seinem Platz. Werden Sie dann die Zeichnung los und spenden Sie das Kleingeld für einen wohltätigen Zweck.

Ein herbstlicher Kräuterzauber

Ein Kraut, das mit der Waage in Verbindung steht, ist die Petersilie. Der botanische Name der Petersilie ist *Petroselinum Crispum*. Dieses kulinarisch bekannte Kraut stammt ursprünglich aus dem Mittelmeerraum; es hat dreieckig geformte Stiele und gezahnte Blätter, die in drei Sektionen unterteilt sind. Davon abgesehen, daß Petersilie gerne zum Garnieren verwendet wird, erfrischt sie auch auf natürliche Weise den Atem. Sie enthält zahlreiche Vitamine und Mineralstoffe. Wenn Sie im letzten Moment zu Ihren Gerichten gehackte frische Petersilie hinzugeben, dann fügt dies dem Ganzen einen farbigen Anstrich, viele gesunde Vitamine und positive Kräuterenergien hinzu.

Magisch gesehen ist Petersilie von Fruchtbarkeit, Gesundheit und Schutz durchtränkt. Gewisser Folklore zufolge befestigten einst die Römer am Morgen einen Petersilienzweig an ihrer Kleidung, um ihre persönliche Sicherheit zu stärken. Man glaubte, wenn man Petersilie auf dem Kopf oder hinter das Ohr gesteckt trug, würde das den Träger davor bewahren, vergiftet zu werden. Vielleicht bekräftigt diese Waagen-Pflanze einfach auch nur die Idee von Mäßigkeit und Balance, beides positive und vernünftige Eigenschaften der Waage. Diese Kräuterenergie könnte eine Person z. B. davon abhalten, es zu übertreiben, indem sie vorsichtig mit ihren Lastern umgeht und ihnen nicht die Zügel schießen lässt oder einfach das Verlangen einer Person verstärken, gesünder zu leben.

Hier ein Kräuter-Küchenzauber, den Sie für sich selbst ausprobieren können. Folgendes ist praktisch, wenn Sie einer Mahlzeit etwas Magisches geben wollen:

- Ein schlichtes Teelicht.
- Ein zur Anordnung passender Kerzenleuchter.
- Feuerzeug oder Zündhölzer.
- Ein paar Zweige frischer, gewaschener Petersilie (entweder als ganze oder gehackt).

Stellen Sie das Teelicht in den Leuchter und zünden Sie es an. Lassen Sie die Kerze in der Küche brennen, während Sie die Mahlzeit vorbereiten und fertigstellen (denken Sie daran, die Petersilie zu waschen, bevor Sie damit kochen oder sie essen). Halten Sie die Petersilie in der Hand und bitten Sie den Herrn und die Herrin mit Ihren eigenen Worten, die Kräuter zu segnen. Dann garnieren Sie die Mahlzeit damit, kurz bevor Sie sie servieren. Verzaubern Sie die Petersilie mit diesen Worten:

»Für Maß und Beherrschung, der Petersilienzweig,
gibt Balance meinem/unserem Tun und Gleichmäßigkeit.
Gib mir im Zauber Weisheit und Kraft,
ich vertrau' der Magie, die das Gute mir/uns schafft.«

Auf den Flügeln der Taube: ein Zauber für Schönheit und Partnerschaft

Der Vogel, der mit dem Sonnenzeichen der Waage assoziiert ist, ist die Taube. Dies scheint mir vollkommen stimmig, da Tauben der gräko-römischen Göttin Aphrodite Venus zugeordnet sind. Die Waage ist das Zeichen der liebenden Partnerschaft und Harmonie, und wenn Sie sich die Entsprechungstabelle unter der Waage angesehen haben, dann werden Sie bemerkt haben, daß die Venus unsere planetare Assoziation ist, die diese Information über die Göttin damit in einen schönen Zusammenhang stellt.

Versuchen Sie, wenn möglich, einige kleine Taubenfedern einzusammeln. Suchen Sie in der Nähe von Vögelkästen, dort finden sich üblicherweise ein paar. Wenn Sie kein Glück haben, versuchen Sie es bei einem Laden, der Material zum Fliegenbinden und Taubenfedern verkauft, oder in einem Kunsthandwerksladen und fragen Sie dort nach grauen Federn. Wie der vorhergehende Amsel-Zauber braucht dieser nur wenige Materialien: ein paar abgefallene Federn, Sie, einen schönen Herbsttag und ein offenes und liebendes Herz.

Halten Sie die Federn in der Hand und drücken Sie die Hände eng an den Körper, gerade über Ihrem Herzen. Stellen Sie sich vor, daß sich die Federn mit einem rosigen pinken Licht zu füllen beginnen und diese liebende und harmonische Energie so aufbrausend wird, daß sie in Blasen nach oben steigt und glücklich hinwegschwebt. Rufen Sie die Göttin Venus mit folgender Beschwörung an:

»Venus, dich ruf ich jetzt und hier,
schenk' wieder Partnerschaft und Schönheit mir!
Bei der Waage Schalen, im Gleichgewicht, von Liebe voll
mein Ruf gehört werden und auf Taubenflügeln
Antwort finden soll!«

Öffnen Sie Ihre Hände, halten Sie die Federn von sich weg und blasen Sie sie von Ihren offenen Handflächen weg. Halten Sie Ihr Gesicht dem Sonnenschein der Waage entgegen und schließen Sie die Augen. Schließen und besiegeln Sie den Zauber mit folgenden Worten:

»Venus, lächle mir und hör mein Schrei'n,
der Spruch ist besiegelt bei der Macht von dreimal drei'n.«

Lassen Sie sich einige Augenblicke auf dem Boden nieder und zentrieren Sie sich. Stellen Sie sich vor, wie Sie Wurzeln in die Erde hineintreiben und stabilisierende Energie aus dem Boden ziehen. Wenn Herbstblätter auf dem Boden liegen, fühlen Sie deren Struktur und atmen ihr erdiges Aroma in einem guten Atemzug ein, um sich so wieder auf der physischen Ebene zu verankern. Öffnen Sie die Augen, wenn Sie sich zentriert fühlen, und heben Sie die Verbindung mit dem Erdboden auf. Schütteln Sie Ihre Hände aus, um eventuell haftengebliebene Energie loszuwerden, dann gehen Sie an den Rest Ihres Tagesablaufs in dem Wissen, daß Ihre Bitte erfüllt werden wird.

Kapitel 3

Ernte-Mondmagie

Leuchte, leuchte, Herbstmond,
oben am Himmel.

Nora Bayert und Jack Norworth

Der Erntemond wird definiert als der Vollmond, der der Herbst-Tagundnachtgleiche am nächsten liegt. Er fällt meistens in den September, jedoch kann es auch vorkommen, daß er im Oktober zum Liegen kommt. Generell gesehen fällt der Erntemond alle drei Jahre in den Oktober. Viele Menschen glauben, der Erntemond währe länger als jeder andere Vollmond des Jahres, doch dies ist unrichtig.

Der Mond wird offiziell dann voll, wenn er einen Platz am Himmel einnimmt, der dem der Sonne genau gegenüberliegt. Der Vollmond geht ungefähr genau zu der Zeit auf, wenn die Sonne untergeht. Doch wenn der Mond zur Zeit der Herbstäquinoktien voll wird, erzeugt er den Eindruck -, anders als sonst, wenn er jeden Tag fünfzig Minuten später aufgeht - in jeder der drei Nächte des Vollmondzyklus zur selben Zeit aufzugehen. (Der Vollmondzyklus beinhaltet die Nacht vor dem Vollmond, den Tag des Erntemondes und den Tag danach.)

In der Zeit dieser drei Nächte erfolgt der Mondaufgang durchschnittlich jeweils fünfundzwanzig Minuten später, so, wie es in den Vereinigten Staaten wahrgenommen wird. In Teilen Kanadas und Europas erfolgt der Mondaufgang jeden Abend nur zehn oder zwanzig Minuten später, was die Illusion erzeugt, der alte Erntemond ginge für einige Tage stets zur gleichen Zeit auf. Dieses Phänomen hält jedoch nicht lange an. Wenn das Jahr voranschreitet, verändert sich der Winkel, indem der Mond die Erde umkreist, so daß der Winkel, in dem er am Himmel aufzugehen scheint, spitzer wird und so die Zeit, die er jede Nacht später aufgeht, wieder auf die üblichen fünfzig Minuten mehr erhöht.

Der Erntemond ist nicht heller als andere Vollmonde, aber die zeitliche Abweichung die sich zur Zeit der Herbst- Tagundnachtgleiche einstellt, erlaubt es den Bauern, eine Serie extralanger Abende mit hellem Mondlicht dazu zu nutzen, ihre Ernte einzubringen. Eines der magischsten Phänomene, die den Erntemond umgeben, ist seine Farbe. Der Mond selbst ändert seinen Ton jedoch nicht. Was sich ändert, ist die Luftqualität in der niedrigeren Atmosphäre. Wenn Sie auf den Mond schauen, wenn er sich nahe dem Horizont befindet, dann enthält die Luft, durch die er hindurchmuß, viel Staub, Dreck und Pollen, die für die rötlich-orange Farbe verantwortlich sind, die der Mond hat, wenn er zum ersten Mal aufgeht. Wenn er sich höher zum Himmel hinauf erhebt, verblaßt diese Farbe langsam zu einem orangefarbenen Gold, dann zu Gelb und schließlich zu dem typischen Weiß. Man kann dasselbe Phänomen beobachten, wenn die Sonne untergeht: Die Sonne wird rot, wenn sie sich dem Horizont nähert.

Der Erntemond scheint wegen der Refraktion, der Brechung des Lichts, größer zu sein. So, wie sich das Licht bricht, wenn es durch ein kristallenes Prisma oder Wasser hindurchgeht, so bricht sich das Licht, wenn es in die Atmosphäre eingeht. Da die Herbstluft kälter und dichter ist, besonders nahe der Erdoberfläche in einer klaren Nacht, bricht sich das Licht sogar noch stärker als in warmen Sommernächten. Um es einfach zu formulieren: Die kühlere Luft im Herbst formt das Licht stärker kurvenartig und läßt so den Herbstmond größer erscheinen.

Es bedarf keiner Erwähung, daß man nie mehr Kinder als Autofenster haben sollte.

Erma Bombeck

Ein Familien-Outing

Letztes Jahr gingen mein Sohn Kyle und ich hinunter zu unserer Familienfarm, um zu sehen, wie der Erntemond aufgeht. Ich wollte eine offene, uneingeschränkte Sicht auf den östlichen Horizont und wußte, daß eine solche bei der Farm zu haben wäre. Ich überprüfte, wann genau die Sonne untergehen würde, und ging eine halbe Stunde vorher los. Kyle war zu diesem kleinen Abenteuer gezwungen worden. Er murrte und beschwerte sich ganz auf die Art eines Siebzehnjährigen darüber, wie unglaublich uncool dies sei, rollte mit den Augen und seufzte den ganzen Weg hinunter zur Farm. Nachdem wir das Auto geparkt hatten, setzten wir etwas Insektenschutzmittel ein, um die gierigsten Moskitos abzuhalten, und setzten uns mit ein paar Sodas in zwei Gartenstühle, den Blick nach Osten.

Der Mais war schon abgeerntet, also saßen wir da und sahen über die stoppeligen Felder, während die Amseln ausschwärmten und die Moskitos um uns herum surrten und nach Opfern suchten. Kyle saß unglaublich still, die Ellbogen auf die Knie gestützt, und beobachtete mit einem Fernglas (obwohl ich ihm gesagt hatte, er würde es nicht brauchen) den östlichen Horizont.

Ich fürchtete, daß ich mit der gefürchteten Teenagermanier der »stillen Bestrafung« behandelt wurde, so daß ich mit den Schultern zuckte und ihn seinem Fernglas überließ. Nach einer Weile interessierte ich mich mehr für die Gänse, Enten und Vögel, die lärmend über dem nahegelegenen Naturschutzgebiet flogen und dann nach Westen, auf den Fluß zu.

»Mom«, flüsterte er. »Da ist er.«

»Wo?« fragte ich und richtete mich in meinem Gartenstuhl auf. Alles was ich sehen konnte, war ein rosa Glanz im Osten.

»Hey, cool«, sagte er in einem gedämpften Ton und sah weiter durch das Fernglas. »Er ist wirklich hellrot... fast rosa.«

Ich stand auf und starrte. Immer noch nur ein Glanz. »Gib mir das Fernglas«, bat ich ruhig.

»Ich dachte, wir bräuchten es nicht«, sagte er und schaute weiter hindurch.

»Nun gib es mir schon, Schlaukopf«, warnte ich ihn. Ich mußte versprechen, es sofort zurückzugeben. Dann bekam ich einige Anweisungen und die Ausrichtung in die richtige Richtung von Kyle und schließlich konnte ich durch die Linsen sehen. »Wow.«

Und da war er. Ein neonrotes, oberstes Mondstück, das gerade seinen Weg über den Horizont fand. Ich gab das Fernglas zurück und wir wechselten uns mit dem Hindurchsehen ab, bis der Mond zur Hälfte über den Horizont aufgestiegen war. In der Tat schien er weit größer als normal und hatte einen unglaublichen roten Farbton angenommen, ja fast ein intensives Rosa. Als er sich langsam vom Horizont löste, wechselte er Stück für Stück in Richtung Gold. Die Luft selbst schien stillzustehen.

Aus irgendeinem Grund sprachen wir beide nur gedämpft. Seltsam genug, daß sogar die Vögel über uns still wurden. Nachdem der Mond höher gestiegen war und einen blasseren Ton angenommen hatte, entschieden wir, daß wir genug Moskitos gehabt hätten, packten die Stühle ein und stiegen ins Auto.

Als wir uns von der Farm entfernten, wandte Kyle sich mir zu und sagte: »O. K., ich gebe zu, daß es doch irgendwie cool war.« Ich konnte mich der Bemerkung »Das habe ich dir ja gesagt« enthalten und sagte statt dessen, daß ich mich sehr freute, daß er mitgekommen war.

Wenn Sie es selbst ausprobieren wollen, den Erntemond zu betrachten, dann suchen Sie sich einen Platz, der eine halbwegs unverstellte Aussicht auf den östlichen Horizont bietet. Der Mond geht zur Herbst-Tagundnachtgleiche ganz im Osten auf, so daß es hilfreich sein könnte, einen Kompaß mitzunehmen. Daß ich den ersten schwachen Glanz nicht sah, lag zur Hälfte daran, daß ich nicht direkt Richtung Osten gesehen hatte. Schauen Sie in Ihrer Lokalzeitung nach, wann die Sonne untergeht, und treffen Sie eine halbe Stunde zuvor am gewählten Ort ein. Ein Fernglas mitzubringen ist eine gute Idee, und wenn Sie sich mit Photographie beschäftigen, dann denke ich, daß man mit einer 35-mm- oder Digitalkamera einige umwerfende Bilder bekommen könnte. Nehmen Sie jemanden mit, den Sie lieben, und wenn das zufällig ein widerspenstiger Teenager ist, dann haben Sie einfach eine gute Zeit miteinander. Den Erntemond sieht man nur einmal im Jahr, also genießen Sie ein wenig Herbstmagie.

Unser Schatten wird überlebensgroß,
wenn wir ihn im Mondlicht bestaunen.

Chinesisches Sprichwort

Ein Mondfest in der Mitte des Herbstes

Eine der lieblicheren herbstlichen Erntemondfeiern ist das chinesische Fest des mittherbstlichen Mondes. Im September, während der Zeit des Vollmondes, wird die Feier abgehalten. Es ist ein wichtiger Feiertag, der von chinesischen Gemeinden auf der ganzen Welt begangen wird. Der festgesetzte Termin ist der fünfzehnte Tag des achten Lunarmonates des chinesischen Kalenders, eine Zeit, die fast mit der Herbst-Tagundnachtgleiche zusammenfällt. Die chinesische Kultur orientierte sich bezüglich des Anpflanzens und Aberntens an den Zyklen und Phasen des Mondes, so daß die Feier des mittherbstlichen Mondes eine andere Form der Erntedankfeier darstellt. Die Feier der erfolgreichen sommerlichen Ernte war eine Gelegenheit, sich aufs neue mit Familienmitgliedern zu treffen und für die Fülle der Erde Dank zu sagen.

Interessanterweise bezeichneten die Chinesen den Mond als die Königin des Himmels und feierten ihren Ehrentag am Tag des Vollmondes, der der Herbst-Tagundnachtgleiche am nächsten lag. Vor dem Fest wird eine Prozession abgehalten, bei der jeder eine Lampe in Form eines Tieres, Vogels oder Fisches trägt. In der Laterne befindet sich eine angezündete Kerze, da es sich bei diesem Fest, wie bei anderen Erntefeiern auch, um ein Fest des Lichtes handelt. Es ist die Zeit der Familientreffen und ein Fest für Frauen, die den Mond und seine Göttin, die den Namen Chang-O trägt, bitten, sie im kommenden Jahr mit einem günstigen Geschick zu bedenken.

Chang-O war die Frau des Yi, eines hervorragenden Bogenschützen. Yi wurde Land auf, Land ab dafür gefeiert, vor Zeiten die zehn Sonnen abgeschossen zu haben. Diese Sonnen trafen alle zur gleichen Zeit ein und drohten, alles Leben auf der Erde zu verbrennen. Die Götter belohnten Yi mit dem Trank der Unsterblichkeit. Doch Yi rührte den Trank nicht an; statt dessen verbarg er die Flasche und zog auf ein anderes Abenteuer aus und ließ seine Frau Chang-O zurück. Nach einiger Zeit fühlte sich Chang-O von all den strengen Regeln Yis wie erstickt, nahm die Flasche und trank sie aus.

Als Yi schließlich heimkam und entdeckte, daß die Flasche leer war, konnte er sich ausrechnen, was geschehen war. Er wurde von Wut gepackt und beschloß, seine Frau eher zu töten, als ihr Unsterblichkeit und Macht zu gönnen. Yi nahm sein Schwert, doch Chang-O entkam. Sie reiste bis zum Mond, wo sie den Hasen, der dort lebte, um Schutz bat. Doch Yi folgte Chang-O auch dorthin, entschlossen, sie zu töten, wo auch immer sie sich versteckte.

Doch der Hase kämpfte gegen Yi und besiegte ihn. Yi mußte ihm versprechen, seine Rache aufzugeben, und wurde zurück zur Erde gesandt. Chang-O traute Yi jedoch nicht und glaubte, er würde sein Wort brechen, und so blieb sie auf dem Mond und lebte bei dem Hasen. Aus diesem Grund glaubt man in China, im Gesicht des Vollmondes einen Hasen statt eines Mannes zu sehen.

Man buk zur Vorbereitung auf diesen besonderen Tag runde Reiskuchen, die die Form des Vollmondes hatten. Heute werden sie aus Lotus- und Sesamsamen hergestellt, auch aus Mandeln und Enteneiern oder getrockneten Früchten. In den Gärten und Häusern werden Altäre aufgestellt und mit den Bildern des Mondhasen geschmückt. Es werden Speisen gereicht, die mit dem Vollmond in Verbindung stehen, so z. B. Melonen, Weintrauben, Kokosnußkekse und die Mondkuchen.

Wenn der Vollmond aufgeht, verbeugen sich die Frauen vor ihm und rezitieren Gedichte zu Ehren Chang-Os. Die Mädchen bleiben in dieser Nacht lange wach, um für ein langes und glückliches Leben ihrer Mütter zu beten. Um Mitternacht, wenn der Vollmond am hellsten ist, versammeln sich die Familien, um die Kuchen zu essen und die Mondgöttin zu ehren, sowie ihren Gefährten, den Mondhasen.

In Übereinstimmung mit einer alten Legende halten die Familien Ausschau nach Blumen, die in dieser Nacht als Geschenke von Chang-O herabfallen sollen. Wenn ein Mann solche Blumen sieht, soll er mit Reichtum und Erfolg belohnt werden. Wenn eine Frau die Blüten aus dem Mond fallen sieht, soll sie mit vielen Kindern gesegnet werden. Die Mondgöttin Chang-O wird mit den Tugenden des Mutes, der Kraft und der Fruchtbarkeit assoziiert. Heute läßt sich Chang-O als Patronin für Männer und Frauen, die in eifersüchtigen, besitzergreifenden und erstickenden Beziehungen gefangen sind, wahrnehmen.

Rufen Sie sie an, damit sie Ihnen hilft, den Mut zu finden, sich zu befreien, an sich zu glauben und einen Neuanfang zu machen.

Eine Anrufung von Chang-O, der Göttin des Herbstmondes

Wenn Sie in diesem Herbst Chang-O um ihren Segen anflehen wollen, dann können Sie es mit dieser Anrufung versuchen. Diese Anrufung fordert Sie dazu auf, tief nach innen zu graben und Ihren Mut zu finden, egal welcher Situation Sie sich gegenübersehen. Ob es nun darum geht, mutig zu sein und um eine wohlverdiente Gehaltserhöhung zu bitten, um eine Beförderung bei der Arbeit nachzusuchen oder ob Sie sich einer eher persönlichen Herausforderung gegenübersehen, Chan-O wird Ihnen helfen.

Führen Sie diese Anrufung wenn möglich draußen durch. Bauen Sie im Garten oder in Ihrem Hof einen kleinen Altar auf. Arrangieren Sie auf diesem das Bild eines Hasen (für den Mondhasen) und einige assoziierte Früchte, z. B. Weintrauben oder Melonen. Auch Kokosnußkekse sind eine gute Wahl. Zünden Sie Ihren Lieblingsweihrauch an und stellen Sie ein paar Kerzen auf, die für die Benutzung im Freien geeignet sind, oder auch einige Leuchtkörper oder Gartenlaternen. Oder lassen Sie einige Teelichter in einer großen Wasserschüssel schwimmen (das geht).

Wenn Sie alles nach Wunsch vorbereitet haben, setzen Sie sich ins Gras oder in einen bequemen Gartenstuhl und blicken Sie hinauf zum Angesicht des vollen Erntemondes. Meditieren Sie einige Augenblicke über die Ziele, die Sie zu erreichen versuchen. Rezitieren Sie folgende Anrufung, wenn Sie sich bereit fühlen.

»Chang-O, Herbstvollmondsgöttin, ich rufe um Mut,
gewähr' mir, ich bitt' Dich, dieses Gut.
Stärke und wahre innere Kraft
ein Blick in meines Selbst's Tiefen mir schafft.
Ein Blick zum Mond zeigt den Hasen mir,
meine eigene Wahl ich treff', für und für.«

Nehmen Sie sich nun einen Moment Zeit und erzählen Sie Chang-O, auf welche Veränderungen Sie hinarbeiten und wofür speziell Sie den Mut brauchen, um den Sie bitten. Halten Sie mit den Mond-Speisen, die Sie mitgebracht haben, Mahlzeit und lassen Sie ein wenig davon im Garten als Opfer für die Tiere zurück. Verbringen Sie so viel Zeit unter dem Mond, wie Sie für nötig halten. Wenn Sie fertig sind, blasen Sie die Kerzen aus, treten den Weihrauch aus und räumen Ihren Arbeitsplatz auf. Schauen Sie ein letztes Mal zum Mond, wenn Sie hineingehen, beugen Sie respektvoll das Haupt und beschließen Sie das Ritual mit dem Aufsagen folgender Zeilen.

»Chang-O, Dank soll Dir für Deine Zeit und Sorge sein,
und auch dem Hasen, dem Gefährten Dein.«

Der Mond der Ernte!
Und auf den Matten: Schatten
Von Fichtenzweigen.

Kikaku

Vollmondmagie für den Herbst

Es gibt viele Volksbezeichnungen für die Vollmonde während der Herbstmonate. Die meisten dieser Mondnamen haben Verbindungen zu den traditionellen Feiern und Ereignissen, die während des landwirtschaftlichen Jahres stattfanden. Der Vollmond im September könnte zum Beispiel als Gerstemond bezeichnet werden, oder als Weinmond oder als Erntemond. Egal welchen Namen Sie dem Vollmond geben, der auf den September fällt, es ist ein Mond des Erntedanks - ein Mond der Energien des Gleichgewichts und ein Mond, der die Fülle der Erntezeit überschaut.

Der Rest dieses Kapitels ist Vollmondritualen und Zaubersprüchen gewidmet, die das Thema der Herbst-Tagundnachtgleiche und das Mabon-Thema der Ernte gemeinsam haben, das des Erntedanks und der Balance. Auch wenn Sie in einer Vorstadt wohnen, ist das eine perfekte Gelegenheit, sich mit den Energien der Erde, den elementaren Geistern der Ernte und den sich ändernden Gezeiten der Jahreszeit zu verbinden.

Die Zeit von Wein und Rosen währt nicht lange:
Aus einem neblig Traum
Geht unser Pfad hervor und endet bange
In einem Traum.

Ernest Dowson

Vollmondritual für eine Person: der Weinmond

Die Feier der Vollmonde[1] ist sowohl für einen einzelnen Praktizierenden als auch für ein Zirkelmitglied eine wunderbare Art, sich auf die Energie der Göttin und des Mondes einzustimmen. Traditionell werden die Zeiten des Vollmondes als Zeiten unglaublicher magischer Kraft gefeiert. Es ist die Zeit, mit Gott und Göttin zu kommunizieren und sich einige Momente für sich selbst zu nehmen und die Verbindung wiederherzustellen. Das folgende Vollmondritual ist nicht so sehr zum Wirken, als vielmehr zum Feiern gedacht. Auch wenn Sie Mitglied einer Gruppe sind, gibt es manchmal nichts Besseres, als sich allein hinaus unter den Vollmond zu begeben, um der Gottheit Auge in Auge gegenüberzutreten. Da sich dieses Buch auf den Herbst und die Kraft der Herbstäquinoktien konzentriert, dachte ich, es wäre gut, Ihnen einige Vollmondrituale zu präsentieren, die speziell für diese verhexte Jahreszeit geschrieben sind.

Einer der Volksnamen für den Mond im September ist »Weinmond«, teilweise auf Grund der Tatsache, daß im späten August die Weintrauben geerntet werden und im September bereits der Prozeß ihrer Verarbeitung zu Wein begonnen hat. Auch fällt in einigen magischen Traditionen der Weinmonat in die Zeit zwischen dem 2. und dem 29. September. Dies paßt perfekt zu unserem Thema des Weinmonds. Während dieses Vollmondrituals

[1] Im Original: »Esbats, or full moons.« Eine deutsche Entsprechung dieses Terminus konnte nicht eruiert werden. Anm. d. Übers.

werden Sie den Gott Dionysos anrufen, den Gott des Weines. Mehr Informationen zu Dionysos finden sich in Kapitel 5.

Für dieses Vollmondritual stellen Sie am besten einen traditionellen Arbeitsaltar mit all Ihren magischen Werkzeugen darauf auf: eine Weihrauchschale und einige Kerzen zur Illumination, der traditionelle Drudenfuß, um das Element der Erde zu repräsentieren, eine Tasse oder einen Kessel für das Wasser, einen Ritualdolch für das Element des Feuers und Ihren Stab, um das Element der Luft zu beschwören. Stellen Sie Ihre Werkzeuge auf die bei Ihnen übliche Weise auf und nehmen Sie sich einige Momente Zeit, diesen Prozeß zu genießen - seien Sie dabei nicht hastig. Hören Sie etwas Musik und bringen Sie sich in eine entspannte Stimmung. Tragen Sie Kleidung, die Sie bequem finden, und gehen Sie barfuß, wenn es das Wetter erlaubt.

Geraten Sie jetzt nicht in Panik, wenn Sie nicht alle traditionellen Werkzeuge besitzen. Benutzen Sie einfach natürliche Vertreter der Elemente statt der Werkzeuge. Wenn ich alleine draußen in meinem Garten arbeite, tue ich das ständig. Das erspart es mir, alle meine Werkzeuge hinaus in den Garten zu schleppen, und erleichtert es außerdem, in der Dunkelheit aufzuräumen. Es verdirbt irgendwie die Stimmung, wenn ich etwas fallenlasse und dann erst eine Taschenlampe holen muß, um herauszukriegen, wohin mein Stab verschwunden ist.

Versuchen Sie es zum Beispiel mit Herbstlaub als Repräsentanten des Elements Erde, wenn Sie diese natürliche Form ausprobieren wollen, oder mit einer mit Wasser gefüllten Schale statt Ihrer Tasse. Nehmen Sie einige abgefallene Federn hinzu, um das Element der Luft zu repräsentieren, oder zünden Sie einen duftenden Weihrauch an. (Rauch ist ein physisches Symbol für das Element.) Zünden Sie für das Feuer eine Kerze an oder fügen Sie dem Arrangement einen Lavastein bei. Damit haben Sie ein zwangloses, ordentliches Vollmond-Altar-Setup. Für diese Wein- bzw. Vollmondsfeier brauchen Sie noch einige weitere Utensilien. Dies ist ein Ritual der Sinne, was bedeutet, daß all Ihre Sinne involviert sein werden.

- Wein oder Traubensaft.
- Ein Weinglas oder Ihrem Zeremoniekelch.
- Ein paar tiefrote Rosen in einer wassergefüllten Vase oder einige lose, duftende Blütenblätter, die Sie in Ihrem Arbeitsbereich verteilen können.
- Kerzen.
- Ein Feuerzeug oder Zündhölzer.
- Einen Haufen reifer Trauben und einige Kekse auf einem kleinen Teller.
- Eine sichere, flache Oberfläche, auf die Sie das Ganze stellen können.

Planen Sie so, daß Sie das Ritual ausführen können, wenn der Mond so hoch am Himmel steht, daß Sie ihn mit Leichtigkeit sehen können. Wenn möglich, stellen Sie alles in Ihrer Veranda oder im Vor- oder Hinterhof auf und arbeiten Sie unter dem Licht des Mondes. Wenn Sie drinnen bleiben müssen, spielen Sie eine sanfte, magische Musik ab. Halten Sie sie jedoch leise, so daß es nur ein Hintergrundgeräusch ist, nicht laut genug, um den Fluß Ihrer Gedanken zu stören. Gießen Sie nun den Wein oder den Saft in Ihren Kelch. Nehmen Sie Ihren Ritualdolch oder Ihren Stab, je nachdem, was Sie bevorzugen, oder deuten Sie einfach mit dem Finger und schlagen Sie einen Kreis um Ihren Arbeitsbereich herum. Stellen Sie sich vor, daß ein Ring aus blauem Feuer Ihren Arbeitsplatz umgibt. Wenn der Kreis geschlagen ist, besiegeln Sie ihn mit diesen Worten:

»Oben und unten
dreht sich der Kreis, von Magie gebunden.«

Nehmen Sie sich einige Momente und überprüfen Sie, ob alles nach Ihrem Geschmack aufgestellt ist. Stellen Sie die Kerzen weit genug hinter sich auf, daß Sie sie nicht aus Versehen umstoßen; stellen Sie auch sicher, daß der Kelch und der Teller mit Weintrauben in Reichweite stehen. Erden und zentrieren Sie sich.

Stellen Sie sich vor, Sie wären ein Baum, wobei Ihre Füße die Wurzeln sind und Ihre Arme bis zum Himmel hinaufreichen. Fühlen Sie, wie Ihre bloßen Füße in der Erde verankert sind. Stellen Sie sich vor, wie Ihre Zehen zu Wurzeln werden und sich Ihren Weg durch das reiche Erdreich suchen. Heben Sie Ihre Finger und sehen Sie in ihnen die farbigen Blätter eines Baumes. Bewegen Sie sie und fühlen Sie, wie die Energie der Erde durch Ihre Adern fließt. Senken Sie nun die Arme und nehmen Sie einen tiefen Atemzug. Halten Sie den Atem für vier Zähleinheiten an und atmen Sie dann langsam aus.

Um mit dem die Sinne betreffenden Teil des Rituals zu beginnen, nehmen Sie einen tiefen Zug von dem Rosenduft. Berühren Sie die samtenen Blütenblätter und wenden Sie Ihr Gesicht dem Licht des Mondes entgegen. Hören Sie auf die Geräusche der Natur, falls Sie draußen sind. Was hören Sie?

Essen Sie schließlich eine Weintraube und fühlen Sie, wie der Geschmack in Ihrem Mund explodiert. Erinnern Sie sich, daß die Magie aus der Natur kommt; welche Energien fühlen Sie, wenn Sie Ihre gesteigerten Sinne befragen? Was fühlen Sie, draußen, unter dem Mond des Septembers.

Wenn Sie sich bereit fühlen, rezitieren Sie folgende Verse:

»Unter dem Zaubermond, zur Zeit von Rosen und Wein,
Dionysos, tanzend zum Hexensang, hör mein Schrei'n.
Da ich feier' die Fülle der Erd' und des Monds am
Himmel oben,
Schenk mir Magie und Weisheit, wenn Frau Mond
kommt gezogen.«

Nehmen Sie einen Schluck Wein oder Saft. Tauchen Sie Ihre Finger in den Wein und tupfen Sie ein wenig davon auf Stirn und Herz.

Dann sprechen Sie:

»Magie entspringt aus Herz und Geist,
Göttin, lächle der Hexe, die Dich preist.«

Trinken Sie dem Mond zu und schütten Sie ein wenig auf den Boden, um der Erde etwas zurückzuerstatten. Nehmen Sie einen Keks und lassen Sie ihn zurück für die Feen oder die Vögel. Verzehren Sie nun die Weintrauben und die übrigen Kekse, trinken Sie den Wein in Ihrem Ritualkelch und erlauben Sie es Ihrem Geist, sich zu entspannen. Singen Sie ein ruhiges Lied, legen Sie sich ins Gras und betrachten Sie den Nachthimmel. Oder tanzen Sie ein wenig unter dem Mond - tun Sie, was auch immer Ihnen zusagt. Sie haben es verdient.

Schließen Sie das Ritual, wenn Sie fertig sind. Sammeln Sie ein paar Rosenblätter ein. Reinigen Sie Ihren Kelch und den Teller; wenden Sie sich dann erneut dem Mond zu.

Sprechen Sie:

»Dank sei Dir, Dionysos, Gott des Weins, für Deine
Sorg' und Zeit,
dem Ritual ich nun, im Mondlicht hier, ein End' bereit.«

Öffnen Sie den Kreis, wie Sie es auch gewöhnlich tun würden. Ich selbst stelle mich dazu immer in die Mitte des Kreises, deute mit meinem Finger oder dem Ritualdolch auf den Boden und drehe mich in einer schnellen Bewegung entgegen dem Uhrzeigersinn. Wenn ich den Kreis so aufrolle, spreche ich die Worte:

»Offen der Kreis, doch ungebrochen,
die Magie nun entlassen, da der Zauber gesprochen.«

Räumen Sie Ihre Hilfsmittel auf; ersticken Sie die Flammen und den Weihrauch. Vergessen Sie nicht, den Keks für die Feen dazulassen! Sie können die Rosen für ein paar Tage an Ihrem Bett stehenlassen, um den Duft zu genießen. Jetzt gehen Sie und genießen Sie den Rest dieses wunderbaren Herbstabends!

(Die Feen) sind alt, alt und fröhlich,
O so alt!
Tausende Jahre, tausende Jahre,
Zusammengeballt.

Yeats

Vollmond-Feen-Weisheitszauber

Die Herbstzeit ist eine wahrhaft geheimnisvolle Zeit im Jahr. Zu dieser Zeit, wo sich alles auf das Kommen des Winters vorbereitet, ist die Aktivität der Feen und Geister besonders hoch. Die Herbstfeen sind energisch und schwer zu beschreiben. Stellen Sie sich diese elementaren Energien vor als geschmückt vom farbenfrohen Putz der Jahreszeit: tiefes Karmesinrot, verbranntes Orange, juwelenhafte Töne des tiefsten Purpurs, warmes, dämmriges Braun und ein schimmerndes goldenes Gelb. Wenn Sie während der Herbstmonate einen Feenzauber wirken wollen, dann tun Sie dies im Freien, umgeben von der Natur. Um die besten Ergebnisse zu erzielen, sollten Sie einen Abend, der mit einem vollen, herrlichen Mond gesegnet ist, wählen.

Traditionell werden Zeiten und Orte, die den Feen gehören, als »Zwischenzeiten« bezeichnet. Diese Zeiten zwischen den Zeiten sind die Stunde des Sonnenaufgangs, der Mittag, der Sonnenuntergang und Mitternacht. Andere passende Zeiten zur Kommunikation mit dem Feenreich sind Sonnenwenden, Äquinoktien und die Zeiten des Vollmondlichtes. Wenn Sie einen Feen-Mondzauber wirken wollen, müssen Sie einige Höflichkeitsformen beachten. Arbeiten Sie nicht mit Stahl- oder Eisenwerkzeugen und benutzen Sie auch keine gußeisernen Kessel. Belassen Sie Ihre Werkzeuge so naturgemäß wie möglich und denken Sie auch daran, sich zu schützen. Schlagen Sie einen Kreis und arbeiten Sie innerhalb desselben, um boshafte und mutwillige Feen abzuhalten.

Eine der leichtesten Methoden, sich vor Feenstreichen zu

schützen, ist, einige grüne Zweige Johanniskraut aus dem Garten zu sammeln. Der Volkssage zufolge ist Johanniskraut in der Lage, einen vor Desorientierung und Verführung durch die Feen zu schützen. Binden Sie die Zweige mit einem roten Faden zusammen und stecken Sie sie sich ins Haar oder auf die Innenseite Ihres Hemdes, in der Nähe des Herzens. Wenn Sie kein Johanniskraut finden können, versuchen Sie es mit den Blättern eines gewöhnlichen Veilchens oder benutzen Sie frische Zweige duftenden Rosmarins.

Warum die Warnung? Nun, Sie werden unter dem Vollmond arbeiten und das Feenreich zu sich einladen, da ist ein wenig Respekt und Vorsicht durchaus angebracht. Nein, die Feen werden Sie nicht einfach wegtragen, aber Sie könnten Ihr Zeitgefühl verlieren und Sie könnten sich für einen oder zwei Tage nach der Arbeit mit den Feen etwas abgehoben fühlen, besonders wenn Sie unter dem Vollmond gearbeitet haben. Sich vorzubereiten ist eine kluge und praktische Lösung.

Die Anrufung der Herbstfeen um die Verleihung von Weisheit ist eine interessante magische Erfahrung. Sie können mit einer erhöhten Sensibilität für die Schönheit und die zahlreichen Farben der Natur gesegnet werden. Farben, Gerüche und Strukturen könnten Ihnen pulsierender und sinnlicher vorkommen. Sie könnten lebhafte, präkognitive Träume haben oder einfach aufmerksamer für die Energie und Macht werden, die aller Natur innewohnt. Sie sollten die Tage über, nachdem Sie den Zauber gewirkt haben, achtgeben, mit welchen Gaben Sie die Feen gesegnet haben. Das Ergebnis dieses Vollmondzaubers wird bei jeder Person anders ausfallen. Auch wenn Sie die Magie mit einem Partner oder einer Gruppe wirken, wird jede Person etwas anderes erfahren, und genau so sollte es sein.

Nun zum Zauber: Bereiten Sie Ihren Arbeitsplatz im Freien vor. Vielleicht wollen Sie das Ganze im Garten oder Ihrem Hof durchführen. Vielleicht setzen Sie sich auch in einen Gartenstuhl auf Ihre Veranda. Finden Sie einen Ort, an dem es friedlich ist und der Ihnen eine gewisse Privatsphäre gewährt.

Sammeln Sie ein wenig zur Jahreszeit passendes Laub und plazieren Sie es in erreichbarer Nähe. Stellen Sie einen kleinen Tisch auf, auf dem Sie arbeiten können, und stellen Sie darauf einige weiße Votivkerzen, die Sie sicher in Weihegefäßen verstauen sollten, so daß sie nicht umgestoßen oder ausgeblasen werden können. Nehmen Sie auch ein kleines Glas oder eine Keramiktasse oder auch eine Schale, gefüllt mit Trinkwasser, hinzu, um die Segnungen der Mondgöttin Selene zu repräsentieren und das Mondlicht einzufangen.

Selene ist bekannt für ihren Schutz und ihre Liebe zu den Hexen und Magiebenutzern im allgemeinen. Sie ist eine liebende und machtvolle Mondgöttin. Außerdem brauchen Sie für diesen Zauber ein paar einfache Kekse. Lassen Sie diese als Opfergabe für die Feen und Naturgeister zurück, wenn Sie den Zauber beenden.

Verstreuen Sie zu Anfang einige farbenfrohe Herbstblätter an Ihrem Arbeitsplatz, in sicherer Entfernung von den offenen Kerzenflammen, und breiten Sie einige natürliche und magische Gegenstände aus: einen Apfel für die Weisheit, einige Ähren Ziermais, um die Fülle der Erde zu repräsentieren, und einige weiße Blüten in einer wassergefüllten Schale oder Vase für Selene. Sie könnten dem auch einen sehr kleinen oder einen Miniaturkürbis beifügen, um die Ernte zu repräsentieren, sowie zur Berücksichtigung der Frucht-Assoziation des Mondes. Ein paar von diesen oder alle diese Dinge kann man dem Arrangement durchaus angemessen hinzufügen.

Nehmen Sie jetzt einige Handvoll der abgefallenen Herbstblätter und verstreuen Sie sie auf dem Boden, um Ihren Arbeitsbereich herum, im Uhrzeigersinn und in der Form eines Kreises. Sprechen Sie, wenn Sie den magischen Zirkel schlagen, im stillen:

»Den Kreiszauber wirk' ich bei Mondeslicht,
seine Magie sei standhaft und weiche nicht!«

Setzen Sie sich nun in den Kreis. Schließen Sie die Augen und erden und zentrieren Sie sich. Lassen Sie all Ihre Sorgen und die Anspannung in sich los. Nehmen Sie einen tiefen Atemzug durch die Nase, halten Sie ihn für vier Zähleinheiten und entlassen Sie ihn dann langsam durch den Mund. Öffnen Sie nun die Augen und wiederholen Sie folgenden Zauberspruch:

»Zur Zeit des Herbstes, unter des Mondes Licht
bitt' ich Euch, Feen, um Weisheit, hört mein Gedicht!
Öffnet Augen und Geist mir für den magischen Weg,
so daß ich mein Wissen in Weisheit, Tag um Tag, pfleg'.«

Sitzen Sie für einige Zeit still und genießen Sie die Nacht. Lassen Sie Ihren Geist schweifen und achten Sie darauf, welche Art von Eindrücken Sie empfangen. Heben Sie nun die Schale oder Tasse mit dem Trinkwasser hoch und erlauben Sie es dem Spiegelbild des Mondes, sich auf seiner Oberfläche für einen Moment niederzulassen. Trinken Sie dann dem Mond zu und nehmen Sie einige Schlucke Wasser. Danken Sie der Göttin mit Ihren eigenen Worten für ihre Segnungen oder sprechen Sie:

»Ich dank' Dir, Selene, für Deine Hilfe und Lieb',
ich bitt' Dich, Magie mir von oben gib!«

Wenn Sie fühlen, daß Sie fertig sind, stehen Sie auf und öffnen den Zirkel, indem Sie mit der Hand auf den Boden zeigen und sich dann in einer schnellen Bewegung entgegen dem Uhrzeigersinn drehen. Sprechen Sie:

»Offen der Kreis, doch ungebrochen,
die Magie nun entlassen, da der Zauber gesprochen.«

Zerkrümeln Sie die Kekse und verstreuen Sie sie als Opfer in der Umgebung. Flüstern Sie den Feen Ihre Dankbarkeit zu:

»Ich dank' Euch für Lieb' und Müh', Ihr Feen,
und laß bei Erd', Wasser, Luft und Feuer
den Zauber vergeh'n.«

Blasen Sie die Kerzen aus und räumen Sie Ihren Arbeitsbereich auf. Gießen Sie das übriggebliebene Wasser in einen Blumentopf in der Nähe, um Ihre Pflanzen zu segnen, oder auf den Boden, um Ihren Hof zu segnen. Behalten Sie das kleine Bündel schützender Kräuter und hängen Sie es in Ihrer Küche auf, lassen Sie es dort trocknen. Wenn es vollständig durchgetrocknet ist, geben Sie es in ein luftdichtes Glas und heben es für andere Schutzzauber auf, die Sie in der Zukunft noch wirken wollen. Geben Sie in den nächsten Tagen gut acht, ob Sie eine andere Ebene magischer Wahrnehmung bemerken. Ich wette, die Feen überraschen Sie mit vielen wundervollen Geschenken.

Wir müssen der Tatsache eingedenk sein,
daß eine entschlossene Person Großes bewirken kann
und daß eine kleine Gruppe von Menschen
den Lauf der Welt zu ändern vermag.

Sonia Johnson

Das Arbeiten in der Gruppe

Ein Gruppenritual zusammenzustellen ist stets eine Herausforderung. Sie nehmen es auf sich, alles schriftlich auszuarbeiten, und dann taucht jemand in der letzten Minute nicht auf oder jemand Überzähliges kommt dazu. Über die Jahre habe ich mit meinem Zirkel herausgefunden, daß es besser zu funktionieren scheint, die Dinge locker und spontan zu halten. Meine Grundregel ist, daß man sich eine über den Daumen gepeilte, grobe Skizze für den Verlauf des Rituals macht und nicht alles formal schriftlich ausführt. So läßt man eine gewisse Spontaneität und Improvisation zu und darüber hinaus macht es die Gruppenrituale individueller, persönlicher und lustiger.

Als wir einmal in meinem Zirkel ein Mittsommer-Ritual durchführen wollten, tanzten wir den Spiraltanz in einem netten, entspannten Tempo in meinem Garten. Die Stimmung war recht normal, zumindest fing es so an. Jedoch, so glaube ich, hatte die Göttin andere Pläne für uns. Wir versuchten, jedem die Schritte beizubringen, was sehr langsam ging. Als wir vorsichtig herumgingen, sagte fast jeder dritte: »Au.« Zum Schluß mußten wir alle lachen und uns die Sohlen unseren bloßen Füße halten und hielten schließlich an. Wir ließen uns alle gemeinsam fallen und begannen, das Gras umzustreichen. Es war vollständig dunkel und es gab nur die Gartenlampen und die Kerzen zur Beleuchtung. Schließlich entdeckten wir im Gras einen vereinzelten kurzen Rosenstengel, der von Dornen bedeckt war. Unsere ernste Stimmung war dahin und zuletzt lächelte jeder. Wir entfernten den dornigen Stiel aus dem Bereich, faßten uns an den Händen und begannen den Spiraltanz noch einmal.

Als wir dies taten, verdichtete sich die Energie sehr schnell und ein einzelnes Glühwürmchen flog in die Mitte des Kreises. Es begann, schneller und schneller zu leuchten, und flog faul im Zentrum herum, ungefähr auf Kniehöhe. Immer im Kreis flog es von Person zu Person. Und höher und höher. Irgend jemand fing an, zu kichern, und recht bald schaute jeder nur noch dem blitzenden Käfer zu, statt auf die Schritte zu achten. Schließlich drehte sich der Käfer mit uns auf Augenhöhe.

Jemand rief: »Laßt uns sehen, wie hoch er fliegen wird!« Also nahm der Tanz an Geschwindigkeit zu, das Glühwürmchen wirbelte schneller und schneller herum, bis es hinaus- und hinaufgeschleudert wurde, wie von einem Katapult, hinauf in den Nachthimmel.

Wir ließen uns alle gleichzeitig auf das Gras fallen, um uns zu erden und zu zentrieren, lachten erschöpft und grinsten einander an. Alles in allem hatte der erste vermasselte Gruppenversuch uns in einen anderen, besseren Spiraltanz geführt. Zu sehen, wie der Leuchtkäfer mit dem Lauf unseres Tanzes flog, war für die Neulinge unter den Praktizierenden ein machtvolles Bild. Es war eine Lektion in Magie, die uns allen gezeigt hatte, wie stark die Energie einer Gruppe sein kann. Bis heute sprechen all die Damen warmherzig vom »Glühwürmchentanz«.

Wenn die Dinge in einem Gruppenritual also nicht wie geplant verlaufen, dann machen Sie sich deswegen keine Sorgen. Folgen Sie dem Fluß, seien Sie spontan und sehen Sie, wohin die Magie Sie führt.

Kommt, Ihr Leute, kommt heran,
hebt den Sang der Ernte an;
Alles ist gebracht nun ein,
eh' der Winter läßt es schnei'n!

Henry Alford

Vollmond-Gruppenritual

Wenn Sie dieses Ritual draußen durchführen können, dann um so besser. Jedoch kann es bei unfreundlichem Wetter oder wegen eines Mangels an Privatsphäre auch ohne weiteres drinnen vollzogen werden. Lassen Sie jeden aus der Gruppe etwas mitbringen, das die Fülle der Jahreszeit und den Erntevollmond repräsentiert. Arrangieren Sie es gemeinsam auf Ihrem Altar oder Ihrem Hauptarbeitsbereich. Gestalten Sie den Bereich des Zirkels festlich! Einige Vorschläge hierfür wären z. B.:

- Einige Ähren frischer Mais.
- Ein kleiner Korb mit Herbstäpfeln.
- Kürbisse oder Miniaturkürbisse.
- Eine ausgehöhlte und angezündete Kürbislaterne.
- Herbstlaub.
- Indianischer Ziermais.

Zusätzliche Hilfsmittel für eine Vollmondfeier wären die Dinge, die Sie traditionellerweise auf Ihren Altar legen würden, Leuchtkerzen usw. (wie bereits im Ritual für eine Person aufgeführt).

Kuchen und Ale, wobei es sich bei dem Kuchen um simple gezuckerte Kekse oder hausgebackenes Brot handeln kann, das auf einem kleinen Teller dargereicht wird. Für das Ale versuchen Sie es am besten mit einem lokalen Wein oder Met in einem Ritualkelch, oder auch mit Traubensaft oder einem spritzigen Apfelsaft. Vielleicht steht Ihnen der Sinn auch mehr nach etwas, das zur Jahreszeit paßt? Dann versuchen Sie es mit Apfelmost.

In meinem Zirkel haben wir oft zwei Ritualkelche, einen mit Wein und einen mit Saft für die unter 21-jährigen. Wir sorgen dafür, daß die Kelche so unterschiedlich aussehen, daß es keine Verwechslungen gibt.

Entscheiden Sie, bevor Sie anfangen, wer welche Himmelsrichtung anruft. Lassen Sie diese Personen in die jeweilige Richtung gehen, um bei der Kerze der Himmelsrichtung zu stehen. Alle anderen sollten danach einen losen Kreis bilden. Meine Gruppe fängt üblicherweise mit dem Osten an. Ich weiß von anderen Gruppen, die mit ihren Anrufungen der Himmelsrichtungen im Norden beginnen. Passen Sie dies Ihren Vorlieben und Ihrem Geschmack an. Folgendes ist zu berücksichtigen: Sorgen Sie dafür, daß bei allen Himmelsrichtungen ein Feuerzeug oder Zündhölzer liegen, um die Kerzen anzuzünden, oder machen Sie es wie wir und geben Sie das Feuerzeug im Kreis im Uhrzeigersinn herum, immer hin zur nächsten Himmelsrichtung.

Zünden Sie die gelbe Kerze einer Himmelsrichtung an, die für die Luft steht, und rufen Sie die östliche Himmelsrichtung an:

»Willkommen, Element der Luft, in unserem Kreise.
Segne uns zu dieser Zeit des Erntemonds mit Wissen
und Weisheit.«

Zünden Sie, für das Feuer, die rote Kerze an, dann rufen Sie den Süden:

»Willkommen, Element des Feuers, in unserem Kreise.
Möge das goldene Licht des Erntemondes uns mit
Leidenschaft und Schutz erleuchten.«

Entzünden Sie, für das Wasser, die blaue Kerze, dann rufen Sie in den Westen:

»Willkommen, Element des Wassers, in unserem Kreise.
Mögen die Segnungen des Erntemondes uns reinigen und
die Geschenke der Intuition und der Liebe bringen.«

Entzünden Sie, für die Erde, die grüne Kerze an und rufen Sie in den Norden:

»Willkommen, Element der Erde, in unserem Kreise.
Möge uns die Macht des Erntemonds Erfolg und Überfluß
gewähren, nun, in dieser Zeit der Fülle.«

Schlagen Sie nun den Kreis. Lassen Sie sich alle an den Händen fassen und sprechen Sie:

»Wie oben, so unten
wirkt die Kraft der Elemente, ist hier die Magie gebunden.«

Lassen Sie es die Leute sich bequem machen. Hier sollten Sie Ihr übliches Vollmondritual durchführen. Wenn Sie etwas für die Gruppe haben, worüber es sich nachzudenken lohnt, dann lesen Sie es ihnen vor. Vielleicht wollen Sie »The charge of the Goddess« vorlesen. Diskutieren Sie über eine Erntegottheit, die Sie schätzen, oder geben Sie ein oder zwei Äpfel herum, von denen jeder einen Bissen nimmt, und lassen Sie jeden zum Ausdruck bringen, wofür er dankbar ist. Alternativ kann auch jeder erzählen, welche Ziele er in diesem Jahr »eingebracht« hat. Teilen Sie nun die Kuchen und das Ale. Entlassen Sie die Himmelsrichtungen. Öffnen Sie den Kreis. Alle sollten sich nun an den Händen fassen und sprechen:

»Geöffnet ist der Kreis, doch ungebrochen.
Fröhlich versammeln wir uns, fröhlich scheiden wir
und versammeln uns wieder.«

Lassen Sie die Hände der anderen los und es ist vorüber.

Kapitel 4

Erntegöttinnen

Jubelnde Fülle,
überströmend das Horn,
führt der Herbst den Reigen,
bekränzet von Korn.

Robert Burns

Dieses Kapitel behandelt vier Göttinnen, die mit dem Herbst in Verbindung stehen, sowie verschiedene Erntefeste. Es finden sich die grundlegenden Mythen und eine moderne Perspektive auf diese alten klassischen Geschichten. Darüber hinaus enthält dieses Kapitel magische Entsprechungen, Rituale und Zauber für die Göttinnen. In dieser verhexten Jahreszeit sollten Sie sich etwas Zeit nehmen, um sich mit diesen Damen der Ernte vertraut zu machen und ein wenig über ihre Geschichten und magischen Qualitäten zu lernen.

Man kann nie wissen... Sie könnten am Ende mehr Zauber und Wissen ernten, als Sie sich jemals vorgestellt hätten.

Demeter will ich besingen, die goldenhaarige Göttin,
Ehrfurchtgebietend und herrlich zu schauen.

Homerische Hymne

Demeter, die ultimative Ernte-Muttergöttin

Die erste mythologische Geschichte, die ich las, als ich ein Mädchen war, war die Erzählung von Demeter und ihrer Tochter Kore oder Persephone. Auch heute noch ist sie eine meiner Lieblingsgeschichten. Für mich erklärte sie den Wechsel der Jahreszeiten aufs beste. Ich erinnere mich noch, wie ich kleine Altäre für Demeter baute, versteckt unter den Forsythiensträuchern meiner Eltern, wenn die Herbstmonate kamen. Im Frühling, wenn die Forsythien blühten, schien es mir immer, daß mich Demeter auf diese Weise wissen ließ, daß Persephone zu ihr zurückgekehrt war.

Die Geschichte von Demeter und Persephone ist interessant, wenn man sie heutzutage betrachtet. Diese beiden Göttinen werden mit dem Kreislauf der Jahreszeiten, den Feldfrüchten und der ergrünenden Natur in Verbindung gebracht.

Der traditionelle Mythos erzählt, wie Persephone von einer einzelnen Narzisse, die auf einem Feld blüht, von ihren Gefährten weggelockt wird. Als sie hingeht, um die Blume zu pflücken, öffnet sich der Erdboden und Hades, der Gott der Unterwelt, packt die verängstigte Persephone und bringt sie in sein Königreich, um sie zu seiner Braut zu machen. Dies wird oft als die »Entführung« der Persephone bezeichnet. Jedoch begann in den letzten Jahren eine Version der Geschichte zu zirkulieren, die andeutete, daß die ganze Entführungsgeschichte vielleicht von einer patriarchalischen Gesellschaft ins Leben gerufen worden war. Sehr gut ... eine Kontroverse!

Die traditionelle Geschichte geht so weiter, daß Demeter die Suche beginnt, aber unglücklicherweise nicht herausfinden kann, wo ihre Tochter ist. Nach einem zehntägigen Fasten und der Verweigerung der Ambrosia verliert sie ihren Glanz, der durch die Magie der Aphrodite auf ihr liegt, und erscheint als eine alte, abgehärmte Frau. Sie berät sich mit der Göttin Hekate. In den homerischen Hymnen wird Hekate mit dem Epitheton, »mit dem hellen Stirnreif«, beschrieben und ist stets mildherzig - was die Theorie der alten, häßlichen Greisin hinfällig macht. Hekate gehörte ursprünglich zu den Titanen und hat viele Gesichter und Verkleidungen. Sie erzählt Demeter in aller Eile, daß sie Persephone schreien hörte, aber nicht weiß, was aus ihr geworden ist. Zusammen suchen die beiden Helios, der alles sieht, wenn er mit seinem Sonnenwagen jeden Tag über den Himmel lodert.

Helios erzählt nur widerstrebend seine Neuigkeiten, aber weil er Demeter zutiefst respektiert, berichtet er ihr schließlich von der Entführung und der Ehe Persephones mit Hades sowie, daß Zeus das Geschick ihrer Tochter in der Hand hatte. Es hat den Anschein, daß Hades sich von Persephone angezogen fühlte und ihm Zeus die Erlaubnis gab, sie zur Frau zu nehmen. Helios versucht Demeter zu trösten, indem er ihr sagt, daß Hades kein schlechter oder unpassender Schwiegersohn ist. Hades ist auf seine Weise ein mächtiger Gott und herrscht über die Unterwelt. Doch dies scheint für Demeter keinen Unterschied zu machen.

Nun, da sie das Schicksal ihrer Tochter kennt, fängt Demeter an zu klagen und alles auf der Erde verfällt und beginnt zu vergehen. Sie zieht sich aus der Gesellschaft der olympischen Götter zurück und wandert durch die Städte und Länder der Menschen. Während sie trauert, werden die Nächte lang, die Felder liegen brach und die Tage sind kalt, da Demeter der Erde ihren Segen verweigert und in ihrem Zorn keinem Ding zu wachsen erlaubt. Sie verhüllt sich und reist als alte Frau über die Erde und es scheint, daß nichts sie aus ihrer Trauer erlösen kann. Auf ihrer Reise heilt sie kranke Kinder mit dem Mitleid einer Mutter und wird schließlich die Amme eines Prinzen von Eleusis. Nach einiger Zeit entdeckt die Mutter des Knaben zufällig, wie Demeter ihn unsterblich machen will. Sie schreit auf und Demeter enthüllt sich ihr in ihrer göttlichen Glorie. Dann segnet sie das Kind und seinen Bruder Triptolemos und lehrt sie, als sie alt genug sind, die Kunst des Ackerbaus, so daß sie dieses Wissen an die Menschheit weitergeben können.

Schließlich entscheiden sich die Götter, einzuschreiten, da alle Menschen auf der Erde leiden, hungern und den Göttern keine Ehrfurcht mehr zollen. Zeus beugt sich dem Zorn der Demeter und befiehlt Hades, seine Braut der Mutter zurückzugeben. Doch bevor Persephone aufbricht, überredet Hades sie, einen Granatapfel mit ihm zu essen, und stellt so ihre Rückkehr zu ihm sicher. Manche Geschichten behaupten auch, daß Persephone den Apfel heimlich aß und der Gärtner des Hades sie verraten hat. Angeblich soll ihn Demeter dafür aus Zorn in eine Eule verwandelt haben. Doch die Geschichten sind sich darin einig, daß Persephone, weil sie die Nahrung der Unterwelt gekostet hatte, zurückkehren muß.

Als Persephone zurückkehrt, ist Demeter überglücklich, ihre Segnungen und ihre Freude strömen über die Erde und der Frühling hält seinen Einzug. Da jedoch Persephone von dem Granatapfel gegessen hat, muß sie in die Unterwelt zurückkehren und einen Teil des Jahres mit ihrem Gemahl verbringen. Wenn also Persephone zu ihrem Mann zurückkehrt, beginnt

Demeters Klage aufs neue und der Winter beginnt. Wenn Persephone zurückkehrt, erwacht die Erde und der Frühling und das Leben halten ihren Einzug.

Die andere mythische Geschichte, die von der Maid Kore, erzählt, daß sie in die Unterwelt wanderte, weil sie die verlorenen Seelen gehört hatte und sie trösten wollte. Dort traf sie Hades und entschied sich, bei ihm zu bleiben. Sie wird zu Persephone und erhebt nun, als Göttin der Unterwelt, Anspruch auf ihre Mächte. Mit dieser Entwicklung ist ihre Mutter Demeter natürlich nicht unbedingt zufrieden, so daß sie zu klagen beginnt und die Erde sich zur Ruhe bettet. Wenn Persephone zurückkehrt, wird die Erde mit dem Frühling gesegnet.

Eine neue Perspektive auf eine alte Geschichte

Welche Geschichte stimmt nun? Ich denke, es ist eine Kombination der beiden. Als ich anfing, dieses Buch zu schreiben, begann ich, lebhaft von Persephone und Demeter zu träumen. Einige Wochen lang wurde ich jedes Mal, wenn ich zu schlafen versuchte, von zwei sehr unterschiedlichen weiblichen Stimmen wieder aufgeweckt. Da es den Anschein hatte, daß ich keinen Schlaf finden würde, bis ich dies in einer Nacht ergründen würde, setzte ich mich hin, entzündete einige Kerzen und meditierte über diese zwei äußerst fordernden Stimmen.

Als ich fragte, wer sie denn wären, kommunizierte eine der Stimmen mit mir entsprechend meinen Emotionen. Sie berief sich auf meine Erfahrung als Mutter, deren Kinder junge Erwachsene sind. Sie versuchte, meine Sympathie zu gewinnen, indem sie darauf hinwies, wie man die Kinder heranwachsen sähe und wie schnell die Zeit zu vergehen scheint. Es schien nicht so lange her zu sein, als die Kinder noch klein waren und im Hof Schmetterlinge jagten, so erinnerte sie mich. Jetzt gehen sie aufs College oder bereiten sich darauf vor und machen Pläne für ihre eigene Zukunft. In einigen Jahren würde ich meine Arbeit erledigt haben, nicht wahr, und sie würden bereit sein, auf eigene Faust loszuziehen. Dieser erste Archetyp war die fleischgewordene Erdmutter. Sie sandte mir Bilder von Feldern mit vollem Korn und üppigen Obstgärten mit summenden Honigbienen, die mich zum Lächeln brachten. Hallo, Demeter, dachte ich mir. Sie war ganz voller Liebe, großzügig, sanft und mitfühlend - und hatte einen starken Beschützerinstinkt gegenüber ihrem Kind.

Die jüngere Frau teilte mir mit, daß ich ja eh schon wüßte, wer sie sei, und daß sie auf jemanden wartete, der ihre Geschichte aus einer anderen Perspektive erzählte. Als sie einmal losgelegt hatte, hatte sie recht viel zu erzählen. Es war ein starker und mächtiger Archetyp. Sie war keineswegs ein Mauerblümchen. Sie war selbstsicher und weise, eine Frau in ihrer sexuellen Blüte, und machtvoll. Ich hatte den bestimmten Eindruck, daß es sich bei ihr um eine junge Frau handelte, die bereit war, über ihre Mutter hinauszuwachsen und die engen Grenzen ihrer Kindheit hinter sich zu lassen.

Vergessen Sie die Bilder der scheuen Jungfrau, die zwischen Blumen herumtrippelt - das schien sie zu beleidigen. Wurde Persephone von Hades »gefangengenommen«? Wahrscheinlich. Aber ich wette, daß ihre Geschichte sehr viel weniger gewalttätig ist, als die alten Gelehrten glauben wollten. Nach meiner Theorie ist Persephone niemandes Opfer. Schließlich war sie eine Göttin. Ich wette, wenn Persephone ihre Version der Geschichte erzählen könnte, würde sich das etwa so anhören ...

Versehen werde ich mich,
mit der blauen, spitzen Flamme einer Blume,
die dunklen Stufen hinabschreiten,
wo Blau von Bläue verdunkelt wird,
und auch jetzt, da Persephone geht,
im frostigen September
in das lichtlose Reich,
wo die Dunkelheit im Dunklen wacht.

David Herbert Lawrence

Die Geschichte der Persephone

Eines Tages sammelt Persephone, die Tochter der Demeter, Wildblumen mit ihren Gefährtinnen, den Nymphen. Ihre Mutter ist beschäftigt, die Felder und Ähren zu pflegen und zu segnen, hält aber inne, um einen lieblichen kleinen Schrein zu bewundern, den ein Bauer aus der Gegend gebaut hat und um den herum Mohn wächst. Demeter steckt ein paar Blumen in ihr spitzenbesetztes Diadem und segnet die Felder des Bauern für dieses Jahr mit besonders ergiebigem Ertrag. Sie wendet sich um, um nach ihrer Tochter zu sehen, und sieht, daß diese wohlbehütet mit ihren Aufwärterinnen plaudert. Demeter war, wie alle Mütter, extrem vorsichtig, wenn es um ihr Kind ging.

Demeter und Persephone waren ständige Gefährten. Persephone war Demeters einzige Tochter, aber sie war nun auch eine junge Frau, die zu eigener Kraft heranwuchs, und fühlte sich nach und nach ein wenig gehemmt. Also zieht sie los und geht alleine umher. Sie braucht einen Freiraum, weg von den geschwätzigen Nymphen, und genießt die Freiheit, die ihr das Alleinsein bietet.

Persephone schleicht über den nächsten Hügel, außer Sicht der Gruppe, und sieht sich um; dabei fragt sie sich, warum die Dinge, die ihr einstmals Freude bereiteten, ihr nun so öde vorkommen. Sie sitzt inmitten der Blumen und des hohen, wogenden Grases und stützt das Kinn auf die Hand. Sie seufzt tief, als sie das Gefühl, das tief in ihrem Herzen wütet, als Rastlosigkeit identifiziert. Warum will ihre eigene Mutter, wo sie doch eine solch unglaubliche Göttin ist, nicht anerkennen, daß sie nicht länger ein Kind ist? Persephone fragt sich, wie es wohl wäre, einen Liebhaber zu haben; die Nymphen reden darüber.

Was sie *wirklich* braucht, so denkt sie schließlich, ist eine kleine Liebschaft, eine Romanze mit einem dunklen Fremden, und ein Abenteuer.

Gerade als sich dieser Gedanke in ihrem Kopf breitzumachen beginnt, bemerkt Persephone eine ungewöhnliche Blume, die, ganz für sich stehend, auf dem Feld blüht. Bestrickt erhebt sie sich und geht hinüber, um sie sich genauer anzusehen. Es ist eine Narzisse. Sie verströmt einen unglaublichen Duft und glüht in einem lichtvollen Weiß. In ihrer Freude über die ungewöhnliche Blume bückt sich Persephone, um die Blüte zu pflücken. In diesem Moment öffnet sich der Boden unter ihren Füßen. Im Fallen schreit Persephone auf und wird schließlich von einem dunklen Mann aufgefangen, der einen Streitwagen fährt, der von schwarzen Pferden gezogen wird. Als der Boden sie zu verschlingen beginnt, schreit Persephone noch lauter um Hilfe. Und dann herrscht Stille.

Persephone wendet sich um und wirft einen Blick auf ihren Entführer; auf einmal schlägt ihr Herz schneller. Sie erblickt den dunklen, gutaussehenden und gefährlichen Mann, den sie in ihren Tagträumen gesehen hat. Sie fragt ihn nach seinem Namen und er wendet sich ihr zu und sieht sie an. Ihr Mund wird trokken, als sie Hades erkennt, den Herrn der Unterwelt. Seine Stimme klingt tief und endgültig, als er ihr verkündet, daß er sie zu seiner Braut erkoren hat. Es ist eine Aussage, keine Werbung, und Persephone fängt an zu lamentieren, daß sie da doch gerne ein Wörtchen mitzureden hätte.

Hades bringt sie mit einem leidenschaftlichen Kuß zum Schweigen, den Persephone trotz ihrer Einwände erwidert. Einige Augenblicke später unterbricht Hades den Kuß mit einem grimmigen Lächeln und der Rest der Reise verläuft still, als sie in sein unterweltliches Reich brausen. Persephone entscheidet sich für die »stille Bestrafung« statt eines Kampfes, gerade so, als ob der Kuß nichts bedeutet hätte. Sie wartet und macht Pläne, was sie tun wird, wenn sie ihr Ziel erreichen. Wenn er glaubt, daß sie es ihm leicht machen wird, dann soll er eine Überraschung erleben.

Als sie jedoch einmal in Hades' großer Halle angekommen sind, erkennt sie, daß sie tatsächlich eine richtige Gefangene ist. Da sie jedoch selbst eine Göttin ist, entscheidet sie sich, Hades um ihre Zuneigung werben zu lassen. Hades beginnt nun, um seine widerspenstige Braut zu freien, und langsam, mit der Zeit, gibt sie dem »bösen Jungen« nach. (Was meine ich mit »böser Junge»? Mal sehen: Stellen Sie sich eine Art dunklen, gothischen Prinzen vor. Oh, er ist dunkel, er ist gequält, er leidet; er braucht sie. Eine geheime romantische Phantasie, die zum Leben erwacht. Ja, sie ist des Todes.) Hier in der Unterwelt ist Persephone nun Königin und hat einen eigenen Machtbereich. Sie beginnt sich an die so andersartige Welt, die sie nun regiert, zu gewöhnen und die Zeit hat keine Bedeutung mehr für sie.

Doch Demeter will sie zurückhaben und die Erde leidet. Als der erste Bote, Iris, die Göttin des Regenbogens, eintrifft, um Hades um die Freilassung seiner Braut zu bitten, belauscht Persephone sie und bemerkt, wie wütend ihre Mutter geworden ist. Wenn Demeter der Erde ihre Segnungen versagt, dann verhungern die Menschen und das Land verödet. Persephone zieht sich in die schattigen Gärten des Hades zurück, überwältigt von ihrer Schuld, und gesteht sich ein, daß sie ihrem Gatten verfallen ist. Persephone glaubt, sie sei allein, aber der Gärtner des Hades, Ascalaphus, beobachtet sie still aus dem Schatten der Bäume. Während sie überlegt, was sie tun soll, pflückt sie einen tiefroten Granatapfel von den Bäumen und setzt sich auf eine Bank, um nachzudenken. Auch wenn sie das Sonnenlicht vermißt und Demeter gern wiedersehen würde, ist sie doch hin- und hergerissen zwischen dem Wunsch, bei dem Mann zu bleiben, den sie leidenschaftlich zu lieben gelernt hat, oder ins Sonnenlicht zurückzukehren und ihn nie wiederzusehen.

Persephone sieht sich einer gewaltigen Entscheidung gegenüber. Eine, die ihr das Herz brechen wird, egal, wie sie sich entscheidet. Doch wie soll sie zwischen zwei Wesen, die sie liebt, entscheiden? Sie konzentriert sich auf den Granatapfel und erkennt, daß sie die Lösung in ihren Händen hält. Sie zerbricht die Frucht und kostet das rote, reife Fruchtfleisch. Sie fühlt das Gewicht dessen, was sie getan hat, wie einen Stein in sie einsinken, denn niemand, der je die Nahrung der Unterwelt genossen hat, kann sie wieder verlassen. Sie versteckt die Frucht und glaubt sich ungesehen, doch der Gärtner hat sie davon essen sehen und behält die Information für sich.

Schließlich beugt sich Zeus dem Zorn Demeters und Hermes wird gesandt, Persephone zu befreien. Hades blickt sorgenvoll auf seine Frau, als sie sich anschickt, mit Hermes aufzubrechen. Persephone kann sich nicht entscheiden, was sie tun soll, und Ascalphalus verrät, daß er gesehen hat, wie die Königin einen Bissen vom Granatapfel genommen hat. Hades sagt nun seiner Frau Lebewohl, in der Gewißheit, daß sie zu ihm zurückkehren wird, und Persephone wird wieder ihrer Mutter zugeführt.

Als Demeter hört, was geschehen ist, weigert sie sich noch immer, die Erde mit Leben zu segnen. Ein Kompromiß wird vereinbart. Persephone soll die Hälfte des Jahres mit ihrem Gemahl und die andere Hälfte mit Demeter verbringen. Dies scheint Demeter zufriedenzustellen und das Leben hält wieder Einzug im Land. Als die Zeit kommt, da Persephone zu ihrem Gatten zurückkehren soll, beginnt ihr Klagen aufs neue und die Nächte werden länger, die Blätter an den Bäumen beginnen abzufallen und der Winter setzt ein.

Doch jedes Jahr, wenn Persephone auf die Erde zurückkehrt, hört Demeter die Schritte ihrer Tochter und bringt in ihrer Freude der Erde das Leben zurück. So wird Persephone die Bringerin der Jahreszeiten und die Göttin der Unterwelt. Sie muß sich nicht länger zwischen denen entscheiden, die sie liebt; sie verbringt ihre Zeit zu gleichen Teilen mit ihnen und ist zufrieden.

Diese Geschichte verfolgte mich über Wochen in meinen Träumen. Persephone war verdammt hartnäckig. Ich war eine Zeit lang in Sorge, die Leser würden mit den Augen rollen und mich eine Romantikerin nennen, aber als ich die Geschichte einmal niedergeschrieben hatte, fühlte es sich richtig an. Wie ich schon vorher sagte: Es handelte sich um eine Göttin, nicht um ein hilfloses Opfer der Umstände. Glauben Sie wirklich, daß eine Göttin ihren Partner nicht dazu bringen würde, sich anzustrengen, um sie zu werben und ihre Zuneigung zu gewinnen? Ich wette, sie hat ihn ein wenig ins Schwitzen gebracht und ihn seine Liebe zu ihr unter Beweis stellen lassen.

Tatsächlich kursiert eine Theorie, daß in alter Zeit eine griechische Hochzeit mit einer gespielten Entführung der Braut durch den Bräutigam und seine Gefolgsmänner begann. Ich frage mich, ob sie dabei diese Geschichte inszenierten. Zumindest gilt einmal folgendes: Wenn Ihnen diese Version der Geschichte unwahr erscheint, schlage ich vor, daß Sie über Persephone meditieren und sehen, was sie Ihnen zu sagen hat. Ich wette, Sie werden eine Überraschung erleben.

Magie mit Demeter und Persephone

Die Göttinnen Demeter und Persephone sind zentrale Gestalten im Jahreszyklus und im Wechsel der Jahreszeiten. Wie bereits im ersten Kapitel ausgeführt, ist der Begriff »Korn« ein landwirtschaftlicher Terminus; in diesem Fall wäre es das in Griechenland verbreitetste Getreide, also Weizen oder Gerste. Während Demeter die Verkörperung des Korns, der Ähren auf dem Feld, war, wurde Persephone die Königin der Unterwelt und die Bringerin des Frühlings.

Demeter wurde von den Menschen sehr verehrt, die mit den Sorgen einer Mutter, ihr Kind zu verlieren, sympathisieren und mit ihr fühlen konnten, als sie endlich einsehen mußte, daß ihre Tochter erwachsen geworden war und ihren eigenen Weg gehen mußte. Und wenn sie die Ernte einbrachten, waren sie stets dankbar, daß Demeter sie gesegnet und sie die Kunst des Ackerbaus gelehrt hatte.

Auch wenn Demeter auf dem Olymp stets willkommen war, so blieb sie doch lieber auf der Erde, wo sie gehen konnte, wohin sie wollte, mit den Menschen in Kontakt treten und über die Felder und Saaten wachen. Demeter wurde typischerweise als eine attraktive, vollschlanke Matrone dargestellt, die einen Kranz aus Weizen und Mohnblumen in ihrem geflochtenen, hochgesteckten Haar trug. Auch wurde sie oft dargestellt, wie sie eine blaue Robe trägt und Getreidehalme in der Hand hält, sowie ein überquellendes Füllhorn mit Äpfeln und Weintrauben.

Mit Demeter korrespondieren:

- Mondphase: voll
- Weizenhalme
- Getrocknete Ziermaiskolben
- Rote Mohnblumen
- Blaue Kornblumen (Von Mohn wie von Kornblumen glaubte man, daß sie an den Rändern der Felder wüchsen.)
- Goldene Sonnenblumen
- Kerzenfarben: goldenes Gelb für die Ähren und Blau für die Farbe ihrer Roben

Eine Anrufung Demeters um Überfluß und Erfolg

In dieser Zeit des größten Überflusses im Jahr versuchen Sie, Demeter anzurufen, auf daß sie Überfluß und Erfolg in Ihr Leben bringt. Bringen Sie einige der Komponenten aus der Korrespondenzenliste von oben zusammen und finden Sie eine Repräsentation der Göttin Demeter. Als ich diesen Zauber das erste Mal wirkte, ließ ich meine Tochter im Internet suchen, und sie druckte mir eine Reliefdarstellung Demeters aus Griechenland aus. Ich fügte diese in einen billigen Rahmen und ließ sie für einige Tage auf meinem Altar, während der Zauber sich zu entfalten begann. Wählen Sie Ihre Kerzenfarbe und gestalten Sie den Arbeitsbereich nach Ihrem Geschmack. Seien Sie kreativ und lassen Sie den Altar festlich aussehen. Geben Sie Herbstblätter oder Miniaturkürbisse hinzu. Sorgen Sie dafür, daß die Representation gut im Blick ist, während Sie den Zauber wirken. Zünden Sie die Kerze an und wiederholen Sie folgenden Zauberspruch:

»Große Göttin Demeter, mit Erfolg mich segne
und aus Deinem Füllhorn Gutes auf mich regne!
In dieser Zeit des Dankes und der Fülle
mich und die Meinen in Gesundheit, Erfolg und
Frohsinn hülle!«

Schließen Sie den Zauber mit den Worten:

»Ich dank' Dir, Demeter, für Müh' und Zeit
und dem Zauber bei der Elemente Macht ein Ende bereit'!«

Nun – ganz im Sinne der Milde Demeters – sollten Sie etwas zurückerstatten. Das kann eine einfache Handlung sein, nichts Großartiges. Hier einige Vorschläge: Begleiten Sie Ihre Kinder freiwillig auf einen ihrer Ausflüge oder spenden Sie etwas für wohltätige Zwecke. Helfen Sie einem älteren Menschen, seine Einkäufe ins Auto zu laden. Werden Sie Brieffreund eines Soldaten im Ausland. Kaufen Sie etwas bei einer Spendenaktion oder Tombola der örtlichen Schule – es gibt immer eine Kapelle oder eine Sportmannschaft, die Geld für Uniformen oder Ausrüstung braucht. Es wird Ihnen etwas einfallen. Seien Sie großzügig und helfen Sie anderen einfach nur, weil Sie es können. Diese Energie wird auf dieselbe Weise zu Ihnen zurückkehren.

Korrespondenzen für Persephone

Persephone ist die Verkörperung der Vegetation, die während der Wintermonate schlafend unter der Erde liegt und dann als sprossende Gewächse, junges Grün und blühende Blumen im Frühling zum Leben erwacht. Eine verbreitete Meinung besagt, der Name dieser Göttin bedeute »der grüne Sproß«. Stellen Sie sich Persephone als eine wunderschöne und ernste junge Frau mit braunem Haar vor, die in ihren beiden Welten glücklich ist. Sie trägt eine Krone aus geflochtenen Weizenhalmen auf dem Kopf und wird oft dargestellt, wie sie Weizenhalme und eine brennende Fackel in der Hand hält.

Korrespondenzen der Persephone:

- Mondphase: Neumond, wenn der Mond unsichtbar ist
- Narzisse
- Alle tiefpurpurnen und schwarzgefleckten Blumen, so z. B. Stiefmütterchen (halten Sie Ausschau nach der Unterart mit dem Namen »Schwarze Magie«); Tulpen (hier die Unterart »Königin der Nacht«, die ein schwärzliches Kastanienbraun aufweist - wirklich verblüffend), oder versuchen Sie es mit der Schokoladenblume, einer Blume mit tiefbrauner Farbe, ja fast schwarz; außerdem gibt es noch die Schwarze Iris, Schwarze Malven oder benutzen Sie die Rose mit dem tiefsten Burgunderrot, die Sie finden können.
- Weizenhalme
- Getrocknete Ziermaiskolben
- Granatäpfel
- Fackeln
- Kerzenfarben: blasses Grün und Schwarz

Die Wahl des eigenen Weges mit Persephone

Der folgende Zauber ist geeignet für Zeiten in Ihrem Leben, in denen Sie das Gefühl haben, alleine ausziehen und Ihren eigenen einzigartigen Weg gehen zu müssen. Was Ihnen einst ideal erschien, macht Sie nicht länger glücklich und erfüllt Sie nicht mehr, und Sie wissen in Ihrem Herzen, daß es an der Zeit ist, eine Veränderung herbeizuführen. Und wenn der Übergang schwierig und der Pfad steinig ist, dann bitten Sie Persephone, Sie ein wenig zu unterstützen.

Persephone lernte, in ihre Doppelrolle als Königin der Unterwelt und als Bringerin des Frühlings hineinzuwachsen, so daß sie die logische Wahl darstellt, wen Sie anrufen sollten, wenn Sie zu entscheiden versuchen, was Sie mit dem Rest Ihres Lebens anfangen wollen. Persephone versteht, wie schwierig es ist, sich zu entscheiden, ob es nun darum geht, einen bequemen Job mit Leuten, die Sie mögen, aufzugeben, um Größeres und Besseres anzustreben, oder ob Sie eine Beziehung beenden oder von einer Phase Ihres Lebens in die nächste weiterziehen.

Wenn Sie wissen, daß Ihnen die Entscheidung das Herz zerreißen wird, egal welchen Pfad Sie einschlagen, versuchen Sie es mit einem kleinen Gespräch mit Persephone. Erinnern Sie sich, daß sie eine junge Frau in ihrer Blüte ist. Persephone ist sowohl selbstsicher als auch weise. Sie wird Ihnen Stärke, Mut und innere Gewißheit geben, wenn Sie dieses Kapitel in Ihrem Leben beenden und ein neues beginnen.

Holen Sie sich zu Beginn eine blaßgrüne und eine schwarze Kerze. Stellen Sie diese in einen mehrarmigen Leuchter. Wenn Sie das Ganze etwas aufwendiger gestalten wollen, dann verstreuen Sie dunkle Blütenblätter über Ihren Arbeitsbereich. Geben Sie einen reifen, geöffneten Granatapfel zu dieser Anordnung hinzu. Zünden Sie die Kerzen an und meditieren Sie einige Momente über Persephone. Nehmen Sie sich etwas Zeit und vergegenwärtigen Sie sich Ihre Ängste und was Sie davon abhalten könnte, einen positiven Wechsel herbeizuführen. Lassen Sie diese Ängste nun hinter sich.

Wenn Sie sich ruhig und zentriert fühlen, dann sprechen Sie diesen Zauberspruch:

»Unterweltskönigin, hör mich, der zu Dir schreit,
Dein sind Herbstes- und Frühlingszeit.
Zweifelnd steh ich an der Wegkreuzung hier,
ohne Hader und Schmerz mich zum Ziele führ'!
Es ist an der Zeit, zu lassen Furcht und alte Träume,
zu betreten der Zukunft vielgestaltige Räume.«

Kosten Sie nun von dem Granatapfel. Nehmen Sie einige seiner rubinfarbenen Kerne heraus und legen Sie sie zum Trocknen beiseite. Lassen Sie die Kerzen herunterbrennen, bis sie von selbst ausgehen. Wenn Sie bei diesem Zauber Blütenblätter benutzen, dann lassen Sie auch diese trocknen. Sie können den Rest des Granatapfels ins Freie legen, so daß die Natur ihn sich zurückholen kann. In einigen Tagen, wenn die Samen und Blütenblätter vollständig getrocknet sind, geben Sie diese in einen Umschlag oder in einen Zauberbeutel aus Stoff. Nehmen Sie diesen als Talisman mit sich, während Sie durch die Phase des Übergangs in Ihrem Leben hindurchgehen.

Wir können keine Fackel halten,
um den Pfad eines anderen zu erleuchten,
ohne unseren eigenen zu erhellen.

Ben Sweetland

Elen von den Wegen

Elen von den Wegen ist eine keltische Sonnengottheit. Ihr Name bedeutet »Licht« oder »Lichtbringer«. Variationen des Namens sind Ellen, Nell und Nehalennia. Elen ist eine Göttin des Feuers, des Wassers und der Erde. Da Feuer das magische Element der Transformation ist, verändert und wandelt sie sich ständig. Sie können Ihre Präsenz in den Energien, die durch die Erde fluten, spüren, während sich die Jahreszeiten entwickeln und die Tiere wandern. Elen hat viele Aspekte und Manifestationen, gerade das, was man von einer Göttin der Transformation und des Lichts erwarten würde. Sie kann mit dem Geweih eines Rehs dargestellt werden, was sie zur gehörnten Göttin macht. Ihre Verbindung zur Erde und ihren Kreaturen kann also nicht geleugnet werden.

In der walisischen Mythologie war ihre Rolle durchaus bedeutsam: Elen verkörpert dort den Geist des Landes. Sie ist eine mysteriöse Göttin, die mit Kreuzwegen, Quellen, Wasserfällen, Grotten, dem Reich der Elemente und den Kreaturen des Waldes in Verbindung steht. Ihre Verbindung zum Feenreich erkennt man daran, daß hin und wieder von den Feen als »Elle Folks« gesprochen wird.

Im Mabinogion erscheint sie als eine Art schamanistische Göttin. Der römische Kaiser träumte von ihr, wie sie auf einem goldenen Thron saß, und war entschlossen, sie zu finden. Diese Elen ist eine Göttin der Wahrträume und der Seelenreisen. Mit der Zeit wurde sie mit Land und all seinen Straßen in Verbindung gebracht, seinen Pfaden und Energien, einschließlich des Energiegitters oder der Matrix dessen, was wir als »Brachlandlinien«[1] bezeichnen. Unter diesem Aspekt wird sie als »Elen von den Wegen« bezeichnet und man glaubte, die ersten Römerstraßen seien von ihr erfunden worden. Es gibt einige Quellen und Wasserfälle in Britannien, die Ellen heilig sein sollen; diese wurden mit der Zeit zu »St. Helens«-Quellen verchristlicht.

Elen kann als junge Frau im Frühling erscheinen, gekleidet in Grün, vielleicht mit ihrem Geweih auf dem Kopf; zu anderen Zeiten, besonders im Herbst, wird sie als Herrin des Feuers auftreten. Mit diesem Aspekt wollen wir zur Zeit von Mabon arbeiten. Stellen Sie sich diese Göttin als wunderschöne Frau mit langen roten Haaren und einem scharlachroten Kleid vor, das mit goldenen Blättern geschmückt ist. Sie wird Wärme, Erleuchtung und Magie in diese lieblichen Herbstttage bringen.

Diese facettenreiche Göttin korrespondiert mit:

- Mondphase: abnehmend
- Herbstlaub
- Eicheln
- Dem Geweih eines Rehs
- Kerzenfarben: Rot und die Töne des Herbstes - Braun, Rotbraun, Orange und Goldgelb

---

[1] Orig.: »Ley Lines« Anm. d. Übers.

- Zimt (steht mit dem Feuer in Verbindung)
- Frühlingswasser
- Räucherwerk: Zimt oder Sandelholz (Sandelholz ist allzweckmäßig einsetzbar, da es eine gute spirituelle Schwingung besitzt)

Eine Anrufung Elens

Wenn Sie Ellen anrufen wollen, um Erleuchtung in Ihr Leben und die dunkler werdenden Tage des Herbstes zu bringen, dann versuchen Sie es mit folgendem Ritual der Erntegöttin.

Sie brauchen folgende Hilfmittel:

- eine rote Kerze (wenn möglich mit Zimtgeruch)
- eine oder zwei Zimtstangen
- einen mehrarmigen Kerzenhalter
- einige Eicheln
- Sandelholz-Räucherwerk
- eine Schale für Räucherwerk
- eine Handvoll Herbstlaub
- ein Feuerzeug oder Zündhölzer
- eine sichere, flache Oberfläche, um alles aufzubauen

Verteilen Sie die Blätter um den Fuß der Kerze herum (passen Sie auf, daß nichts in die Flamme gerät). Arrangieren Sie die Eicheln und die Zimtstangen zu den Blättern. Schalten Sie alle Lichter im Raum aus. Stellen Sie sich oder setzen Sie sich vor Ihren Arbeitsplatz. Nehmen Sie einen tiefen, stabilisierenden Atemzug und zünden Sie die Kerze an. Als nächstes entzünden Sie den Weihrauch. Gönnen Sie sich ein wenig Entspannung, während Sie sich auf die Beleuchtung konzentrieren, besonders darauf, welche Menge an Licht eine kleine Kerzenflamme in einen dunklen Raum bringen kann. Wenn Sie sich bereit fühlen, rezitieren Sie diese Anrufung.

»Hör meinen Ruf, Elen, Du Licht dieses Lands,
bring meiner Seele in diesen Herbsttagen hellen Glanz.
Göttin des Waldes und allen Getiers,
schicke Weisheit, Mut und Erleuchtung mir.«

Meditieren Sie für einige Augenblicke über Transformationen und die Macht des Lichtes. Stellen Sie sich vor, daß die Kerzenflamme eigentlich ein Teil von Elens erleuchtendem Feuer der Weisheit ist. Stellen Sie sich vor, wie sie zuhört und dann Ihren Ruf beantwortet. Während sie sich nähert, raschelt ihr scharlachrotes Kleid wie herabgefallenes Herbstlaub. Fühlen Sie, wie eine tröstende Hand leicht auf Ihre Schulter sinkt, und wissen Sie, daß sie mit Ihnen ist, die Geschenke des Feuers und der Erleuchtung in Ihrem Gefolge, um sie Ihnen zu bringen. Nehmen Sie sich einen Moment Zeit und fühlen Sie, wie sich diese Energie in Ihnen verbreitet und Sie bis in die Zehen hinein wärmt. Danken Sie ihr nach einigen Augenblicken für ihre Zeit und Sorge. Schließen Sie die Anrufung mit diesen Worten:

»Bei des Herbsts und Elens heiligem Quell
soll dieser Ritus Energie und Wandlung bringen schnell.«

Und pflück' bis Zeit und Zeit vergeht
Des Mondes Silberäpfell hell
Und Äpfel golden, wo die Sonne steht.

Yeats

Pomona, die römische Göttin der Äpfel

Pomona ist die Göttin des Apfelbaums. Sie wird sowohl unter die Hamadryaden (dabei handelt es sich um Waldnymphen) und unter die Göttinnen eingeordnet. Pomona liebte alle Bäume, doch der Apfelbaum war ihr am liebsten. Sie trug stets ein Gartenmesser mit sich und war für gewöhnlich unterwegs, um ihre geliebten Apfelbäume zu beschneiden, zu verpflanzen und zu bewässern. Sie besaß einen heiligen Obstgarten, den kein Mann betreten durfte, und obwohl ihr viele Männer nachstellten - die Faune, Satyren und sogar der Gott Pan, der wirklich verrückt nach ihr war -, ignorierte sie sie alle.

Schließlich wurde ein junger Mann, Vertumnus, etwas hartnäckiger. Einige Texte sprechen von ihm als einem gestaltwandlerischen römischen Gott. Andere behaupten fest, daß er ein Sterblicher war, doch einer, der das Geschenk der Verwandlungsfähigkeit besaß. Der Geschichte nach schritt Vertumnus jeden Tag an Pomonas Obstgarten vorüber und versuchte, ihre Aufmerksamkeit auf sich zu ziehen. Er verkleidete sich als Schnitter und trug Weizenbündel an den Pforten des Obstgartens vorbei. Er ließ ihr sogar Körbe mit Weizen zurück, um ihre Zuneigung zu gewinnen. Eines Tages ging er pfeifend vorbei und trug eine Angelrute, so als ob er zum Fischen auszöge. Einmal versuchte er sogar, eine Leiter an ihr vorbeizutragen, als ob er die Äpfel aus ihrem heiligen Obstgarten stehlen wollte, nur um eine Reaktion zu erhalten. Doch egal, was er tat, sie ignorierte ihn. Doch er kam wieder, jeden Tag, nur um einen Blick auf sie zu erhaschen.

Schließlich kam Vertumnus auf einen genialen Plan. Er verkleidete sich mittels seiner Magie und verwandelte sich in die Gestalt einer alten Frau, die in einen grauen Mantel gehüllt war und einen Stab trug. In dieser Verkleidung betrat er ihren Obstgarten und sprach mit Pomona, lobte ihre Früchte und den Luxus ihres Gartens. Als Pomona heranschritt, um die alte Frau mit einem Kuß auf die Wange zu begrüßen, antwortete diese mit einem eher intensiven Kuß auf den Mund. Pomona war von dieser Art des Grußes etwas überrascht, setzte sich aber, um den unterhaltsamen Geschichten und Erzählungen der alten Frau zu lauschen.

Die alte Frau fragte sie, warum sie so unwillig war, sich einen Gefährten zu erwählen, und erinnerte sie, daß selbst der Wein nutzlos wäre, wenn er nicht von einer Ulme unterstützt würde. Warum also, da es doch so viele Bewerber gab, unter denen sie wählen konnte, meinte die alte Frau. Wie wäre es zum Beispiel mit dem netten, strammen Burschen Vertumnus? Der wäre ein passender Kandidat, sagte die alte Frau. Er mochte dieselben Dinge wie die Göttin: Er liebte die Gartenarbeit, er war jung und gutaussehend, er hatte die magische Kraft der Verwandlung und er bewunderte ihren Apfelhain.

Ob sich die Göttin der Apfelbäume seiner erbarmen wollte? Die alte Frau mahnte Pomona, daß sie, wenn sie ihr einsiedlerisches Verhalten beibehielte, schließlich sicher den Zorn der Liebesgöttin, Venus, auf sich ziehen würde. Vertumnus erzählte der Göttin in seiner Verkleidung weiterhin eine Geschichte verschmähter Liebe und beendete sie, indem er die Göttin bat, ihre Verachtung für die Männer aufzugeben und einen Liebhaber anzunehmen. Dann ließ er mit einem Tusch seine Verkleidung fallen und stand in seiner wahren Gestalt vor der Göttin: ein hoffnungsvoller, gutaussehender junger Mann. Nun, Pomona war von ihm und seinem Einfallsreichtum so beeindruckt, daß sie ihm ihre Leidenschaft für ihn gestand, die sie hin und wieder empfunden habe. Der Legende zufolge verliebten sich die beiden und lebten fortan glücklich miteinander.

Warum sollte man nicht auf einen Ast klettern?
Dort hängen die ganzen Früchte.

Mark Twain

Pomona und die Magie der Herbstäpfel

Wenn es jemanden in Ihrem Leben gibt, dessen Aufmerksamkeit Sie auf sich ziehen wollen, dann versuchen Sie es mit diesem Zauber. Es ist eine Art Glanz-Zauber, der mit Vorsicht gewirkt sein will. Mit anderen Worten: Dieser Zauber ist dazu da, die Aufmerksamkeit von jemandem auf sich zu ziehen, nicht um Gefühle zu manipulieren. Sprechen Sie mir nach: *Dieser Zauber soll nur Aufmerksamkeit erwecken.*

Eine Freundin von mir, eine Teenagerin, hat mich neulich um einen Zauber gebeten, um einen Burschen in der High School dazu zu bringen, auf sie aufmerksam zu werden. Sie praktiziert unsere Kunst und so war ich von dieser Bitte überrascht. Bevor ich meinen Mund auch nur geöffnet hatte, um zu antworten, hatte sie bereits einen leidenschaftlichen Vortrag begonnen, daß sie ihn nicht manipulieren wollte, sondern nur auf eine positive Art und Weise seine Aufmerksamkeit erwecken.

Er sei wirklich ein großartiger Junge, nur etwas schüchtern, sagte sie, und sie sei verrückt nach ihm. Oh Junge, das führte in eine philosophische und ethische Debatte. (Nun, so philosophisch man eben bei einer Sechzehnjährigen werden kann.) Schließlich schlossen wir einen Kompromiß. Sie würde nur zaubern, um seine Aufmerksamkeit zu gewinnen. Und nur das. So würden sie hoffentlich ein Gespräch beginnen können und dann würde sie sehen müssen, wohin das führte, ohne daß weitere Magie zum Einsatz käme.

Wie wirkte sich ihr Zauber also aus? Nun, momentan reden sie miteinander und werden Freunde. Die junge Dame scheint mit dem Fortschritt glücklich zu sein. Meinem Kenntnisstand zufolge wird er rot, wenn sie in seiner Nähe ist. Ach, ist das süß.

Zurück zum Spruchaufbau. Wenn Sie einmal das Interesse einer Person erweckt haben, ist der Rest dieses magischen Moments ganz in deren Verfügung. Wenn Sie den Zauber aus einem anderen Beweggrund anwenden, übertreten Sie die Grenze zur Manipulation. Ich garantiere Ihnen, das wirkt wie ein Schuß, der nach hinten losgeht. Die letzte Wahl liegt bei dem, auf den sich der Zauber richtet, und daran müssen Sie denken.

Die Liste der Hilfsmittel ist einfach, Sie brauchen:

- einen roten, reifen Apfel (als Snack)
- ein einfaches weißes Teelicht (Allzweck)
- Öl mit Apfelblütenduft oder Vanilleextrakt (Apfel für die Liebe, Vanille für Anziehung)
- ein Stück Papier und einen Federhalter
- Den Namen der Person, von der Sie träumen

Schreiben Sie den Namen der Person, deren Augenmerk Sie auf sich ziehen wollen, auf ein Stück Papier. Falten Sie dieses zusammen und legen Sie es auf den Boden des metallenen Gefäßes des Teelichts. Ersetzen Sie nun die Kerze. Nehmen Sie den Apfel in Ihre Hände und stellen Sie sich vor, wie Sie beide eine nette Konversation beginnen und Sie die Gelegenheit erhalten, sich besser kennenzulernen. Legen Sie nun den Apfel beiseite und geben Sie einen Tropfen des Öls mit dem Apfelblütenaroma auf das Teelicht oder geben Sie alternativ einen Tropfen Vanilleextrakt auf die Kerze. Zünden Sie die Kerze an und wiederholen Sie dreimal folgenden Zauberspruch:

»Pomona, Göttin vom Apfelbaum,
laß' mich Deine Magie nun schau'n.
Keinen Harm hab ich im Sinn,
laß ihn/sie mich nur seh'n,
denn eines Tages will ich ihn/sie
besser versteh'n.«

Beschließen Sie den Zauber mit folgenden Worten:

»Bei des Apfelbaums heiliger Macht,
so muß es sein, wird niemand zu Schaden gebracht.«

Lassen Sie das Teelicht herunterbrennen, bis es von selbst ausgeht. Essen Sie den verzauberten Apfel als gesunden Snack. Nein, den können Sie der anderen Person nicht geben. Er ist für Sie, um Ihnen zu helfen, Ihr Selbstvertrauen und Ihre innere Weisheit aufzubauen.

Mehr Ideen zur Göttinnen-Magie

Ich hoffe, es hat Ihnen Freude gemacht, etwas über die Göttinnen der Ernte zu lernen. Jetzt, wo Sie mehr über sie und ihre Korrespondenzen wissen, können Sie sich überlegen, wie Sie Ihren eigenen, persönlichen Zauber wirken lassen. Hier sind einige Hinweise, die Sie in Betracht ziehen können:

DEMETER ist hervorragend für Anrufungen in Sachen Familien- und Kindermagie geeignet. Ganz generell stehen Mütter, Kinder und das Heim unter ihrem Schutz.

Versuchen Sie, mit PERSEPHONE zu arbeiten, wenn Sie das Gefühl haben, aus vorgefaßten Ideen oder Stereotypen ausbrechen zu müssen. Sie ist ein Kraftwerk, eine große Macht, mit der Sie arbeiten können, um neuen Sinn und neue Zwecke in Ihr Leben zu bringen.

Rufen Sie ELEN VON DEN WEGEN an, wenn Sie Kräuter- oder Erdmagie wirken, und hören Sie auf ihre Stimme, wenn im Herbst die Blätter von den Bäumen fallen.

Schließlich können Sie es in diesem Herbst mit ein wenig romantischer Magie mit POMONA versuchen. Vielleicht wollen Sie mit Ihrem Liebsten ein Picknick halten und den Blättern beim Fallen zusehen. Werfen Sie ein paar Äpfel in den Picknickkorb und verzaubern Sie sie als Talismane für Weisheit und Glück.

Haben Sie Spaß mit diesen Zaubern und genießen Sie diese magische Zeit des Überflusses. Möge die Göttin in dieser farbenfrohen und freigebigen Zeit des Jahres Ihr Herz und Ihre magische Kunst führen!

Kapitel 5

Die Götter der Vegetation und des Weinstocks

Ich bin im Zentrum. Ich lebe nicht im Stein,
sondern im Gras und den Blättern,
hinter denen ich lächelnd Rat halte.

John Matthews,
»Green Man Turning« aus
»The Quest for the Green Man«

Der Gott der Vegetation und des Weins ist ein mysteriöser Geselle, der viele Gesichter hat. Er kann als Dionysos auftreten oder als der grüne Mann, als Herr der Ernte oder John Barleycorn, dem wir im ersten Kapitel begegnet sind. Dieser grüne Gott ist eine geheimnisvolle Lebenskraft der Wälder, der Felder und der Geist und die Energie der Natur. Dieser Archetyp erfordert es, daß wir etwas tiefer in die Natur eindringen und in uns selbst suchen, um diese nebulöse Verbindung zu finden. O, sie ist da, aber Sie müssen tief graben, um sie zu finden. Egal, wo Sie leben - in der Stadt, einem ländlichen Gebiet oder irgendwo dazwischen - die Lebenskraft des grünen Mannes, des Gottes der Natur, umgibt Sie überall.

Ja, es ist wahr, daß er in ländlichen Gebieten leichter zu sehen ist. Er ist auf den Feldern der Bauern daheim, in den Obstgärten, den Wäldern. Es ist schon eine Herausforderung, ihn in städtischen Gebieten, ja im Herzen einer Stadt, ausmachen zu wollen, aber auch dort ist er und seine Kraft ist wilder. Er ist in dem einsamen Giftefeustrang, der an den Wänden Ihres Wohnblocks emporwächst, in den zähen grünen Gräsern, die aus den Rissen des Gehsteigs hervorbrechen, und in den Bäumen, die tapfer in der Mitte der Stadt die Stellung halten. In den Vorstädten findet er sich in gepflegten Rasenflächen und dem einsamen Baum, der in der Mitte eines Hinterhofes steht, und in den Blumenkästen der Lichthöfe, die ums Überleben kämpfen. Er zeigt seine Macht in den zarten Gewächsen, die den Winter überlebt haben, obwohl sie im erfrorenen Wintergarten eigentlich eingegangen sein sollten. Täuschen Sie sich nicht: Egal, wo Sie leben, die Energie des Gottes der Vegetation und des Weins umgibt Sie allezeit.

O Herbst, beladen von Frucht, befleckt
Mit des Weinstockes Blut, nicht vorbei an mir zieh,
Nein, bleib' unter meinem schäbigen Dach und rast'
Und laß' Deine Stimme erschall'n zu meiner fröhlichen Flöt';
Des Jahres Töchter all', die sollen uns tanzen dazu!
Sing nun Deinen fröhlichen Sang von Blumen und Frucht!

William Blake, »To Autumn«

Dionysos, Gott des Weinstocks

Dionysos steht in dem Ruf, ein Gott des Feierns zu sein, aber lassen Sie sich davon nicht täuschen. Ja, es ist sicher wahr, daß der Gott Dionysos den Weinstock repräsentiert, und die angeregten Geisteszustände, die vom fermentierten Traubensaft, dem Wein, hervorgerufen werden. Seine Verehrer konzentrierten sich üblicherweise mehr auf ekstatische Verehrung, die von wilden Tänzen, Stimulation und provokativer Musik und, in Ermangelung eines besseren Terminus, vom Feiern geprägt war. Aber die Geschichte ist wesentlich komplizierter. Auf den ersten Blick scheint das alles zu sein, aber wenn Sie die Mythologie etwas genauer durchstöbern, werden Sie einige sehr interessante magische Informationen erhalten. Dionysos ist eines der Gesichter des grünen Mannes. Zuerst war er ein Gott des Ackerbaus, lange bevor seine bekanntere Seite überhandnahm.

Während ein mit reifen Trauben überladener Weinstock die typischste Manifestation des Dionysos war, war er auch ein Gott der Bäume des Waldes. Einige der älteren Titel des Dionysos waren »Dionysos von den Bäumen« oder »Dionysos in den Bäumen«. Am häufigsten wurde er als dunkelhaariger, robuster, gutaussehender, bärtiger Mann dargestellt, um dessen Stirn sich Laub rankte. Es gibt Darstellungen von ihm, wie Blätter aus seinem Gesicht und seinem Haar gleichermaßen hervorsprießen. Das klingt ganz nach dem traditionellen grünen Mann, nicht wahr?

Dionysos war der Patron der kultivierten Bäume in Obstgärten und man betete zu ihm darum, daß er die Obstbäume hoch und stark werden ließ. Kleine Schreine, die tief in der Wildnis und den Wäldern gelegen waren, waren populär. Die Obstgartenbesitzer und Fruchtzüchter taten gut daran, einmal einen einfachen Altar auf einem Baumstumpf aufzustellen, um sicherzustellen, daß Dionysos die Feldfrüchte segnen und ihnen beim Wachsen helfen würde und es den Weingärten erleichtere, große Mengen an Früchten hervorzubringen.

Sie sehen also, daß Dionysos als Gott des Ackerbaus und der Feldfrüchte bekannt war, genau wie Demeter. Man glaubte, Dionysos hätte die Idee gehabt, Ochsen vor den Pflug zu spannen, die zuvor mit der Hand gezogen oder geschoben worden waren. Diese Idee machte die Arbeit für die Bauern leichter, die nun die Möglichkeit hatten, die Samen hinter den Ochsen auszustreuen. Dionysos war nicht einfach ein Gott der Trunkenheit und wilder Parties, sondern auch ein Gott der einfachen Leute, der Vegetation, der Landwirtschaft, des Weinbaus (der Kultivierung von Weintrauben und der Weinherstellung) und des Ackerbaus.

Viele der lokalen Götter der Waldgebiete und der wilden Orte gehörten zu seiner Gefolgschaft. Pan zum Beispiel war sein ergebener Begleiter und Kumpan. Da gab es auch den Halbgott der Weiden, Silenus; er war nicht nur ein Lehrer, sondern auch ein Ratgeber des Dionysos. Man sagte Dionysos nach, er habe eine Armee, die aus Männern, Frauen und Kindern bestand, zusammen mit Satyren und Mänaden (den wilden Frauen) angeführt, die friedlich alle Menschen unterwarf, denen sie begegnete. Dionysos fröhliche, tanzende Armee lehrte die Stämme die Kunst der Landwirtschaft, der Imkerei und die Freuden des Weins und die Methoden der Fermentation.

Die Geschichte des Dionysos

Dionysos war der Sohn des Zeus und der sterblichen Prinzessin von Theben, Semele. Als Zeus die Aufmerksamkeit seines Begehrens auf Semele richtete, wurde sie schwanger, was dazu führte, daß Hera, die Gemahlin des Zeus, die ganze Macht ihres Zorns auf Semele richtete. Ich fragte mich immer, warum Hera nicht einfach mit dem olympischen Äquivalent einer gußeisernen Bratpfanne Zeus derartig den Kopf zerbleut hat, daß er sich benahm. Statt von ihrem Zorn zu lassen und an ihrem Schwerenöter von Gatten Rache zu üben, wurde Hera äußerst erfinderisch und stellte statt dessen seinen diversen Geliebten nach. Semele war, wenn sie auch schwanger war, keine Ausnahme.

Hera verkleidete sich als eine alte Amme und überlistete Semele, indem sie ihr weismachte, einen Beweis für die Identität des Zeus zu erhalten, indem er vor ihr in all seiner Herrlichkeit erschien. Zeus erscheint also zu dem nächtlichen Stelldichein und Semele läßt ihn beim Styx schwören, daß er ihr jede Bitte erfüllt. Dann bittet sie ihn, wie Sie wahrscheinlich schon erraten, ihn in seiner wahren Gestalt sehen zu dürfen. Nun, die Geschichte weiß, daß kein Sterblicher diesen Anblick ertragen kann, und da Zeus sein Versprechen nicht zurücknehmen kann, erstrahlt er nun in seinem »vollen Glanze«, woraufhin Semele im Anblick des Gottes prompt in Flammen aufgeht.

Doch Zeus rettet sein ungeborenes Kind und einige Geschichten erzählen, daß er es in seinen Oberschenkel einnähte, um es dort zu schützen, bis es groß genug war, um geboren zu werden. Einige Versionen dieser Geschichte berichten auch, daß das Kind von einer Nymphe namens Dirce oder vom Götterboten Hermes aus den Flammen gerettet wurde.

Es gibt einige Geschichten darüber, daß Dionysos nach seiner Geburt ein äußerst ungezogenes Kind war. Er wurde von den Nymphen in der Wildnis erzogen und hatte viele großartige und weniger großartige Abenteuer. Einmal gelang es Hera, ihn zu fangen, und sie ließ ihn von den Titanen in Stücke reißen.

Doch der junge Dionysos wurde später von der Göttin Rhea wieder auferweckt. Danach sorgte Zeus dafür, daß er von den Nymphen in aller Stille in der Wildnis großgezogen wurde, weit entfernt von Heras Aufmerksamkeit.

Es gibt eine Geschichte, die erzählt, wie Dionysos von Piraten entführt wird. Nachdem er erst einmal Efeu den Mast hinaufwachsen läßt, verwandelt er schließlich alle Piraten bis auf einen in Delphine und kann so entkommen. Die Piraten, nun in Delphingestalt, schwimmen dem Schiff hinterher, in der Hoffnung, er werde sich ihrer erbarmen und sie in ihre menschliche Gestalt zurückverwandeln, doch sie haben kein Glück. Noch heute glaubt man, dies sei einer der Gründe, daß die Delphine gern Schiffen folgen und ihnen hinterherschwimmen. Ich vermute, sie suchen immer noch nach Dionysos.

Es gibt einige Geschichten darüber, wie Hera ihn mit Wahnsinn schlug, als er schon erwachsen war und die Welt mit seiner Anhängerschar durchwanderte, doch nach einiger Zeit konnte er den Fluch abschütteln. Schließlich reiste er in die Unterwelt, um seine Mutter Semele zu retten. Er schenkte Persephone ein Immergrün und sie ließ seine Mutter frei, empfahl ihr aber, einen anderen Namen anzunehmen. Sie tat es und hieß fortan Thyone. Dann brachte er sie auf den Olymp, wo sie von den anderen Olympiern willkommen geheißen und in eine Göttin verwandelt wurde.

Dionysos heiratete eine Frau namens Ariadne. In einigen Versionen dieser Geschichte wird davon berichtet, daß er sie wieder zum Leben erweckte, nachdem sie sich getötet hatte, als ihr erster Mann, Theseus, sie auf der Insel Naxos zurückgelassen hatte. Eine andere Version berichtet, daß er sie - die in Melancholie versunken war - tröstete und sie sich verliebten. Ariadne und Dionysos hatten viele Kinder und es wird berichtet, daß Dionysos ihr größtenteils treu blieb. Eines der wenigen illegitimen Kinder, das er mit Aphrodite zeugte, war sein Sohn Hymenaeus, der der Gott der Ehe wurde, trotz der Art und Weise seiner Empfängnis.

Ob Sie es glauben oder nicht: Dionysos wurde mit der Treue assoziiert und repräsentierte sie - was überraschen mag, wenn man die Seite des feiernden Gottes in Erwägung zieht. Dionysos spricht mehr die Sinnlichkeit und erdhaften Genüsse seiner Anhänger an, die zumeist von der Gesellschaft unterdrückt wurden. Er ermutigte seine Anhänger, ihre Vorbehalte und Hemmungen loszulassen.

Es herrscht die Meinung, daß die Verehrer des Dionysos zumeist Menschen waren, die sich nicht mit der höheren Gesellschaft abgaben oder von dieser gemieden wurden. Ich denke, es war mehr auf Grund mangelnden Respekts für die andere Seite und ihre Gebräuche, nicht wegen eines generellen Grabenkampfes. Die Anhänger des Dionysos kämpften mit ziemlicher Sicherheit um Gleichberechtigung mit der übrigen Gesellschaft. Die praxisfernen und strikten Regeln der Oberschicht erstickten die Menschen. Wahrscheinlich blickte man auf die ausgelassenen Feste des Dionysos mit Sehnsucht und wünschte sich, teilnehmen zu können, und ich denke, das wird wohl mehr als einer auch heimlich getan haben.

Der Götter erhabn'es Geschenk
Wird nur im Leichtsinn verschmäht.

Homer

Die Gaben des tanzenden Gottes

Dionysos war der Gott der einfachen Leute auf dem Land, der Felder und der Dörfer. Er ist ein Gott der Natur, das zuallererst. Es ist wahr, daß seine Verehrung in ländlichen Gebieten stärker war als in Städten, aber wie wir gesehen haben, ist Dionysos weit mehr als ein Gott der trunkenen Schwelgereien. Er war ein Gott der Acker- und Weinkultur, aber auch ein Rebell, ein Lehrer, ein Anführer und ein liebender Ehemann.

Dionysos ist ein tanzender Gott. Er lädt Sie dazu ein, Ihr Leben ganz auszukosten, Ihre Gefühle auszudrücken und sie zu ehren. Er ist ein Gott der Ekstase und ein Gott, der Männern hilft, ihre Gefühle, Leidenschaften, Intuitionen und ihre verdrängte weibliche Seite zu verstehen und anzunehmen. Er kann Frauen dazu ermutigen, machtvoll zu wirken, sich mit ihren Leidenschaften wohl zu fühlen und für das zu kämpfen, woran sie glauben.

Dionysos wird Sie zu einer gesünderen Lebensweise treiben, wenn Sie versuchen, Ihre Gefühle zu unterdrücken. Dionysos in Ihr Leben einzulassen bedeutet, eine Art spirituellen Portals zu öffnen. Bereiten Sie sich darauf vor, einen Schub von Energie, Aufregung, Mitgefühl und erneuerter Lebenslust zu empfangen. Umarmen Sie diese Geschenke des Dionysos und finden Sie heraus, was er Sie über Sie selbst lehren kann.

Heutzutage fordert Dionysos das soziale Credo heraus, daß Männer ihre Emotionen verbergen und Frauen ihre Sexualität und ihr Temperament zügeln sollten. Er fordert, daß alle Emotionen in ihrer Gänze erfahren werden sollen. Er ermuntert uns, zu tanzen und laut zu singen, die Jahreszeiten zu feiern, zu blühen und das ganze Potential auszuschöpfen. Sehen Sie sich die folgende Gruppenanrufung an - genau das richtige, um Dionysos zu beschwören.

Eine Gruppenanrufung des Dionysos zu Mabon

Um Dionysos und die Weinernte zu feiern, sollten Sie sich zunächst ein paar Flaschen Wein (oder Traubensaft) aus Ihrer Gegend besorgen. Zur Jahreszeit passende Dekorationen können Efeukränze und Weingirlanden sein, frische Weintrauben, Herbstblätter und natürlich eine festliche Atmosphäre. Vielleicht wollen Sie noch ein paar andere verwandte Dinge hinzugeben, nur für Dionysos. Es folgt eine Liste von Dingen, die mit Dionysos und seiner liebenden und vibrierenden Magie in Verbindung stehen:

- Ein efeuumwundener Stab, an dessen Spitze ein Tannenzapfen befestigt ist

- Ein Weinkelch
- Rotwein oder Weißwein
- Traubensaft. Efeukränze- und -girlanden
- Weintrauben und Weinranken
- Bäume

Der folgende Zauberspruch ist eine Gruppenanrufung für Dionysos. Er kann gemeinsam in der Gruppe gesprochen werden, während Sie sich glücklich im Spiraltanz drehen. Sie werden beim Lesen feststellen, daß die Richtungen bereits enthalten sind. Wenn Sie das als Gruppenritual durchführen, werden Sie mit dem Satz »Eßt, trinkt und freut Euch« wirklich vertraut werden.

»Wir wollen essen, trinken, tanzen, fröhlich sein,
denn Mabon ist hier!
Dich, Dionysos, in uns're Mitte bitten wir!
Girlanden von Efeu und Trauben rot sind seine Zeichen
von Alters her.
Der Dunkelheit mit mut'gem Herzen zu trotzen
ist unser Begehr.
Nehmt Euch an den Händen und ziehet den Kreis
Magie und Energie wächst mit der Kraft uns'res Schreis.«

Wein ist der handfeste Beweis, daß uns Gott liebt
und glücklich zu sehen wünscht.

Benjamin Franklin

Die Erfahrung der Weinernte heute: örtliche Weinhandlungen

Da viele von uns heutzutage in Städten leben und keine Möglichkeit haben, zu sehen, wie die Trauben wachsen oder geerntet werden, kann es schon eine Herausforderung sein, eine Verbindung zum Gott des Weins aufzubauen. Es gibt natürlich einige tapfere Streiter, die ihren eigenen Wein keltern. Mein Großvater tat dies, als ich noch ein Kind war. Aber da die meisten von uns nicht den Platz und die Ausrüstung haben, ihren eigenen Wein zu keltern, gibt es andere, gangbare Wege.

Sehen Sie sich in einer örtlichen Weinhandlung um oder überprüfen Sie, ob Ihr Markt oder Gemischtwarenladen einen Wein aus Ihren Breiten führt. Wenn es möglich ist, besuchen Sie ein Weingut in Ihrer Umgebung und nehmen eine Flasche mit nach Hause. Bevor Sie jetzt gleich beleidigt sind: Mir ist schon klar, daß wir nicht alle (so, wie ich) gleich ins Auto springen und in weniger als einer Stunde ein Weingut besuchen können. Wenn Sie also nicht die Weinberge in Ihrer Gegend besuchen können, so können Sie doch das nächstbeste tun: Schauen Sie sich um und finden Sie heraus, ob es einen Wein aus Ihrer Gegend gibt, den Sie kaufen und genießen können. Auf diese Art haben Sie etwas von der Ernte in Ihrer Region, womit viele von uns der Weinernte so nahekommen, wie sie eben können.

Ich habe das Glück, in einer Region zu leben, die hervorragende lokale Weingüter und eine farbenfrohe Geschichte des Weinbaus hat. Nein, es ist nicht Kalifornien. Ich lebe in Missouri. Nachdem Missouri 1821 zum Staat erhoben worden war, bildete eine Welle von Siedlern - hauptsächlich Deutsche, aber auch Schweizer, Franzosen, Österreicher und später Italiener - Gemeinden in diesem offenen und billigen Land. Als ihre Siedlungen wuchsen, begannen Weingärten, die Hügel zu bedecken.

Als die Europäer den Mississippi überquerten, um auf Kundschaft zu gehen, fanden sie noch mehr Flüsse, Hügellandschaften, dichte Wälder, und wilden Wein, der im Überfluß wuchs. Und es war ein Städtchen namens Hermann, das von deutschen Siedlern errichtet worden war, das das Weingeschäft ins Rollen brachte. Hermann war am Südufer des Mississippi westlich von St. Louis errichtet worden. Die Treuhänder von Hermann entschieden sich, Landstücke unter der Bedingung zu verkaufen, daß dort Weingüter angelegt wurden.

Der Plan war ein großer Erfolg. 1837 wurde das erste Weingut eröffnet und »Stone Hill« genannt. 1848 konnte Hermann seine erste Weinernte feiern; die Weinberge der Stadt hatten immerhin knapp 38 000 Liter Wein produziert. Im Jahr 1856 war die Weinproduktion bereits um das zehnfache angewachsen. Als Hermanns Weinindustrie wuchs, begannen Siedler in ganz Missouri ebenfalls, Weintrauben zu ziehen. Als sich der Ruf Missouris für Traubenzucht verbreitete, kamen mehr und mehr Einwanderer mit Pflanzen, um im »Missouri-Rheinland« ihre eigenen Weinberge aufzumachen.

Um die Sache interessant zu halten: Die wilden Trauben Missouris ergaben einen Wein, der als »foxy« bezeichnet wurde, d. h. von zu wildem Geschmack. Aber der Boden war perfekt für den Weinanbau und das Klima und die Schädlinge Missouris hielten die Einwanderer im 19. Jh. davon ab, ihre bekannteren europäischen Traubensorten anzupflanzen. Also begannen sie das Experiment mit den abgehärteten einheimischen Weinsorten. Manche kreuzten diese Weinsorten miteinander und man begann, nach anderen wilden Weinsorten zu suchen, die einen feineren Wein ergeben würden, wie z. B. den Norton. Diese einheimische amerikanische Traube wurde schnell sehr erfolgreich. Wie schnitten nun die alten Missouri-Weine in dem Wettbewerb ab?

Die Franzosen wurden darauf aufmerksam und begannen, die Weingewächse Missouris zu importieren, aber es gab ein Problem. Während die Franzosen neue Weinberge pflanzten und mit den neuen amerikanischen Weinsorten experimentierten, wurde ein kleiner, aber zerstörerischer Schädling in die französischen Weingüter eingeschleppt: Die Phylloxera-Laus griff die Wurzeln der französischen Weingewächse an und es schien keine Möglichkeit zu geben, den Schaden, den sie anrichtete, aufzuheben.

Die Dinge sahen düster aus, als zwei Herren aus Missouri – Georg Hussman, ein Professor der Universität Missouri, und Hermann Jaeger, ein Winzer aus Missouri – feststellten, daß die Weingewächse, die in den Missouri Ozarks wuchsen, auch von der Laus befallen waren, aber an Wurzelstock und Trieben gesund blieben. Diese beiden Männer exportierten nun die Wurzelstöcke Missouris nach Frankreich, wo die französischen Weingewächse auf die gesunden Wurzelstöcke Missouris aufgepfropft wurden. So konnten die französischen Weine auf den Wurzeln Missouris gedeihen, die gegen die schädliche Laus immun waren.

Die Franzosen waren so dankbar für die Hilfe, daß sie 1889 Hermann Jaeger mit dem Kreuz der Ehrenlegion und der Ritterwürde ehrten. Man errichtete auch ein Denkmal auf dem Gelände der landwirtschaftlichen Universität in Montpellier, um Missouri dafür zu danken, daß es der französischen Weinindustrie zu Hilfe gekommen war.

Auch Kalifornien hatte unter dem Lausproblem zu leiden. Die dortigen Weingewächse begannen ebenso abzusterben wie die französischen. Aber die kalifornischen Winzereien wollten keine Wurzelstöcke aus Missouri, also importierte man sie aus Frankreich. Der lustige Teil der Geschichte ist jedoch der, daß die lausresistenten Wurzelstöcke aus Frankreich ursprünglich aus Missouri kamen. Mit den neuen Wurzelstöcken gediehen die kalifornischen Weingüter und vervierfachten ihre Produktion in den folgenden zwanzig Jahren.

1920 kam die Prohibition und die Weinproduktion kam augenblicklich zum Stehen. Mehr als 100 Weingüter wurden allein in Missouri geschlossen, darunter Stone Hill, das bis dahin zahlreiche Preise für seinen Wein gewonnen hatte. Als die Prohibition 1933 aufgehoben wurde, waren die Weingüter Missouris nur noch eine Erinnerung. Die Weinindustrie Missouris lag für fast 30 Jahre brach. Doch in den 1960er Jahren begann eine neue Blüte. Sowohl in Hermann als auch in Augusta, Missouri, wurden einige historische, wenn auch vernachlässigte Winzereien restauriert und wieder ihrem ursprünglichen Zweck zugeführt.

Ein weiteres wichtiges Ereignis trug sich 1980 zu, als Augusta, Missouri, als erstes Weinbaugebiet in den USA vom Bureau of Alcohol, Tobacco and Firearms anerkannt wurde. Heute vereint die Weinindustrie Missouris mehr als vierzig Winzereien unter ihrem Schirm und es gibt weitere im ganzen Staat, in der Nähe von Kansas City, Branson, in St. James, Augusta und Hermann. Zur Zeit gibt es ca. 4,5 Mio. m^2 Weinanbaufläche und einen Weinumsatz von über 26 Mio. Dollar. Die Winzer Missouris erzeugen herrliche, preisgekrönte Weine deutscher Art, z. B. Rieslings, Vignoles, Seyval und den Norton, die einheimische amerikanische Traube, Missouris vorzüglichste rote. Wie in früheren Tagen blüht die Weinindustrie Missouris heute aufs neue.

Und noch immer bin ich der grüne Mann,
schreite über die Felder,
und scheint das Land auch leer,
ist's doch erfüllt von Leben,
und gedenkt man meiner auch nicht,
so gedenke doch ich und schaue aus.

John Matthews,
»And still I am the Green Man«
aus »The Quest for the Green Man«

Der grüne Mann

Das bekannte Bild des grünen Mannes ist ein männliches Gesicht, das von Blättern und Weinranken umgeben ist. Geheimnisvoll aus den Steinarbeiten mittelalterlicher Kirchen und Kapellen hervorspähend, hat dieser Hüter der Natur über das Kommen und Gehen durch die Jahrhunderte hindurch Wache gehalten. Dieser Schelm lacht mit uns, einfach nur aus der Freude, am Leben zu sein. Er ist ein Charakter, ein Archetyp und ein Aspekt des Gottes der Natur. Man kann ihn als Verbindung zwischen uns und der spirituellen Seite der Natur sehen.

Immer genau dann, wenn man glaubt, ihn festgenagelt zu haben, wechselt er wieder seine Gestalt. Er könnte Ihnen eine schreckliche Fratze schneiden, als Warnung, ihn nicht zu ignorieren, oder Ihnen die Zunge herausstrecken, um Ihnen zu sagen,

Sie sollen die Dinge nicht gar so ernst nehmen. Vielleicht blinzelt er Ihnen auch zu und kitzelt ein Lachen aus Ihrer Kehle. Denken Sie daran: Er ist ein Gott des Lebens, des Wachstums und des Überflusses, und seine Namen, Persönlichkeiten und Gesichter sind zahlreich.

Einige Namen des grünen Mannes sind Jack in the Green, der grüne Ritter, der Eichenkönig, Steineichenkönig und Green George. Darüber hinaus gibt es noch Verbindungen zu Cerunnos, Herne und auch John Barleycorn. Ein äußerst fühlbarer Teil der Magie des grünen Mannes ist dort gegenwärtig, wo Feldfrüchte gezogen und geerntet werden, sowie an wilden Orten der Natur. Das lächelnde Gesicht des grünen Mannes und seine Grimasse sind eine wunderbare Verkörperung der Geister in den Bäumen, den Pflanzen und dem Laub.

Doch gibt es ihn schon viel länger, als Ihnen vielleicht klar ist. Sehen Sie sich die Bilder des ägyptischen Gottes Osiris an: Raten Sie mal - er ist ebenfalls grün. Die Menschen im alten Ägypten glaubten, er würde sie mit den jährlichen Überflutungen des Nils segnen, die alles kulturelle Leben überhaupt erst möglich machten. Osiris wurde als der »große Grüne« bezeichnet und war vielgeliebt als Bringer des Lebens, Gott der Vegetation und der Auferstehung. Auch gibt es Darstellungen »grüner Männer« aus der Römerzeit. Gesichter, umgeben von Weinranken und sprossenden Blättern, waren keine ungewöhnlichen Motive.

Es gibt sogar einen römischen Gott des Waldes mit Namen Silvanus und einen römisch-keltischen Gott der Vegetation mit Namen Verdus (was »grün« bedeutet). Sein Name ergibt auf zahlreichen Ebenen einen Sinn, da Grün eine wahrhaft magische Farbe ist. Sie repräsentiert das Leben, das Wachstum, die Natur und die Reiche der Elemente.

Der Geist des grünen Mannes ist überall in der Natur gegenwärtig. Er ist der Gefährte und Partner der Erdmutter. Zusammen regieren sie über die Saaten, die Fruchtbarkeit des Landes und die Lebenskraft, die in jedem Grashalm, Blatt, jeder Pflanze und jedem Baum gegenwärtig ist. Das glückliche, lächelnde Gesicht des grünen Mannes führt uns einen geheimnisvollen, schattigen, kühlen, von farbenfrohem Laub überdachten Herbstpfad entlang. Hier, ganz allein und umgeben von der Macht der Natur, können wir genau hinhören, unseren Geist und unsere Herzen öffnen und das Geheimnis der wechselnden Jahreszeiten der Erde feiern.

Gehen Sie in den Herbstmonaten und am Sabbat der Herbst-Tagundnachtgleiche in den Wäldern oder einem Park spazieren und genießen Sie das prachtvolle bunte Laub. Legen Sie sich auf dem smaragdgrünen Gras nieder und sehen Sie den sich verfärbenden Herbstblättern zu, wie sie in der Brise über Ihnen dahinflattern. Fühlen Sie die Struktur der rötlichen und braunen, faltigen Blätter der Eiche und das leuchtende Scharlachrot des Hartriegels. Erfreuen Sie sich am lichten Gold und dem herrlichen Orange des sich verfärbenden Laubs und denken Sie über die vielen Gestalten und Symbole des grünen Mannes nach. Lernen Sie, mit ihm zu lachen, die Natur zu genießen und seinen ansteckend fröhlichen Geist zu feiern.

Der grüne Mann ist der Hüter
und der Enthüller der Geheimnisse.
Er spricht von den
Geheimnissen der Schöpfung in der Zeit,
von den verborgenen Quellen der Inspiration
und von dem dunklen Nichts, aus dem wir
kommen und zu dem wir zurückkehren.

William Anderson, »Green Man«

Herbstmagie mit dem grünen Mann

Um die Macht und die Magie des grünen Mannes zu umfassen, ist es erforderlich, daß Sie mit der Welt der Natur in Berührung kommen. Also begeben Sie sich hinaus und finden Sie einen hübschen Platz im Gras oder auf dem Boden, wo Sie sich hinsetzen können, und genießen Sie die Natur. Welche elementaren Geschenke wird Ihnen der grüne Mann Ihrer Vorstellung nach weitergeben wollen? Welche Lektionen hält er für Sie bereit? Lassen Sie es uns herausfinden! Hier ist ein Ritual, das die verschiedenen Namen, Gesichter und Gaben des grünen Mannes anruft.

Die benötigten Hilfsmittel sind einfach, festlich und praktisch. (Wenn Sie in eher tropischen Gebieten leben und es keine Blätter gibt, die sich verfärben, dann gehen Sie in ein Kunsthandwerksgeschäft und holen sich ein Päckchen konservierter, gefärbter Eichenblätter, die in den Herbstmonaten von vielen gern zum Dekorieren verwendet werden. Wenn Ihnen diese Idee nicht gefällt, dann nehmen Sie einfach das an Blättern, was in dem Teil der Welt, in dem Sie leben, zu finden ist.)

- eine Handvoll farbiger Eichenblätter oder lokales Herbstlaub (vielleicht wollen Sie Konfetti benutzen, wenn Sie das Ritual drinnen ausführen; halten Sie Ausschau nach Konfetti mit Herbst-Touch, in Form kleiner farbiger Blätter)
- eine grüne Votivkerze
- eine goldgelbe Votivkerze
- zwei zueinander passende Votivkerzenhalter
- Feuerzeug oder Zündhölzer
- eine sichere, flache Oberfläche, um die Dinge auszubreiten

Wenn es irgendwie möglich ist, führen Sie das Ritual draußen aus. Stellen Sie die Kerzen an einem sicheren Ort, ein gutes Stück entfernt von den trockenen Blättern, auf. Lassen Sie, wie immer, eine offene Flamme niemals unbeaufsichtigt. Versuchen Sie dafür, Ihren Balkon freizuräumen, oder setzen Sie sich auf Ihre Terrasse. Stellen Sie einen kleinen Tisch in den Garten und ordnen Sie Ihre Utensilien darauf an. Oder, wenn Sie wegen schlechten Wetters zum Drinnenbleiben gezwungen sind, ordnen Sie die Kerzen auf einem Altar oder einer Arbeitsfläche an.

Wenn Sie draußen arbeiten, benutzen Sie nur echte Blätter. Konfetti ist hübsch und gibt nette Effekte, aber Sie verstreuen nur Abfall, wenn Sie es draußen herumwerfen – also heben Sie sich das Konfetti für Rituale drinnen auf. Wenn Sie mit dem Ritual drinnen fertig sind, können Sie es einfach zusammenkehren oder mit dem Staubsauger vom Teppich saugen.

Arrangieren Sie nun vorsichtig einige Blätter um die Außenseite der Kerzenleuchter, wobei Sie wiederum darauf achten sollten, sie von den offenen Flammen und der Hitze fernzuhalten. Nehmen Sie sich Zeit und lassen Sie die Arbeitsfläche festlich aussehen. Wenn der richtige Zeitpunkt des Zaubers gekommen ist, zünden Sie die Kerzen an und verstreuen das Laub um sich in einem lockeren Kreis. Sprechen Sie folgende Worte:

»Sieh die Geheimnisse der Natur und Du findest
den grünen Mann.
Sein Segen wird mir leuchten, zahlreich sind
die Geheimnisse, die er mich lehren kann.«

Zünden Sie die goldene und dann die grüne Kerze an.

»Entzünd' eine gold'ne Kerze für den Herbst
und eine smaragdgrün für Jack-in-the-Green.
Verstreu die farb'gen Blätter des Herbstes im Kreis
und glaub den Mysterien.«

Verstreuen Sie die Blätter/Konfetti um sich in einem losen Kreis und setzen Sie sich in die Mitte.

»Zeig mir die Magie der Natur, lehre mich Weisheit,
Green George, hör meinen Ruf und segne mich
unterm Sternenhimmel, zur Herbsteszeit.«

Wenn Sie den gesprochenen Teil des Zaubers vollendet haben, bleiben Sie in Ihrem Kreis sitzen und meditieren über den grünen Mann. Stellen Sie sich sein lächelndes, blattbedecktes Gesicht im Geist vor. Schauen Sie, welche Lehren er Ihnen erteilen könnte. Lassen Sie Ihre Gedanken schweifen und sehen Sie, was geschieht. Vielleicht erhalten Sie eine Botschaft oder ein Gefühl des Friedens oder vielleicht sogar ein besseres Gefühl für die Anpassung an die Natur.

Wenn Sie das Gefühl haben, zum Ende gekommen zu sein, sagen Sie dem grünen Mann in aller Stille Dank und blasen Sie die Kerzen aus. Sie können sie für jede Art von Herbstmagie oder Mabon-Ritual wiederverwenden. Wenn Sie das Ritual drinnen ausgeführt haben, räumen Sie die Konfetti weg und genießen Sie den Rest des Tages.

Wie die Legend' erzählt, geht Herne, der alt' Jäger,
gar manches Mal als Hüter Windsor Forest's
zur Winterszeit, in mitternächt'ger Stunde
um eine alte Eiche, auf dem Kopf zwei Hörner ...

Shakespeare, »Die lustigen Weiber von Windsor«

Herne, der Jäger

Herne, der Jäger, ist noch mal ein anderer Aspekt des Gottes der Vegetation und des Weines. Er ist der Gott der wilden Orte und der wilden Jagd. In Britannien ist er der Gott des »dunklen Waldes« und der Herr der Tiere. Er hatte eine besondere Verbindung zum Gebiet des Windsor-Waldes und Geistergeschichten um einen Sterblichen namens Herne gehen in diesem Gebiet schon seit vier Jahrhunderten um.

Die Volkssage von dem sterblichen Herne, einem Waldbewohner, ist traurig. Er war der Lieblingswildhüter oder Jäger von Richard II. Da andere auf ihn neidisch waren, klagten sie ihn der Wilderei an oder, nach anderen Versionen der Geschichte, der Hexerei. Der arme Herne wird mit der Schande der falschen Beschuldigungen und dem daraus folgenden Ansehensverlust vom Mitglied der königlichen Gesellschaft zum Ausgestoßenen nicht fertig. Also erhängt er sich am höchsten Eichbaum im Windsor Forest. In diesem Gebiet soll er umgehen.

Andrerseits ist der gehörnte Gott Herne wie Cerunnos. Die Hörner, die er trägt, sind das Geweih eines Hirschs. Der »siebenfache Hirsch« hat ebenfalls eine Verbindung zu Herne. Dieser Herr der Wälder, die wichtige Pflicht hat die ganze Natur im Blick zu behalten, sowie die Ergebnisse der Fruchtbarkeit von Menschen und Tieren. Während der ersten Herbsttage beginnt die Hirschbrunft und einige Monate später die Jagdsaison. Der Name »Herne« könnte tatsächlich von dem Laut kommen, den weibliche Rehe erzeugen, wenn sie während der Brunftzeit nach einem Hirsch rufen - es klingt, als riefe sie »Herne« (ˈhɜːn).

Die Verbindungen zwischen dem Reh, dem grünen Mann und dem Gott der Wälder unter all seinen verschiedenen Aspekten sind zahlreich. Das Reh wurde von den Kelten und den Druiden hochgeehrt. Das weiße, weibliche Reh, die Hindin, ist ein Symbol des Feenreiches. Der Anblick eines weißen Rehs ist eine Begegnung erster Güte mit dem Feenreich. Der Legende nach nahmen weibliche Feen oft die Gestalt einer Hindin an. Der Herr des Waldes, Herne, trägt das Hirschgeweih, um seine Verbindung mit diesem Tier zu zeigen, das für seine Ausdauer und Anmut bekannt war, sowie für sein Fleisch und seine Hufe.

Wenn der Gedanke an eine Hirschjagd Ihnen unangenehm ist, dann denken Sie daran, daß in einigen Teilen der Welt die Rehpopulation durch Ausdünnen unter Kontrolle gehalten werden muß. Zum Beispiel wird die Population der Weißwedelhirsche allein im Staat Missouri auf über eine Million Tiere geschätzt. Stellen Sie sich vor, was geschehen würde, wenn sie nicht ausgedünnt würde. Eine gesunde Hirschkuh wirft zwei Kitze im Jahr. Die meisten bekommen jedoch Zwillinge, manchmal sogar Drillinge. Ohne Ausdünnen würde es schließlich so viele Rehe geben, daß sie ihre Lebensräume kahlfräßen, und viele würden verhungern.

Die Männer und Frauen, die verantwortungsbewußt jagen und den lokalen Schutzbestimmungen Folge leisten, sind oft die aktivsten Tierschützer der Gegend. In meiner Familie gehen mein Vater, mein Bruder, meine Schwäger, Neffen, mein Mann und meine Söhne Rehe jagen. Sie alle haben großen Respekt vor dem Land und den Tieren, die sie erlegen.

Als mein Sohn im letzten Herbst seinen ersten Bock erlegte, war er so aufgeregt und stolz, daß er das ganze Wildbret an den Tisch brachte (natürlich wanderte es dann in die Gefriertruhe). Mein Bruder Scott spendet das Wildbret üblicherweise an ein von der Tierschutzabteilung des Staates Missouri finanziertes Programm, das das verarbeitete und geprüfte Fleisch an örtliche Vorratseinrichtungen ausgibt, die hungrige Menschen mit Rotfleisch versorgen. Das Programm heißt passenderweise »Share the Harvest«.[1]

Es ist wichtig zu wissen, daß die Kelten Herne als Gott der einfachen Leute, der Fruchtbarkeit und der Jagd sahen. Herne war der göttliche Jäger. Die Jäger waren die Lebensader des Stammes, da sie die Nahrung bereitstellten, die ihre Leute am Leben hielt. In vergangenen Tagen war das Reh eine wichtige Nahrungsquelle. Man glaubte, Herne auf seinen wilden Jagdzügen zu sehen, wie er das Jagdhorn trug und auf einem großen schwarzen Pferd ritt, begleitet von einer Meute Jagdhunde. Der Volkssage zufolge trägt er ein Hirschgeweih, ist mit Fellen bekleidet und trägt einen hölzernen Bogen.

Herne muß beschworen werden - und auch dies nur mit gutem Grund. Er wird sich kaum einfach so einstellen. Den britischen Volkssagen zufolge erscheint Herne im Windsor Forest, wenn das Land in Not ist.

Begegnung mit Ängsten mit Hilfe des Gottes der wilden Jagd

Wenn Sie nach innen schauen und Ihren tiefsten Ängsten begegnen wollen, dann empfiehlt es sich, mit der Energie und dem Geist des Gottes Herne zu arbeiten. Da er jedoch nur in Zeiten großer Not erscheint, sollten Sie sehr vorsichtig sein,

[1] »Die Ernte teilen« Anm. d. Übers.

wenn Sie ihn rufen. Dieser Zauber ist nicht für Triviales geeignet, sondern dafür, die Schattenseite Ihres Selbst zu umarmen und die furchtlosen, wilden Eigenschaften an sich zu ziehen, die Sie durch die dunkelsten Stunden der größten Herausforderungen tragen können.

Wirken Sie diesen Zauber bei Sonnenuntergang oder an einem schönen Herbsttag. In dieser Zwischenzeit des Jahres und des Tages werden Sie mehr Glück dabei haben, die Reiche der Magie zu erreichen. Für diesen Zauber brauchen Sie nur sich selbst, einen großen Baum und einen ruhigen Platz in der Natur. Stellen Sie sich unter den gewählten Baum und lehnen Sie sich gegen seinen Stamm. Fühlen Sie seine Stärke und die Unterstützung, die von ihm ausgeht. Blicken Sie nach Westen und sehen sie sich einige Augenblicke lang den Sonnenuntergang an. Wenden Sie nun Ihren Geist dem Problem und den Ängsten zu, denen Sie sich gegenübersehen.

Wenn Sie feststellen, daß Ihnen die Tränen kommen oder es Ihnen vor lauter Emotionen die Kehle zuschnürt, lassen Sie Ihren Gefühlen freien Lauf. Trocknen Sie dann Ihre Tränen und stellen Sie sich aufrecht und gerade hin. Wissen Sie, daß der Gott des Waldes und der Geist des Herrn der Natur Ihnen helfen kann, diese Situation zu überstehen. Glauben Sie an sich, ziehen Sie etwas unterstützende Energie aus dem Erdboden unter Ihnen und absorbieren Sie etwas von der Kraft des Baumes, gegen den Sie sich lehnen. Wenn Sie bereit sind, sprechen Sie diese Worte:

»Den siebenfachen Hirsch kennt man als Herne und
grünen Mann,
unter dessen Bäumen ich steh, der mir zum Siege helfen kann.
In dunkler Stunde send mir die Kräfte und Mächte Dein,
lehre mich Tapferkeit, so muß es sein!«

Schließen Sie den Zauber mit folgenden Worten:

»Ich dank' Dir, Herne, für Deine Müh' und Zeit
und dem Zauber bei der Elemente Macht ein End' bereit.«

Geh sonnengleich auf:
Gehörnt, mit Deinem Bart von Grün
und der Blätterader,
die in Deiner Kehle pulsiert.

Ronald Johnson,
»The Book of the Green Man«

Geweihe und Eicheln

Die Götter der Vegetation und des Weins sind machtvolle und starke Archetypen, wenn Magie mit ihnen gewirkt wird. Denken Sie daran, diese Götter der Natur fordern, daß alle Emotionen und Freuden in ihrer Gänze erfahren werden. Dionysos, der grüne Mann und Herne fordern Sie alle dazu auf, Ihr Leben auf eine positive Art zu leben, Ihre Emotionen zu ehren und offen zu sein, aufrichtig und leidenschaftlich liebend.

Na los, tanzen Sie unter dem vollen Erntemond oder drehen Sie sich fröhlich unter den fallenden Herbstblättern. Genießen Sie die Fülle der Erde und die Schönheit des Landes. Gehen Sie in den Wäldern spazieren und schauen Sie, ob Sie nicht einen Blick auf Hernes heiliges Reh oder die anderen Wildtiere, die vom Herrn der Natur regiert werden, erhaschen können. Suchen Sie nach ein paar abgefallenen Eicheln und behalten Sie sie als Symbol für den Gott und seine Fruchtbarkeit. Schauen Sie sich die farbenfrohen Blätter genau an, die noch an den herbstlichen Ästen hängen, und auch die Muster der Borke an den Bäumen. Erkennen Sie Gesichter darin? Können Sie die Gegenwart des Gottes der Vegetation spüren? Denn Sie sind nicht allein hier in der Wildnis. Der grüne Mann lächelt mit Ihnen, egal zu welcher Jahreszeit, und wenn Sie genau hinhören, können Sie sein Lachen, das aus tiefster Kehle kommt, in Ihrer Seele widerhallen hören.

Kapitel 6

Der Garten im Herbst: Herbstblumen- und Laubzauber

Im Garten ist der Herbst
wohl die Ruhmeskrone des ganzen Jahres,
die uns den Ertrag der Monate unserer Gedanken,
Sorgen und Mühen bringt …

Rose G. Kingsley, »The Autumn Garden«

Gärtnerei ist wie Magie, eine Kunst. Es gibt stets Neues zu entdecken und mehr zu lernen. Im Garten ereignet sich im Herbst ein verzauberndes Geschehen. Nach den heißen, trokkenen Tagen des Sommers erhalten die magischen Pflanzen die Gelegenheit, im kühlen Regen und den sanften Sonnentagen der Herbstmonate ihren vollen Glanz zu entfalten. Wenn der magische Garten sich nach und nach vom wilden Rausch des Sommers beruhigt, beginnt er eine andere Form von Energie auszuströmen. Diese Energie ist entspannter und feierlicher, denn die Natur zieht noch einmal ihr Festgewand an, bevor der Winter beginnt. Ich finde, daß eines der anziehendsten Merkmale des Gartens im Herbst seine Unordnung ist. Die Pflanzen sind verwildert, rot und wild - seien wir ehrlich: Das macht doch den Charme eines Herbstgartens aus.

Oft wird irrtümlich angenommen, daß der Frühling und der Sommer die Hauptzeiten zum Gärtnern sind und daß der Herbstanfang den Herrlichkeiten des Gartens ein Ende bereitet. Auch glaubt man oft, daß die Blumengärten zu dieser Jahreszeit zu schwinden beginnen, aber man könnte sich nicht mehr täuschen. Ja, es gibt die gewöhnlichen Chrysanthemen in hellen Haufen und Farbtupfern, aber es gibt wesentlich mehr in einem Herbstblumengarten als nur Chrysanthemen. Lesen Sie weiter und ich beweise es Ihnen.

Wenn die Herbstregen zurückkehren und der Rasen wieder grün wird, sind die Nächte kühler und die Sonne erscheint sanfter. Die Bäume sind von einem Hauch der Farben der Jahreszeit gesprenkelt und es ist leicht, sich in der herrlichen Gestalt, die sie uns jedes Jahr zeigen, zu verlieren... aber warten Sie einen Moment. Schauen Sie auf den Boden, sehen Sie Ihren herbstlichen Garten und nehmen Sie sich ein wenig Zeit, seine Schönheit zu würdigen. Es herrscht eine Art Harmonie zwischen den Gärten und der sie umgebenden Landschaft aus Laubwäldern, Feldern und Wiesen. Feiern Sie diese bezaubernde Saison und all ihre herrlichen Farben, Gerüche und Muster, denn es gibt eine Überfülle an magischen Pflanzen, die Sie genießen können.

Dieses Kapitel gibt Ihnen die Gelegenheit, ein wenig die natürliche Magie des Herbstes zu erforschen. Eilen Sie ins Freie und sehen Sie sich mit den Augen einer Hexe um und schauen Sie, welch wunderbare Herbstblumen Sie in Ihr Leben, Ihre Kunst und die Herbstäquinoktien- bzw. Mabonfeiern integrieren können.

Man kann an diesen Zeichen
September's Ankunft seh'n:
Mit sommerlichem Wetter
Des Herbstes Freuden geh'n!

Helen Hunt Jackson

Herbst im Garten

Wann beginnt der Herbst vom Standpunkt des Gärtners aus gesehen? Das hängt natürlich davon ab, in welchem Teil der Welt Sie leben. Für Astronomen und solche, die Magie praktizieren, beginnt die Jahreszeit mit dem Beginn der Herbstäquinoktien. Die Herbstzeit wiederum endet mit der Wintersonnwende.

Für Meteorologen aus Nordamerika, wo der Herbst am 1. September beginnt und am 30. November endet, hier eine interessante Anmerkung: Die britischen und kontinentaleuropäischen Meteorologen setzen die Jahreszeit etwas anders an. Sie setzen den Beginn der Jahreszeit auf den 1. August fest, wobei sie am 31. Oktober endet. (Was, wie Sie sicher freudig bemerkt haben, mit zwei anderen Erntefesten der wiccanischen Tradition zusammenfällt: Lughnasadh, das am 1. August gefeiert wird, und Samhain, das auf den 31. Oktober fällt.)

Als Kern der Sache bleibt festzuhalten, daß der Garten eines jeden zu seiner eigenen Zeit in den Herbst einschwenken wird. Seien Sie achtsam und halten Sie Ausschau danach, wie die Farben und Pflanzen im Garten einen Wechsel hin zu tieferen Tönen und sanfteren, mürberen Strukturen vollziehen. Es gibt bestimmte Herbstpflanzen - viele von ihnen magisch und umgeben von Volkssagen -, die erst in den Herbstmonaten auf die Höhe ihrer Blüte gelangen. Wenn Sie sich nach dem blühenden Kreis dieser bezaubernden Pflanzen umsehen, wird Ihnen das helfen, den Wechsel der Jahreszeiten festzustellen.

Hier sind einige der beliebtesten magischen Herbstpflanzen aufgelistet, die Sie sich nun durchlesen können. Dieses Hexendutzend (also dreizehn!) gewöhnlicher Gartenpflanzen - darunter ausdauernde, überwinternde mehrjährige und einjährige Pflanzen, Staudengewächse und blühende Weingewächse - wird aufgelistet, indem zuerst der gewöhnliche Name angegeben wird und dann der botanische Name in Klammern. Dem folgt die Auflistung der magischen Korrespondenzen der Pflanzen, Volkssagen und Tips zur Gartenpflege.

Die Länder liegen im Licht
Von des Herbstes Goldruten Glanz
Und purpurner Astern, in fröhlichem Tanz,
die drehen und winden sich.

Helen Hunt Jackson

Ein Dutzend magischer Herbstpflanzen der Gartenhexe

ANANASSALBEI (*Salvia rutilans*). Die magischen Entsprechungen dieser Salvia- oder Salbeiart sind der Planet Jupiter und das Element Luft. In der Blumensprache bedeutet sie »Gastfreundschaft, Respekt und Tugend«. Aufs Ganze gesehen wird Salbei üblicherweise in Zaubern verwendet, die Weisheit bringen und Wünsche erfüllen sollen. Der Ananassalbei ist eine überraschende kleine Pflanze. Sie beginnen als winzig kleine Beetpflanzen und wachsen bis zum Herbst zu Miniaturstauden heran. Die Blätter haben ein Ananasaroma und eignen sich hervorragend zum Würzen verschiedener Gerichte. Die getrockneten Blätter eigenen sich wunderbar als Beigabe für Beutel und Potpourris. Als ich diese Pflanze das erste Mal in meinem Garten zog, erlebte ich eine große Überraschung: Sie wuchs und wuchs und als der September da war, hatte ich die Hoffnung schon aufgegeben, daß sie je blühen würde. Doch nach der Herbst-Tagundnachtgleiche blühte sie ganz außerordentlich. Dann fanden die Kolibris die Blüten und so hatte sich das Warten auf die rubinfarbenen Blüten gelohnt. Typischerweise beginnt die Blütezeit im Herbst, etwa im späten September. Behalten Sie bitte im Auge, daß die Blütezeit, abhängig von den Bodenbedingungen und dem Klima, in dem Sie leben, variieren kann. In manchen Gebieten des Landes wird der Ananassalbei als jährliche Pflanze gezogen. Technisch gesehen ist er eine »zarte Jahrespflanze« und überlebt einen kalten Winter üblicherweise nicht. Dennoch pflanze ich ihn gerne und warte fröhlich auf die roten Blüten im Herbst. Ananassalbei gedeiht am besten mitten in der Sonne.

ASTERN (*Hybridaster*). Auch unter dem engl. Namen Michaelmas Daisies bekannt, sind diese fabelhaften, eben zu dieser Jahreszeit blühenden Gewächse in vielen Farbschattierungen wie Rosa, Purpur und violettem Blau erhältlich. Der Blumenfolklore zufolge trägt die Aster die Kennzeichen der Vielfalt, des Feingefühls und der Geduld. Die Aster steht mit dem Planeten Venus sowie mit dem Element Wasser in Verbindung. Sie war allen griechischen Göttern heilig und beliebt bei Feiern und zum Ausschmücken von Tempeln. Die Aster kann bei Liebeszaubern verwendet und Beuteln beigegeben werden, die Liebe und Emotionen fördern sollen. Wenn Sie diese wunderbaren Blumen in Ihren Garten integrieren, dann fördert dies Liebe und Zufriedenheit in Ihrem ganzen Haushalt. Nicht nur, daß die Aster Schmetterlinge anzieht – z. B. den Monarchen – nein, sie blühen auch noch zu einer Zeit, in der die Sommerblumen bereits am verblühen sind, aber noch bevor die reinen Herbstpflanzen ihre Pracht entfalten. Astern fühlen sich an sonnigen Flecken sehr wohl, dabei bevorzugen sie feuchte und und gewässerte Böden. Teilen Sie Ihre Astern jedes Jahr neu.

CHRYSANTHEME (*hybride Dendranthema*). Die planetare Entsprechung der Chrysantheme ist die Sonne, die Blüte ist mit dem Element Feuer verbunden. Diese bekannte Blume der Herbstmonate hat in der Blumensprache die Bedeutung der Fröhlichkeit. Die verschiedenen Farbtöne der Chrysantheme haben verschiedene Bedeutungen. So bedeutet z. B. Rot »Ich liebe Dich«, Weiß »Wahrheit« und Gelb »Glück«.

Die restlichen erhältlichen Juwelentöne interpretiere ich folgendermaßen: Orange würde ich mit »Energie und Überfluß« in Verbindung bringen, »glücklicher Herd und glückliches Heim« mit einer bronzefarbenen Chrysantheme und »Schutz und Stärke« mit einer amethystfarbenen. Den Volkssagen über Blumen zufolge hält die Chrysantheme Geister ab und ist generell eine Schutz- und Wachpflanze. Wenn Sie im Garten keinen Platz haben, dann ziehen Sie welche in Gefäßen und Töpfen, das läßt Ihre Veranda oder Terrasse hübsch aussehen. Chrysanthemen schätzen das volle Sonnenlicht oder auch mildes Licht und reichen Erdboden.

CLEMATIS (*Clematis paniculata*). In der Blumensprache steht die Clematis für geistige Schönheit und Erfindungskraft. Integrieren Sie in diesem Herbst ein oder zwei Büschel in Verzauberungen, die Findigkeit und Klugheit hervorrufen sollen. Die ausgesprochen blühwillige Clematis trägt im Herbst haufenweise kleine, schneeige, duftende Blüten. Die 3 bis 5 m hohen Weingewächse blühen vom Spätsommer ab bis in den Herbst hinein. Ich ziehe sie an einem hölzernen Gestell in einem kleinen Seitenhof und lasse sie dann wild wachsen, zumindest solange sie nicht über das Gestell hinauswachsen. Jedes Jahr baut ein Pärchen Trauertauben sein dürftiges Nest oben auf diesem Gestell, sicher bedeckt von dem dichten Laub der Clematis. Wir sehen ihnen gerne unbemerkt aus dem nahen Küchenfenster zu. Auf die Herbstclematis sollte man jedoch ein Auge haben, wenn man sicherstellen will, daß sie nicht zu sehr aus dem Bereich herauswächst, für den man sie vorgesehen hat. Aber auch wenn das geschieht, brauchen Sie sich keine Sorgen zu machen. Sie können sie im Frühling auf eine überschaubare Größe zurückstutzen, da der Neubewuchs sowieso im Herbst wieder blühen wird.

EICHENBLATTHORTENSIE (*Hydrangea quercifolia*). Die magische Bedeutung dieser Pflanze ist das Brechen von Flüchen. Sammeln Sie vorsichtig etwas getrocknete, abgeschälte Rinde dieses Strauchs - ein klein wenig genügt schon - von den ruhenden Ästen im Winter. Sie können die Rindenstücke auf den Schwellen Ihres Hauses verstreuen, um negative Energie am Eintreten zu hindern, oder Sie können zum Schutz ein wenig von der Borke verbrennen. Auch ist man gut beraten, einige Blüten von den großen Blumenköpfen abzupflücken und sie in Beutel zu geben, die mit Schutzzaubern versehen sind.

GEMEINER BAUMWÜRGER (*Celastrus scandens*). Bittersüße Früchte sind in der Magie mit dem Planeten Merkur assoziiert. Diese Pflanze wird zum Schutz benutzt, sowie dafür, alles Böse von Menschen und Tieren abzuhalten; auch glaubt man, daß sie zu Manipulationszwecken gewirkte Magie abwehren kann. Auch wenn diese kletternde Weinpflanze wunderschön und als Herbstdekoration sehr beliebt ist, so ist sie dennoch sehr umstritten. Manche Menschen lieben diese Pflanze und manche verachten sie. »Warum?« werden Sie fragen. Es gibt verschiedene Ableger dieser Pflanze und alle sind giftig. Ich habe mich darüber beraten, ob ich diese Information anfügen sollte oder nicht, aber jeden Herbst kommen viele Leute auf die Idee, daß sie so gerne diese herrlichen Weingewächse in ihrem Garten hätten. Mit meinem Abschluß in Gartenbau, werde ich jedes Mal, wenn ich einen Vortrag über Gärtnerei mit Herbstblumen halte, nach dieser Pflanze gefragt. Während die meisten Leute an wunderschöne, beerenbeladene Zweige denken, die sie in Blumenarrangements einfügen können, bedenken sie gar nicht, wie problematisch diese Pflanzen sein können. Lesen Sie sich die folgenden Informationen über diese Pflanze gut durch, forschen Sie selbst auf diesem Gebiet nach und entscheiden Sie dann.

Es gibt beliebte Weingewächse, die alle ziemlich gleich aussehen. Der *Celastrus scandens* (engl.: »American Bittersweet«, manchmal auch »False Bittersweet«) ist einheimisch in Nordamerika. Einst wuchs er im größten Teil der zentralen und östlichen Vereinigten Staaten, aber mittlerweile ist er so selten geworden, daß er in manchen Gebieten des Landes unter Naturschutz steht. Die andere Variante dieser Pflanze trägt den englischen Namen »Oriental Bittersweet« (dt.: »Baumwürger«; lat.: *Celastrus orbiculatus*) und ist eine zugewanderte exotische Pflanze, ein Weingewächs, das in Asien seinen Ursprung hat. Sie hat am Stamm stumpfe Dornen und rundere Blätter verglichen mit den ovalen des »American Bittersweet«. Die orientalische Variante ist sehr stark und kann andere einheimische Gewächse schlichtweg umbringen. Die Wachstumsrate ist für einen Baumwürger sehr hoch. Er ist sehr anpassungsfähig und wächst in allen Bereichen, vom vollen Sonnenlicht bis hin zum Halbschatten. Der Baumwürger ist zweihäusig, d. h., daß es eine männliche und eine weibliche Pflanze braucht, um Früchte hervorzubringen.

Wenn Sie in den Vereinigten Staaten leben und diese Zierpflanze in Ihrem Garten ziehen wollen, dann sehen Sie zweimal hin und stellen sicher, daß Sie auch die amerikanische Variante der Pflanze (noch einmal: Der botanische Name ist *Celastrus scandens*) benutzen. Denken Sie daran, daß die hellfarbigen Beeren, wenn sie auch noch so schön sind, giftig bleiben und für Säuglinge und Kleinkinder eine Versuchung darstellen können. Zuletzt sei gesagt, daß diese Weingewächse, wenn Sie einmal in Ihrem Garten das Wachsen angefangen haben, schwer wieder auszurotten sind.

KORBFLÜGELSTRAUCH (*Euonymus alatus*). Der Korbflügelstrauch ist ein hervorragendes Staudengewächs, wenn man die spektakuläre rote Farbe des Herbstgartens schätzt. Was magische Korrespondenzen angeht, so würde ich diesen Strauch der Sonne und dem Element Feuer zuordnen (mir scheinen diese Entsprechungen jedenfalls recht offensichtlich zu sein). Integrieren Sie die Blätter in Zauber für gesteigerte Spiritualität und Leidenschaft. Der Korbflügelstrauch ist zu allen vier Jahreszeiten interessant. Neben den grünen Blättern im Frühling und Sommer und den umwerfenden Farben des roten Laubs im Herbst sind die dreieckig geformten Zweige im winterlichen Garten echte Blickfänger. Die Zwergvariante kann 1,20 bis 1,80 m hoch werden. Diese beliebten Sträucher brauchen fast kein Zuschneiden. Sie entfalten ihre Farben am schönsten, wenn sie mitten in der Sonne gepflanzt werden.

PURPURDOST (*Eupatorium purpureum*): Die magische Bedeutung dieser Pflanze ist Verehrung und Liebe. Man glaubte, wenn man einige Blätter dieser Pflanze in der Tasche trüge, würde dies bei Menschen, die man traf, einen günstigen Eindruck hervorrufen. Die Pflanze trägt im Herbst, d. h. vom August bis zum ersten Frost, große Mengen an duftenden, rötlichen Blüten mit einem Aroma von Vanille. In der Wildnis, wo diese Pflanze oft in trockenem, nährstoffarmem Boden gedeiht, kann sie ziemlich überall wachsen und 60 bis 180 cm hoch werden. Einige Bücher über Gartenkunde behaupten daß sie im Garten bis zu drei Meter hoch werden kann. Die meisten Eupatoria, die ich gesehen habe, waren etwa 1,20 m hoch, wahrscheinlich auf Grund der Bodenbeschaffenheit. Es ist eine Schmetterlingspflanze mit lieblichen Herbstblüten, die Ihrem Garten einen Hauch von »Wildnis« verleiht. Getrockne sehen diese Blumen wunderbar in Arrangements aus. Diese Pflanze gibt eine hervorragende Steingartenpflanze ab oder auch einen guten Hintergrund in Herbstgärten.

ROSEN UND HAGEBUTTEN (*Rosa sp.*). Rosen werden klassischerweise dem Planten Venus zugeordnet, dem Element Wasser und zuletzt all den vielen Göttinnen der Liebe und der Sehnsucht. Die Früchte der Rose, die Hagebutten, sind der Lohn des Gärtners im Herbst. In alter Zeit wurden die Hagebutten in ein Band eingeflochten und als Perlen getragen, die Liebe anziehen sollten (vielleicht war dies eine frühe Erscheinungsform der »Liebesperlen«). Frische Hagebutten enthalten viele Vitamine, vor allem Vitamin C. Ich warne jedoch davor, sie roh zu essen, denn die feinen »Haare« auf den Hagebuttensamen können zu Magenirritationen führen.

Typischerweise bringen die altmodischen Rosen die Hagebutten hervor. Wenn Sie daran interessiert sind, Rosen nur wegen der Hagebutten zu züchten, dann versuchen Sie es mit den *Rugos*-Arten. »Fruchtrosen«, die wegen ihrer prächtigen Hagebutten gezüchtet werden, sind z. B. »Frau Dagmar Hartopp« - diese Rugosa hat einzigartige rosa Blüten -, die »Jubilee« - eine zähe, krankheitsresistente Rose mit einzelnen purpurartigen Blüten. Die Vögel werden sich über die Hagebutten als kleinen Imbiß in Ihrem Garten freuen. Auch sehen Hagebutten umwerfend aus, wenn man sie, egal ob frisch oder getrocknet, in Blumenarrangements und Herbstkränze einarbeitet.

SCHNEEBALL (*Viburnum carlesii*). Eine meiner Lieblingsvarianten ist das »Korean Spice«-Viburnum. Es ist auch ein beliebtes Staudengewächs zur Landschaftsgestaltung. In England pflanzte man den Schneeball in der Nähe von Stalltüren, um Verhexungen des Viehs zu verhindern. Arbeiten Sie mit dem Laub dieser Staude zum Schutz und zur Beschirmung Ihres Heims und Eigentums. Es ist außerdem ein weiteres Gewächs, das sich hervorragend für schattige bis halbschattige Gärten eignet. Es blüht und ist zu allen vier Jahreszeiten interessant. Im Frühling ist die »Korean Spice»-Variante von stark duftenden Blüten bedeckt. Die beste Beschreibung, die ich von dem Duft geben kann, ist die eines Hochzeitsstraußes. Oft halten Leute ihre Autos vor meinem Haus an und fragen, was um alles in der Welt diesen Duft verströmt. Sie sind immer erstaunt, wenn sie erfahren, daß er von einer Staude kommt. Manchmal folgen sie einfach ihrer Nase und riechen an den Stauden. Das sieht wirklich nett aus. Eine Dame sagte mir einmal, der Geruch sei »verhext«! Sie wußte überhaupt nicht, wie passend ihre Aussage war.

Das gemusterte Laub herrscht während der Sommermonate vor. Im Herbst nehmen die Blätter einen sanftroten Ton an und es gibt Beeren für die Vögel. Diese herrliche Farbe im Herbst war einer der Punkte, der die Pflanze für mich attraktiv machte. Ich habe meine Eltern dazu gebracht, welche zu pflanzen, um ihren schattigen Waldgarten zu ergänzen. In den Wintermonaten halten sich die Blätter bis im Frühling, wo neues Laub und neue Blüten hervorbrechen und sie abstoßen. Die »Korean Spice«-Variante des Viburnum wird bis zu 1,80 m hoch und genauso breit.

SEDUM. Mein Lieblingssedum ist die Variante »Herbstfreude«. Englische Volksbezeichnungen für sie sind »Betty's Bustle« und »Stonecrop«. In der Blumensprache verkündet das Sedum »Willkommen und Ruhe«. Mit einem humorvollen Einschlag kann man die Botschaft des Sedum auch so auffassen: »Willkommen zu Hause, mein Ehemann, wie betrunken Du auch sein magst.« Wegen der Blütezeit und der eher lässigen Charakteristika dieser perennierenden Pflanze würde ich sie in planetarer Hinsicht einfach der Erde zuordnen. Geben Sie einige Sedumblüten in Ihre Herbstblumenarrangements ein und verbreiten Sie so ein wenig von seiner friedlichen Schwingung in Ihrem Heim.

Diese Pflanze hat wächserne, kraftvolle Stengel und Blätter. Die Blumenbüschel beginnen in einem blassen Grün und werden dann rosa. Hummeln und Schmetterlinge lieben diese Blume. Wenn die Nächte kühler werden, dann nimmt ihre Farbe den Ton von Malve oder Burgunderbraun an. Auch sie ist eine Pflanze, die man im winterlichen Garten stehenlassen kann. Sie macht ihn auch architektonisch interessant, weil man beobachten kann, wie die Blumenköpfe und die Pflanzen langsam von Schnee und Eis überhäuft werden. Das Sedum ist leicht zu kultivieren, langlebig und hält auch Trockenheit aus. Es gedeiht im vollen Sonnenlicht und wird 45 bis 90 cm hoch.

STIEFMÜTTERCHEN (*Viola*). Englische Volksbezeichnungen sind »Johnny Jump-Ups«, »Love In Idleness« und »Kiss Me Over The Garden Gate«. In planetarer Hinsicht korrespondiert diese Pflanze mit dem Saturn, elementar ist sie mit dem Wasser assoziiert. Sie ist dem griechischen Gott Eros geweiht. Es geht die Sage, Eros habe diese Blume versehentlich mit einem seiner verzauberten Pfeile durchbohrt, so daß sie seitdem von diesem Vergnügen »lächelt«. In der Blumensprache bedeutet das Stiefmütterchen »glückliche Erinnerungen«.

Das Stiefmütterchen ist in einer regenbogenartigen Palette von Farben erhältlich, was die Wahl der korrekten Variante für die verschiedenen Blumenzauber recht leicht macht. (Weiter unten in diesem Kapitel ist ein Stiefmütterchen/Farben-Zauber angeführt). Stiefmütterchen lieben kühles Wetter, was die Herbstzeit ideal zum Pflanzen macht. Es gibt sogar eine schwarz-purpurne und orange Variante mit der Bezeichnung »Trick Or Treat« – würde die sich in Ihrem Herbstgarten oder auch in Töpfen und anderen Behältnissen gezogen nicht bezaubernd ausnehmen? Wenn die Stiefmütterchen im Herbst im Garten gepflanzt und mit Blättern dicht umwickelt werden, dann sollten sie den Winter eigentlich überleben und im darauffolgenden Frühling stark blühen. Probieren Sie es doch selbst aus und sehen Sie, was in Ihrem Garten geschieht. Stiefmütterchen entwickeln sich gut unter sonnigen bis teilweise sonnigen Bedingungen.

TRICHTERWINDE (*Ipomoea*): Die Trichterwinde ist ein altmodisches jährliches Weingewächs, das im Herbst blüht und in einem Farbspektrum von Weiß zu Blaßrosa, Purpur und Blautönen, ja bis hin zu juwelenartigen Tönen erhältlich ist. Es gibt auch Mischungen, was dann auf Pastelltöne mit einem Hauch von blassem Blau oder Rosa hinausläuft. Die Trichterwinde korrespondiert in planetarer Hinsicht mit dem Saturn. In der Blumensprache ist die Bedeutung der Trichterwinde »ein Gruß an den neuen Tag«.[1] Darüber hinaus sollen blaue Trichterwinden Frieden und Freude bringen und sind der Göttin Venus geweiht, wie alle wirklich blauen Blumen. Wenn Sie eine gute, wirklich blaue Blume suchen, dann versuchen Sie es mit der »Heavenly Blue«-Variante.

Weiße Trichterwinden rufen die Magie der Göttin auf den Plan. Tiefpurpurne Exemplare können gezüchtet werden, um Ihr Heim oder Ihr Eigentum zu beschützen. Wenn Sie tiefpurpurne Trichterwindenblüten suchen, dann versuchen Sie es mit den Varianten »Grandpa Otts« und »Star of Yelta«.[2] In magischer Hinsicht ist die Trichterwinde, egal welcher Farbe, eine machtvolle Pflanze, wenn man sie in Schutzzauber integriert.

Wenn Sie einige Exemplare davon in Ihrem Garten pflanzen wollen, um Sie im Herbst zu genießen, dann sähen Sie die Samen im späten Frühling, wenn sich der Boden schon erwärmt hat. Ein guter Tip ist es auch, die Samen mit einem scharfen Messer einzukerben oder anzukratzen und sie so vor dem Pflanzen mit Wasser zu tränken. (Sorgen Sie dafür, die

[1] Vermutlich bedingt durch den englischen Namen »Morning Glory«. Anm. d. Übers.

[2] Deutsche Namen konnten nicht eruiert werden. Anm. d. Übers.

so getränkten Samen aus dem Zugriffsbereich von Kleinkindern fernzuhalten, sie sind nämlich giftig.) Dieser Vorgang des Aufkratzens der Samen wird als Skarifizieren bezeichnet und ist bei Trichterwinden notwendig. Versenken Sie die Samen an einem sonnigen Fleck im Boden. Die Setzlinge sollten nach 7 bis 21 Tagen auftauchen, abhängig von dem Boden in Ihrem Garten und den Witterungsbedingungen. Oder Sie können sie in mit Torf gefüllten Töpfen aufstellen und erst in den Garten überführen, wenn sie zu jungen, starken Pflanzen herangewachsen sind. Diese Weinpflanzen werden den ganzen Sommer über kräftig wachsen.

Lassen Sie sie an einem Zaun oder einem Gitter emporranken und halten Sie sich zurück. Sie werden so ziemlich an allem emporwachsen. An frühen Herbstmorgen werden sie dann zu blühen beginnen. Integrieren Sie die herzförmigen Blätter und Blüten in Schutzzauber und Zauber, die Ihr Heim beschirmen sollen. Wenn Sie Trichterwinden in interessanteren Farben suchen, dann sehen Sie sich nach den Erbvarianten um, die gibt es mittlerweile sogar schon in roten Farbtönen.

Die Rose hat etwas Geheimnisvolles in ihrer Natur,
eine innere Faszination, ein subtile Hexenkraft,
einen verborgenen Zauber.

Candace Wheeler

Blumenzauber für den Herbst

Ein Blumenzauber ist ein elementarer Zauber, bei dem frische Blumen verschiedenartige Verwendung finden. Blumenzauber fallen unter die Kategorie »einfach«. Die klassische Bedeutung von »einfach« ist die einer medizinischen Pflanze, auch bekannt als Grundelement, die nur eine Zutat hat, in diesem Fall Blumen oder Laub der Jahreszeit.

Die nächsten vier Blumenzauber gehen schnell und sind einfach. Also, haben Sie Spaß in Ihrem Herbstgarten, machen Sie sich die Hände schmutzig und lernen Sie die wahre Bedeutung des Begriffs »Erdmagie« kennen.

Ein Vielzweck-Herbststiefmütterchen-Zauber

Wie schon zuvor erwähnt, ist das Stiefmütterchen eine großartige Herbstblume, mit der man arbeiten kann. Probieren Sie diesen Vielzweck-Blumenzauber aus und passen Sie Ihren magischen Garten und Ihre verzauberten Töpfe und Container Ihren individuellen Wünschen an. Denken Sie daran, daß die Blume beschützende Qualitäten hat und Liebesschwingungen aussendet. Stellen Sie sich nur vor, was Sie mit dieser Art von positiver magischer Energie, die fröhlich um Ihr Haus herumwächst, anfangen könnten. Wenn Sie darangehen, die Stiefmütterchen in Ihrem Garten zu pflanzen, dann verzaubern Sie sie mit diesem Spruch:

»In diesem Herbst ist der Blume lächelndes Gesicht
ein Segen;
Sicherheit, Wonn' und Liebe wird sich in allem regen.
Purpur zum Schutze und zur Freude, was gelb erblüht,
blaue Schatten für den Frieden und Rot für die, die ich lieb'.
Mit Stiefmütterchen schwarz und orange nun den
Zauber vollend',
so wird er halten Tag um Tag, ohne End.«

Trichterwinden-Schutzzauber

Das Trichterwinden-Weingewächs ist ein altmodischer und romantischer Herbstblüher. Egal welche Farbe die Blüten haben, die magische Kraft ist dieselbe. Die Farben der Blumen sind nur dazu da, der Magie sozusagen die Feinabstimmung zu geben. Der Zauber sollte in den Morgenstunden ausgeführt werden, wenn sich die Blüten gerade öffnen. Denken Sie daran, daß dieses Weingewächs seinen Namen bekommen hat, weil seine Blüten, einmal von der Sonne berührt, sich für den Rest des Tages schließen.[1] Also stehen Sie früh auf, saugen Sie die Atmosphäre eines frühen, nebligen Morgens in sich ein und machen Sie sich ans Werk. Legen Sie Ihre Hände auf die Pflanze und nehmen Sie einen tiefen Atemzug. Erden und zentrieren Sie sich und bitten Sie still die Trichterwinde, Ihnen beim Wirken Ihrer Magie beizustehen. Stellen Sie sich vor, wie die Sicherheit um Ihr Haus herum zunimmt und wächst, wenn Sie den Zauber sprechen. Sehen Sie, wie Ihr Heim von Magie, Sicherheit und Schutz glüht. Dann, wenn Sie fühlen, daß Sie bereit sind, sprechen Sie dreimal folgende Verse:

»Machtvolle Schutzmagie ist unter dieser Pflanz' Befehl,
sie, die nur des Morgens blüht und glänzt wie ein Juwel.
Wein, in Deinen Windungen, fängt das Böse sich;
dank Deiner herrscht hier Sicherheit und der Freude Licht.«

Das Wirken von Zirkeln mit Herbst-Chrysanthemen

Der nächste Zauber sollte eigentlich recht einfach werden, doch dann geriet er mir aus den Fingern und erblühte zu etwas Größerem. Nachdem ich ihn mir noch einmal angesehen hatte, dachte ich, er könnte einen guten Zirkelzauber abgeben oder sogar eine einzigartige Möglichkeit, ein Herbstäquinoktienritual abzuschließen. Wenn Sie wirklich tiefer einsteigen wollen, dann können Sie die vorgeschlagenen Chrysanthemen den Farben nach um sich herum im Kreis anordnen.

Für das Wirken dieses Zaubers brauchen Sie Chrysanthemen in verschiedenen Farben. Benutzen Sie entweder eine oder zwei Blüten, die in eine Vase gesteckt werden, oder nehmen Sie gleich

---

[1] NB: Im Englischen lautet der Name der Trichterwinde »Morning Glory.« Anm. d. Übers.

einen ganzen Topf, in dem diese herrlichen Blumen wachsen. Es sind viele Farben erhältlich:

- Purpur
- Weiß (Pflücken Sie sanft eine Blüte ab und zerpflücken Sie sie wegen der einzelnen Blütenblätter.)
- Bronze
- Rot
- Orange
- Gelb

Arrangieren Sie die Blumen in einem Kreis, ganz so, wie es Ihnen zusagt. Wiederholen Sie diese Verse und arbeiten Sie sie in Ihren Zauber ein, wie es Ihnen gefällt.

»In hellen Herbstestagen entfalten Chrysanthemen
ihre Macht.
Nimm Purpurblüten, denn durch sie wird abends
Schutz gebracht.
Mit weißen Chrysanthemenblättern sollst einen Kreis
Du um Dich zieh'n,
so kommen Freude und Magie, die Dunkelheit muß flieh'n.
Bronze bringt Glück in das Haus, Rot steht für die Lieb'.
Es fehlt noch für die Ernt' Orange, und Gelb,
das Frohsinn gibt.
Ich danke Herr und Herri, für ihres Segens Macht,
den Zauber ich beende, der mir Magie gebracht.«

Ein Zwiebelpflanzzauber

Zuletzt – was wäre dieses Buch ohne zumindest einen Herbstzauber zum Pflanzen? Der Herbst ist sicherlich die Zeit des Pflanzens. Und da Gärtner stets vorausschauen, sind die Herbstmonate die perfekte Zeit, um einige verhexte blühende Zwiebeln für den Frühling einzusetzen. Wenn Sie Ihre Narzissen-, Tulpen- oder Krokuszwiebeln aussuchen, dann achten Sie darauf, daß sie gut aussehen und gut riechen. Die Knollen sollten kräftig sein und es sollte kein Schimmel darauf wachsen.

Eine Faustregel für das Knollenpflanzen im Herbst ist, sie zwei bis dreimal so tief zu pflanzen, wie sie selbst lang sind. Denken Sie auch daran, sie mit der richtigen Seite nach oben zu pflanzen. Die Triebe werden instinktiv dem Sonnenlicht entgegenwachsen. Graben Sie also Löcher und setzen Sie die Knollen ein; wenn Sie sie wieder mit Erde bedecken, treten Sie diese fest, klopfen Sie dreimal mit Ihrer Haupthand darauf und sprechen Sie folgende Formel:

»Gepflanzt seid Ihr im Herbste, im Lenz brecht Ihr ans Licht.
An Schönheit und an Zauber wird es Euch mangeln nicht.
Nun schlaft den Winter über und sammelt Eure Kraft.
Im Frühling durch den Zauber wachst dann zu vollem Saft.«

Jeder Tag, an dem ich ein Blatt sehe,
ist ein wunderbarer Tag.

Kenneth Patton

Herbstlaub

Warum verändern die Blätter überhaupt ihre Farbe? Laubbäume verändern ihre Blattfarbe, weil die Nährstoffproduktion in den Blättern langsamer wird und schließlich endet. Diese Abnahme der Nährstoffproduktion ist so eingerichtet, daß sie automatisch beginnt, wenn die lichten Stunden weniger und die Nächte kälter werden, da damit einhergeht, daß weniger Energie zur Nährstoffproduktion zu Verfügung steht. Um es einfach auszudrükken: In den Blättern eines Baumes ist eine Art Nahrungsfabrik, die Chlorophyll produziert. Chlorophyll ist ein grünes Pigment, das den Zellen in den Blättern hilft, die Energie der Sonne einzufangen und zusammen mit Wasser und Kohlendioxyd aus der Luft die Zucker zu produzieren, die die Nahrungsquelle des Baumes darstellen. Während des Prozesses der Nährstoffproduktion, der als Photosynthese bezeichnet wird, wird ständig ein Teil des Chlorophylls abgebaut. Jedoch wird in der Wachstumsphase im Frühling und Sommer stets mehr Chlorophyll erzeugt als verlorengeht.

Eine weitere Gruppe farberzeugender Pigmente in den Blättern sind die Karotine. Sie sind gelb, braun und orangefarben. Solange Chlorophyll vorhanden ist, bleiben diese Karotine hinter dem hellen Grün verborgen. (Diese Karotinpigmente geben gleichzeitig Pflanzen wie Karotten, Mais und Narzissen ihre gelbe und orange Farbe.) Wenn die Chlorophyllproduktion im Herbst abzunehmen beginnt und die Chlorophyllversorgung schrumpft, schwindet die grüne Maske dahin und enthüllt die vibrierenden Schattierungen, die von den Karotinpigmenten erzeugt werden.

Rot ist wahrscheinlich die meistgesuchte Blattfarbe im Herbst, sie wird von einem Pigment mit der Bezeichnung Anthocyanin erzeugt. Diese Farbe entsteht, wenn der Zucker, der in den Blättern produziert wird, dort festsitzt. In diesen Blättern wächst über der Stelle, wo das Blatt mit dem Ast verbunden ist, eine Zellschicht, die es schließlich versiegelt. Wenn der so eingeschlossene Zucker zu zerfallen beginnt, werden rote Anthocyaninpigmente produziert. Mehr eingeschlossener Zucker, der das strahlende Rot hervorbringt (sowie andere Spielarten von Orange und Gold), steht dann zur Verfügung, wenn eine Kombination aus vielen sonnigen Herbsttagen und kühlen Nachttemperaturen eintritt.

Darum glaubten die Menschen in alter Zeit, daß ein regnerischer Herbst »die Farbe aus den Bäumen wasche« - da ja tatsächlich eine Verbindung von viel Sonnenlicht und kühlen Temperaturen am Abend nötig ist, um spektakuläre Laubfarben zu erhalten, was dann den besten Effekt zeitigt. Viel Regen bedeutet viele Wolken, das bedeutet wiederum wenig Sonnenlicht und damit weniger eindrucksvolle Farben.

Die bezaubernde Schönheit unserer amerikanischen Laubwälder im Herbst kommt also von einer Abnahme der Photosynthese. Wenn das Chlorophyll aus den Blättern verschwindet, enthüllt es Xantophyll, Karotin und andere helle Pigmente, die die Blätter während der Wachstumsphase verborgen halten. Dies ist eine weitere Lektion des maskierten grünen Mannes: Sogar die Blätter an den Bäumen tragen Masken, die die spektakulären Farben des Herbstes verborgen halten. Wenn die »Maske« des grünen Chlorophylls sich schließlich im Herbst still davonstiehlt, wird die darunterliegende Magie enthüllt.

Der Wald hat den Zauber des Sonnenuntergangs eingefangen
und glüht nun, am Ende der Jahreszeit
mit aller Pracht des westlichen Himmels.

Charlie Abbott, »Days Out of Doors«

Herbstfarbenmagie mit Laub

Auch wenn ich dies schon in anderen Büchern, die ich zuvor geschrieben habe, erwähnt habe, glaube ich doch, daß es wert ist, es noch einmal zu sagen: Haben Sie schon einmal daran gedacht, Farbmagie mit Herbstlaub zu wirken? Die Göttin weiß, daß es in den Herbstmonaten leicht genug aufzutreiben ist, wenn es in der Luft schwebt oder sich dem Boden entgegenschraubt. Heben Sie ein paar perfekte Blätter auf und finden Sie heraus, welche Art natürlicher Magie Sie beschwören können. Gelb ist die verbreitetste Farbe der Blätter im Herbst; typischerweise entspricht Gelb dem Element Luft, dem Wissen und der Weisheit. Auch steht es mit den Kräften des Geistes und der Gabe der Hellsicht in Verbindung.

Heben Sie also diesen Herbst, wenn Sie durch diese farbigen, fallenden Blätter schreiten, ein paar auf und fügen Sie sie in Ihre eigenen Zauber und Banne ein. Es folgt ein bißchen Volkspflanzenkunde über diese wunderschönen Bäume, die uns mit der goldgelben Laubpracht im Herbst beschenken und winterhart sind.

Gelb und Gold

ESPE (*populus ssp.*). Der Espenbaum ist mit dem Planeten Merkur sowie mit dem Element der Luft verbunden. Die Blätter der Espe werden oft in Kommunikationszaubern sowie zur Abwendung von Diebstahl zur Anwendung gebracht. Der Pflanzenfolklore zufolge muß man, um jemanden von Lähmung zu heilen, einige Haarsträhnen der betreffenden Person an die Äste einer Espe binden, während man folgende Worte spricht: »Espenbaum, höre mich und zitt're und schüttle statt meiner Dich!« Danach war man gehalten, schweigend nach Hause zu gehen und mit niemandem zu sprechen, denn sonst wäre der Zauber gebrochen gewesen. Espen können 10 bis 12 m hoch werden.

BIRKE (*Betula alba*). Die weiße Birke korrespondiert mit dem Planeten Venus und dem Element Wasser. Birkenblätter können in jede Form von verzauberten Beutel und Verzauberungen eingearbeitet werden, die heilende und liebende Schwingungen fördern sollen. Nach der Blumenfolklore symbolisiert die Birke Anmut und Sanftheit. Oft hängte man Birkenzweige über Türstöcke, um die Bewohner eines Hauses zu schützen und dem Unglück den Eingang zu verwehren. Auch glaubte man, Birken könnten Häuser vor Blitzschlägen beschützen. Die Birke liefert das traditionelle Holz für Besen, denn sie wirkt schützend und hält Negatives ab. Die weiße Birke kann 12 bis 15 m hoch werden.

PAPPEL (*Populus tremuloides*). Der Pappelbaum korrespondiert planetar mit dem Saturn und steht mit dem Element Wasser in Verbindung. Pappelblätter und Zweige baut man in Zauberbeutel und Sprüche ein, die Wohlstand anziehen sollen. Die machtvollste Zeit für Magie mit der Pappel sollen die Herbstmonate sein. Es kursieren Gerüchte, daß in alter Zeit Pappelblätter Bestandteil von Flugtinkturen waren. Heutzutage würde ich das Arbeiten mit dem Laub der Pappel empfehlen, wenn Sie Astralprojektion praktizieren. Halten Sie ein paar der goldenen Blätter in der Hand oder strecken Sie sich und legen Sie sie auf Ihren Solarplexus, um ihren Schutz zu verstärken, während Sie »reisen«. Die Pappel wächst extrem schnell und kann bis zu 17 m hoch werden.

PLATANE (*Platanus occidentalis*). Die Platane hat eine farbenfrohe magische Geschichte, wenn man sie auch gewöhnlich in den meisten Auflistungen magischer Bäume nicht findet. Es gibt verschiedene Varianten der Platane, die magischen Qualitäten bleiben jedoch durchgängig dieselben. Für die Ägypter war die Platane der geheiligte Wohnsitz der Göttin Nuit. Wenn Seelen auf dem Weg in die Unterwelt die Wüste überquerten, näherten sie sich dem Baum und riefen Nuit um das Wasser an, das in dem Baum gespeichert war. Man glaubte, Nuit würde sie mit Früchten, Brot oder Wasser segnen, und hätten sie es einmal angenommen, wäre ihnen der Weg zurück in die Lande der Lebenden auf immer verwehrt. Im alten Rom glaubte man, das Blatt der Platane habe heilende und schützende Kräfte. Auch war man gut beraten, die noch belaubten Zweige in seinem Haus aufzuhängen, um lästige Fledermäuse, Schlangen und Skorpione zu vertreiben. Die Platane liebt den vollen Sonnenschein und wird bis zu 12 m hoch.

Orange und Rostfarbe

Halten Sie für Farbmagie mit orange Laub Ausschau nach den im Folgenden aufgelisteten Bäumen. In der Farbmagie wird Orange benutzt, um Kreativität, Aufregung, Energie und Erfolg zu fördern. Diese Farbe bringt Energie und Enthusiasmus in jeden Zauber, den Sie ausführen. Wie ist es mit Ihnen? Wie könnte sich das Arbeiten mit dieser vibrierenden Farbe auf Sie auswirken? Sie könnte Sie richtig aufwärmen und Ihr Spruchwirken auf eine wahrhaft kreative Weise verstärken, wenn Sie es zulassen. Stellen Sie sich vor, was Sie erreichen könnten, wenn Sie sich in die Macht dieser strahlenden Herbstfarbe verwandeln würden. Lassen Sie uns nun einen Blick auf die Geschichte und Sagenkunde der Bäume werfen, die unsere Herbsttage mit leuchtendem Orange und Rosttönen aufhellen.

EUROPÄISCHE BERGESCHE (*Sorbus aucuparia*). Dieser meistgeliebte magische Baum korrespondiert mit der Sonne und dem Feuer. Wenn eine Esche auf Ihrem Grund gepflanzt wird, dann hat dies große Schutzkraft. Der Blumenfolklore zufolge mögen es die Eschen, allein an einem besonderen Ort im Hof oder im Garten gepflanzt zu werden. Es macht ihr nichts, wenn andere Pflanzen dicht in der Nähe wachsen. Die Feen lieben die Esche und die frühen Frühlingsblüten. Blätter, Zweige und Beeren können in Beutel und Zauber für Liebe, Schutz und Macht eingearbeitet werden. Versuchen Sie, ein Eschenblatt in Ihr Tarotset oder unter Ihre Runen zu stecken, um Ihre psychischen Fähigkeiten zu erweitern. Die Blätter der Esche nehmen ein rostiges Orange an, wenn der Herbst kommt. Singvögel finden an den Beeren ihre Nahrung. Der Baum wird 8 bis 10 m hoch und gedeiht in ungestörtem, gut getrocknetem Boden. Sie schmollt jedoch, wenn sie an einem nassen Fleck gepflanzt wird.

ZUCKERAHORN (*Acer saccharum*). Der Ahorn entspricht dem Planeten Jupiter und dem Element Luft. In der Blumensprache symbolisiert das Ahornblatt Eleganz und Schönheit. Verwenden Sie Ahornblätter in Zaubern, die »die Dinge versüßen sollen«, und benutzen Sie die herabgefallenen Äste, um Stäbe für Erfolg und Liebe zu fertigen. Das Farbspektrum der Blätter reicht von einem rötlichen Orange zu Goldgelb und einer Mischung aus beiden. Der Zuckerahorn ist der Baum, aus dem der Saft zur Herstellung von Ahornsirup gewonnen wird. Der Ahorn kann 20 bis 25 m hoch werden.

AMBERBAUM (*Liquidambar styraciflua*). Der Amberbaum kommt aus der Familie des Hexenhasels, dem planetar die Sonne und elementar das Feuer entspricht. Integrieren Sie sein herrliches Herbstlaub in Zauber um Schutz und Energie. Die Samenkapseln, wo ich herkomme, »Sweet Gum Balls«[1] genannt, können getrocknet und in Potpourrimischungen zur Ergänzung von Muster und Farbe gegeben werden. Der Amberbaum hat heutzutage als Muster der Landschaft bei vielen Baumschulen in den Vereinigten Staaten an Wohlwollen eingebüßt. Jedoch auf seinem Höhepunkt in den 70er Jahren wurde er mit Hingebung gepflanzt, nicht unähnlich dem Bradford-Birnbaum heute. Das Problem des Amberbaums sind die hölzernen Früchte, die er hervorbringt. Der Boden wird von den stacheligen braunen Samenkapseln über und über beschmutzt. Wenn Sie in einem älteren Haus in gepflegter Nachbarschaft wohnen, dann liegen die Ambersamen wahrscheinlich überall bei Ihnen herum. Doch das sternenförmige Herbstlaub der Amber ist eine herrliche Mischung von Gelb, Orange und Orange-Rot (diesen beeindruckenden Herbstfarben verdankt er seine Popularität). Die Amber kann 20 bis 22 m hoch werden.

Rot und Burgunderrot

Rotes Laub ist die meistgesuchte Herbstfarbe bei Bäumen. Rote Blätter gibt es in vielen Schattierungen, vom rauchigen Braunrot der Sumpfeiche bis zum glühenden Rubinrot des Hartriegels. Es gibt Ahornarten wie den Rotahorn, die ein großartiges

---

1 Abgeleitet vom englischen Namen des Baums »Sweet Gum«. Anm. d. Übers.

Feuerwehrrot zur Schau stellen, und dann gibt es noch die Burgundertöne des Japanischen Ahorns sowie das tiefe Purpur und vibrierende Scharlachrot der Weißesche.

In der Farbmagie wird Rot traditionell benutzt, um die Muttergöttin zu symbolisieren, sowie das Element Feuer. Diese Farbe findet gewöhnlich bei Zaubern Anwendung, die sich um Liebe, Leidenschaft, Schutz und Heilung drehen, also sammeln Sie ein paar Blätter und arbeiten Sie diese feurige Farbe in Ihre Zauber ein. Lassen Sie Ihre Vorstellungskraft spielen und seien Sie kreativ. Was könnten Sie wohl mit diesen herrlichen Herbstblättern beschwören? Welche Art von Magie assoziieren Sie mit Burgunder und Rotbraun? Schutz, ein glückliches Heim und die Stabilität der Erde wären einige Optionen. Jetzt, wo Sie schon darüber nachdenken, haben Sie die Gelegenheit, zu experimentieren und Ihre Kunst persönlich zu gestalten.

Es folgt eine Liste einiger magischer Bäume, die unsere Herbstlandschaft mit herrlich rotem und burgunderfarbenen Laub aufhellen.

HARTRIEGEL (*Cornus florida*). Auch wenn der blühende Hartriegel als Vorzeigeexemplar an Frühlingsblüten dargestellt wird, so sollte ich doch darauf hinweisen, daß es sich dabei nicht um Blüten handelt: Der technische Name lautet Brakteen. Doch in diesem Buch wollen wir uns mehr auf das großartige rote Laub konzentrieren, das der Hartriegel im Herbst hervorbringt. Das leuchtend rote Laub des Hartriegels sticht in einem herbstlichen Garten wirklich hervor. Binden Sie die Blätter in Schutzzauber und Zauberbeutel ein. Der Hartriegel fühlt sich im Nachmittagsschatten wohl, am besten in dem anderer, höherer Bäume. Der Hartriegel kann 5 bis 8 m hoch werden.

SUMPFEICHE (*Quercus palustris*) und Roteiche (*Quercus Rubra*). Sie sind beide stattliche Bäume mit einer liebreizenden Herbstfarbe. Während die Sumpfeiche ein rostfarbenes Braun aufweist, ist das Herbstlaub der Roteiche von einem helleren Rot. Der Eichbaum entspricht in magischer Hinsicht der Sonne und dem Element Feuer. Er steht mit den Göttern Zeus, Jupiter, dem grünen Mann und Thor in Verbindung. In der Blumensprache symbolisieren Eichenblätter Stärke, Tugend, Erfolg und die Segnungen eines langen Lebens. Eine Eichel mit sich in der Tasche zu tragen fördert die Fruchtbarkeit. Eicheln können auch dazu verwendet werden, als Versinnbildlichungen des Gottes einen Altar zu schmücken.

Wenn es Ihnen diesen Herbst gelingt, ein fallendes Eichenblatt zu fangen, bevor es den Boden erreicht, dann sollen Sie angeblich vor Erkältungen und Viren geschützt sein. Eichenblätter sind bestens geeignet, in Schutzmagie integriert zu werden, und können auch Zaubern für Gedeihen, Heilung und Fruchtbarkeit beigefügt werden. Die Sumpfeiche kann 20 bis 23 m hoch werden.

JAPANISCHER ROTAHORN (*Acer palmatum*). Wie bei anderen Ahornbäumen sind die magischen Entsprechungen des Rotahorns der Planet Jupiter und das Element Luft. In der Blumensprache symbolisieren die zierlichen burgunderfarbenen Blätter der Miniaturvariante des japanischen Bergahorns »Babyhände«. Der Japanische Zwergahorn ist ein kleiner Landschaftsbaum, der sich an einem sonnigen Platz in lehmigem Boden wohl fühlt. Japanische Ahorne leiden viel stärker unter Blattbrand als ihre Cousins. Wenn Sie es schaffen, diese Bäume gut zu wässern und sie vor rauhen, trockenen Winden zu schützen, dann können Sie so den Blattbrand abhalten. In einer perfekten Welt wäre noch ein wenig nachmittäglicher Schatten ideal, der diese zierlichen Blätter schützen würde, die sich im Herbst scharlachrot verfärben. Die Zwergvariante wird bis zu 2,50 m hoch und wächst bis zu 1,50 m in die Breite. Andere Varianten und Züchtungen erreichen Höhen von 4 bis 5 m.

WEISSESCHE (*Fraxinus Americana*). Die Esche steht in einer großen magischen Tradition und zahlreiche Volkssagen ranken sich um sie. Sie korrespondiert der Sonne und den Elementen Feuer und Wasser. Die Esche steht mit der griechischen Göttin Nemesis sowie mit dem griechischen Gott Poseidon und den nordischen Göttern Thor und Odin in Verbindung. Ein Eschenstab stellt ein machtvolles Instrument der Heilung dar. Es herrscht die Meinung, daß das Verstreuen von Eschenblättern egal welcher Art in den Ecken des Hauses das Heim schützen und negative Kräfte abwenden soll. Wer Eschenblätter bei sich trägt, soll unwiderstehlich sein, also versuchen Sie, diese in Zauber um Romantik zu integrieren, und sehen Sie, welche Reaktionen dies hervorruft. Im Herbst wandeln sich die Blätter der Weißesche von einem dämmrigen Purpur zu einem strahlenden Rot, gesprenkelt mit Orange und Gelb. Sie wird 12 bis 20 m hoch.

Von uns beneidet
fallen die Ahornblätter,
die zuvor so schön.

Shiko

Diese bezaubernden Blätter, Blumen und Bäume

Nun, da Sie mit all diesen Informationen über Herbstlaub und Blumen ausgestattet sind, sollten Sie die Landschaft in diesem Herbst genau studieren. Welche Baumarten sind in dem Teil der Welt, in dem Sie leben, verbreitet? Welche Art von magischen Bräuchen und Volkssagen können Sie in Ihre eigene magische Tradition einbauen?

Dieses Kapitel war dazu gedacht, Sie dazu zu inspirieren, sich während dieser verhextesten aller Jahreszeiten wieder mit der natürlichen Welt zu verbinden. Na los, gehen Sie ins Freie und wühlen Sie ein bißchen in den Laubhaufen. Genießen Sie es einfach! Legen Sie sich auf den Bauch ins Gras und studieren Sie für eine halbe Stunde ein Blumenbeet. Sammeln Sie ein paar schöne Blätter und schauen Sie, ob Sie sie identifizieren können. Scheuchen Sie Ihre Kinder in den Park und sehen Sie, wie viele verschiedene Farben und Formen an Blättern es zu finden gibt. Legen Sie ein paar Exemplare zwischen Wachspapier und pressen Sie sie in einem dicken Buch und genießen Sie so die einfachen Freuden der Natur. Verstreuen Sie ein paar farbige Blätter in Ihrem Ritualzirkel, wirken Sie etwas Farbmagie mit dem Harbstlaub und versuchen Sie sich an einem einfachen Blumenzauber.

Sehen Sie Ihre Umgebung mit neuen Augen und lernen Sie diese farbenfrohe und verzauberte Zeit des Jahres zu schätzen. Finden Sie heraus, welche Art von lebendigem Laub und Gartenblumen Sie während der Herbstmonate in Ihre Sabbatrituale und verschiedene andere Zauber eigener Machart einbauen können. Als Heiden und Wicca-Anhänger sollten sich unsere Herzen der Magie und den Wundern der natürlichen Welt öffnen.

Was sagen Sie? Lassen Sie uns die Natur ein Stück weit zurück in unsere Erdreligion bringen!

Kapitel 7

Der Zauber der Äquinoktien: Charme des Herbstes

Der Herbst hat seine eigene Harmonie.

Percy Bysshe Shelley

Es ist etwas besonders Verzaubertes an den Herbstmonaten. Vielleicht ist es der Biß der Luft oder die leuchtenden Farben des Herbstlaubs. Die Äpfel sind reif, knackig und saftig und warten nur darauf, zu Kuchen verarbeitet oder einfach so gegessen zu werden. Die Weintrauben baumeln verführerisch von den Reben und werden gesammelt, um zu Gelee, Marmelade oder Wein verarbeitet zu werden. Da sind die Würze der hellen, juwelenfarbenen Chrysanthemen und die wunderlichen Vogelscheuchen, die viele Häuser und Gärten bewachen und ihnen zugleich einen humorvollen Anstrich geben. Natürlich tauchen auch jedes Jahr wieder helle orange Kürbisse auf, die als Farbtupfer die ganze Nachbarschaft durchziehen, und die raschelnden Kornbündel, die wie Späher um Verandapfosten und Eingänge herumstehen.

All diese bekannten Symbole der Erntezeit können in Magie integriert werden. Denken Sie in diesem Jahr, wenn die Jahreszeit nur so von bunten Farben strotzt, darüber nach, einige dieser wunderbaren, natürlichen und traditionellen Versinnbildlichungen des Erntefestes in Ihr Heim, Ihr Leben und Ihre Kunst einzubringen.

Die Goldrute glänzt golden,
das Korn wird langsam braun,
die Bäume in den Gärten,
sind voller Frucht zu schau'n.

Kinderlied

Äpfel

Seit alter Zeit war der Apfel stets ein Symbol der Liebe, der Weisheit, der Magie und der Fruchtbarkeit. Die nordischen Götter hielten den Apfel heilig und aßen goldene Äpfel, um ihre Unsterblichkeit zu erhalten. Die nordischen Mädchengöttinnen standen mit dem Element Erde und der Farbe Grün in Verbindung. Idunn war die Tochter des Riesen Ivalde und mit dem

Gott Bragi verheiratet, dem Herrn der Dichtkunst. Idunn ist eine mysteriöse Gestalt der nordischen Mythologie, vielleicht sogar älter als Aesir. Es gibt einige Runen, die mit Idunn assoziiert werden, so z. B. Berkano (ᛒ), Jera (ᛄ), und Inguz (◇),. Die Göttin Idunn wird heute um das Geschenk eines langen und glücklichen Lebens angerufen.

Es gibt ungefähr 2000 Apfelbaumarten, die auf der ganzen Welt wachsen. Der alte Reim »An apple a day keeps the doctor away« kommt von dem uralten Glauben, daß diese Frucht ein universelles Heilmittel ist. In den alten Tagen benutzte man sie, um Magenprobleme zu erleichtern und die Verdauung anderer Speisen zu fördern. Kultivierte Varianten des Apfelbaums wurden wahrscheinlich von den Römern nach England gebracht. (Pomona kam ganz schön herum, nicht wahr?) Während des Mittelalters erhöhte sich die Anzahl der Arten durch das Aufpropfen von Setzlingen auf bereits bestehende Wurzelstöcke.

Der Apfelbaum steht auch mit folgenden Göttinnen in Verbindung: Ischtar, Aphrodite, Hera, Athene, Pomona (die bereits in Kapitel 4 behandelt wurde), Freya und Cerridwen. Der Apfelbaum und seine Frucht entsprechen in magischer Hinsicht dem Planeten Venus und dem Element Wasser. Die Musterung im Inneren des Apfels soll den Mutterschoß repräsentieren. Wenn Sie einen Apfel kreuzweise aufschneiden, finden Sie den »Stern des Wissens«. Druidischer Sagenkunde zufolge ist der Apfelbaum der Hüter allen Wissens.

Egal wie Sie die Sache angehen – der Apfelbaum ist ein Baum der Göttin. Einen Apfelbaum in den Garten zu pflanzen ist eine direkte Einladung an die Feen, auf Ihren Grund zu kommen. Interessanterweise kommen der Apfelbaum und die Rose aus derselben Pflanzenfamilie, wodurch erklärt wäre, daß ihre Korrespondenzen so ähnlich sind. Mein Vorschlag für einen Apfelbaum in einem vorstädtischen Gebiet ist die Zwergvariante des selbstbefruchtenden Apfelbaums. Eine gute Art zum Ausprobieren ist z. B. die Zwergvariante des »Golden Delicious«. Wenn Sie im Herbst die Äpfel ernten, ist es das beste, ein paar am

Baum hängen zu lassen. Wenn Sie ein paar Früchte übriglassen, zeigen Sie damit Respekt gegenüber dem Geist des Baumes, den Naturgeistern und der Erdgöttin.

Beulah, pflücke mir eine Weintraube.

Mae West, »I'm No Angel«

Weintrauben

Neben den offenkundigen Verbindungen zu Dionysos gibt es noch einige weitere magische Historien, die man betrachten sollte, wenn es um Weintrauben und Weinstöcke geht. Planetar entspricht die Weintraube dem Mond und elementar dem Wasser. Der Pflanzenfolklore nach sollen Weintrauben Liebe, Lust und Fruchtbarkeit anregen, was das Bild von glücklichen Pärchen vor mein inneres Auge ruft, die einander verspielt mit Weintrauben füttern. Diese Frucht soll auch psychische Fähigkeiten erweitern und helfen, das Immunsystem zu verstärken. Die älteste kultivierte Art des Weinstocks kommt mit der größten Wahrscheinlichkeit aus Asien. Wir wissen, daß sie von den Ägyptern vor ungefähr 6000 Jahren angepflanzt wurde.

Der Weinstock ist eine weitere Pflanze, die von den eindringenden Römern nach England gebracht worden sein soll. Plinius der Ältere lobte einmal den Weinstock, »er habe heilende Kräfte, ein köstliches Aroma und Gerüche und man könne aus ihm Einreibemittel gewinnen«. In dem Buch »Culepeper's Herbal« wird die Weintraube als solare Frucht aufgeführt. Laut Culepeper »wirkt die Traube geheimkräftig auf den Körper«. Assoziiert wird die Weintraube mit der ägyptischen Göttin Hathor und, wie in Kapitel 5 bereits erwähnt, mit Dionysos und Bacchus.

Der Gartenfolklore zufolge soll es Bäume und Blumen zum Wachsen anspornen, wenn man Trauben in Bündeln an den Gartenmauern pflanzt. Eine andere Möglichkeit ist, Pflanzkörbe und Behälter mit dem Motiv einer Weinranke zu schmücken.

Sie können natürlich auch mit einer vorgefertigten Schablone arbeiten, wenn freihändiges Malen nicht das Ihre ist. Schablonen und Farben sind ein kostengünstiges und genußreiches Projekt. Nehmen Sie die purpurne und die grüne Acrylfarbe heraus und vergnügen Sie sich damit an einem sonnigen Herbstnachmittag. Wenn Sie noch ein wenig Gartenmagie ausprobieren wollen, dann können Sie diesen kleinen Weintrauben-Zauberspruch benutzen, während Sie die bezaubernden Büschel von Trauben auf die Gartenmauern oder Zäune aufmalen:

»Ich male den Weinstock und seine Frucht voll Magie,
gewähret, Ihr Götter, mir Reichtum, Gesundheit und wirkt,
daß mein Garten erblüh'!«

Im Korngewand erhebt sich
Septembermorgens klares Licht.

Barbara Frietchie

Ziermais und Kornbündel

Ziermais ist den goldenen Tagen des Septembers in Fülle vorhanden. Als ein bekanntes Accessoire der Herbstzeit kann von einer Ähre Ziermais das ganze Farbspektrum abgelesen werden. Er kann zu Girlanden geflochten oder in Körbe gesteckt oder zu fabelhaften Kränzen gewunden werden (siehe Kapitel 9 für Ernteprojekte, in denen Zierkorn zur Anwendung kommt). Traditionellerweise wird Zierkorn zu einem Trio farbenfroher Ähren gebündelt. Diese drei symbolisieren das Mädchen, die Mutter und die Greisin oder die drei Hochfeste Lughnasadh, der Herbstäquinoktien und Samhain.

Getrocknete goldene Getreidehalme, die zusammengebracht werden, sind synonym mit der Feier der Herbstfeste. Wenn Sie sie als jahreszeitlichen Schmuck in Ihr Haus bringen, dann bringt das ein wenig von der Magie und der Schönheit der Jahreszeit direkt vor Ihre Haustür. Gehen Sie los und binden Sie ein paar Getreidehalme zu Bündeln und befestigen Sie diese an die Pfosten Ihrer Veranda. Oder probieren Sie es damit: Stellen Sie sie wie Wachposten neben der Haustür auf. Verschönern Sie die Halme, indem Sie ein Trio farbenfroher Zierkornähren mit Bast in die Ähren einflechten, und schon haben Sie eine natürliche Erntedekoration, die Sie den ganzen Herbst hindurch genießen können, sowohl für die Halloweenfeiern der Nachbarschaft als auch für Ihre eigenen Samhainsfeierlichkeiten. Sie können das Korn mit folgendem kurzem Zauberspruch verzaubern:

»Für Mädchen, Mutter und Greisin diese Ähren von Korn,
mein Haus sei dafür Euch zum Schutz erkor'n.«

Die magischen Assoziationen des Getreides sind der Planet Venus und - kaum überraschend - das Element Erde. Die assoziierten Götter umfassen so ziemlich alle »Erdmütter« und indianischen Gottheiten Amerikas sowie Demeter, Ceres, Persephone, Isis und Ischtar.

O, es bringt mein Herz zum Beben,
wie das Feinwerk einer Uhr
seh' draußen ich den Frost sich regen,
auf dem Kürbis, auf der Flur.

James Whitecomb Riley

Kürbisse

Als jemand, der seit nun ungefähr zwanzig Jahren Kürbisse angepflanzt hat, erlauben Sie mir, folgenden Mythos zu zerstören: Kürbisse können Mitte bis Ende September geerntet werden, gerade um die Zeit der Herbst-Tagundnachtgleiche und Mabons. Ich weiß, daß man gemeinhin den Kürbis nur mit Halloween oder Samhain assoziiert, aber diese Frucht ist üblicherweise im September bereit, geerntet zu werden.

Die meisten Kürbisarten brauchen etwa 90 bis 120 Tage, um reif zu werden. Die Samen werden im frühen Juni in kompostierte Erde gepflanzt. Innerhalb einer Woche gehen die Setzlinge auf und nicht lange, da beginnen sie schon, zu Pflanzen heranzuwachsen, die zu ranken anfangen. Im Juli werden seine Blätter bereits so groß, daß sie den orange-gelben Blüten und den Ranken Schatten spenden können. Dann beginnt die Frucht sofort nach der verdorrten Blüte nachzuwachsen. In den heißen Monaten Juli und August muß man sorgfältig auf Schädlinge achten und gut wässern. Winterkürbisse sind in der Neuen Welt einheimisch – in Südamerika und Mexiko wurden Kürbisüberreste gefunden, die sich 5000 bis 9000 Jahre zurückdatieren lassen.

Im späten August haben die Kürbisse fast ihre volle Größe erreicht, sind aber noch immer tiefgrün. Wenn die Nächte kühler werden, verfärben sich die Kürbisse hin zu einem hellen Orange. Mitte September, wenn das Laub und die stacheligen Ranken zu verfallen und braun zu werden beginnen, können Sie mit der Ernte anfangen.

Sie können diese wunderbare Frucht also mit Leichtigkeit in die Feier der Herbst-Tagundnachtgleiche integrieren. Sie können darauf wetten, daß die Kolonisten und Pioniere Amerikas ihre Kürbisse, sobald diese reif waren, sicher in ihre Keller verstauten. Denken Sie darüber nach: Wenn Sie die Nahrungsmittel, mit denen Sie Ihre Familie während des Winters ernähren wollten, lagern würden, würden Sie dann diese Kürbisse auf dem Feld liegenlassen, so daß alle möglichen Tiere kommen und sich an ihnen gütlich tun könnten? Bestimmt nicht.

Aus diesem Grund wurden die Kürbisse so populär: Sie lassen sich sehr gut lagern. Wenn die Jagd im Winter nicht gut ausfiel, dann blieben immerhin noch die Kürbisse zum Essen. Es gibt einen alten Reim, der auf die Pilgerväter zurückgeht, der sich darum dreht, daß der Kürbis praktisch das einzige war, was sie zu essen hatten. Wenn die Speisekarte jedoch auch jeden Tag gleich ausgesehen haben mag, so war dies doch sicher noch besser, als Hunger zu leiden.

Wenn Sie im Oktober noch Kürbisse auf den Feldern sehen, dann sind diese dort, um von Leuten geholt zu werden, die selbst Kürbisse ernten wollen. Es ist ein Trick, und zwar ein ziemlich cleverer, denn er lädt die Menschen dazu ein, auf den Feldern herumzugehen und sich zu amüsieren, Bilder von ihren Kindern zu machen und den perfekten Kürbis auszuwählen. Nebenbei erspart es dem Bauern die Mühe, die ganzen Kürbisse in ihre Läden schleppen oder sich mit ihnen an die Straße stellen zu müssen, um sie zu verkaufen.

Als die ersten Siedler in Nordamerika ankamen, war der Kürbis ein wichtiger Bestandteil der Ernährung der Eingeborenen. Eine hübsche, große Kürbisart, aus der sich Laternen herstellen lassen und die ich in meinem Garten ziehe, trägt den Namen »Conneticut Field«. Der »Conneticut Field»-Kürbis kann bis zu 8 bis 10kg schwer werden. Er hat einen wunderbaren golden-orange Farbton und ist in der Form angenehm rund bis länglich. Er läßt sich gut lagern - unter der Voraussetzung, daß Sie ihn von Beton festhalten - und man kann ihn im späten Oktober zu Samhain wunderbar aushöhlen.

Diese Kürbisvariante gilt als sog. »heirloom variety«[1], denn sie läßt sich noch vor das Jahr 1700 zurückverfolgen. Die ältere Erbvariante des Kürbisses ist diejenige, die von den Eingeborenen angebaut wurde, als 1620 die Pilger eintrafen. Wie bereits erwähnt, war der Kürbis die Rettung der Pilger, als andere Nahrungsquellen noch unzureichend erschlossen waren. Das macht den Kürbis zur perfekten Wahl als Symbol für die Feste zur Zeit der Äquinoktien und den Mabon-Sabbat. Der Kürbis ist eine lunare Frucht und dem Element Wasser verbunden, was Sinn macht, da er zu 90 % aus Wasser besteht.

Trauen Sie sich, den Kürbis in Ihre Feiern der Herbst-Tagundnachtgleiche einzubauen. Wenn Sie nicht das Chaos wollen, das es mit sich bringt, einen großen auszuhöhlen, dann machen Sie es so wie ich und scharren Sie einen Miniaturkürbis aus, ge-

---

[1] Dt. wörtlich: »Erbvariante«. Anm. d. Übers.

rade groß genug um eine kleine Wachskerze oder ein Teelicht darin Platz finden zu lassen. Diese Miniaturkürbisse geben festliche und schöne Kerzenleuchter für den Tisch oder Altar ab. Eine andere gute Idee ist, Teelichter in die Kürbisse zu geben und diese im Wasser schwimmen zu lassen. Ich habe das einmal für ein Ritual im Freien im Teich eines Hinterhofes und in einem Vogelbad gemacht. Es ging wirklich leicht und sah großartig aus, wie die Kerzen in den kleinen Kürbissen brannten.

Alles, was Du bringst, o Natur, ist mir Frucht.
Alle Dinge kommen aus Dir, bestehen in Dir
und kehren zu Dir zurück.

Marcus Aurelius

Füllhörner

Das Füllhorn war seit alter Zeit ein Symbol der Ernte und des Überflusses. Die Form des Füllhorns geht auf griechische Volkssagen zurück und erinnert an den Brauch, das Horn einer Ziege mit Blumen, Früchten und Korn zu schmücken. War die Ziege einmal geschmückt, wurden ihre Wünsche für immer erfüllt. So wurde das gebogene Horn zum Symbol des Überflusses und »Horn der Fülle« genannt.

Es gibt einen griechischen Mythos, der die Geschichte der Amalthea überliefert, der Ziege, die Zeus mit der »Milch des Lebens« ihre Ehrerbietung erwies. Als Kind brach Zeus versehentlich beim Spielen eines ihrer Hörner ab. Er versprach ihr als Entschuldigung, daß das Horn stets mit den Früchten, die sie sich wünschte, gefüllt sein würde. Andere Mythen berichten davon, daß die Ziege das Horn selbst abgebrochen und mit Früchten, Blüten und Nüssen gefüllt hatte, um es dem großen Himmelsgott zum Geschenk zu machen. Um seine Wertschätzung zu zeigen, bildete Zeus ihre Gestalt in der Konstellation Steinbock in die Sterne ein.

Götter-Assoziationen beinhalten einige griechisch-römische Göttinnen, so z. B. Fortuna und Pax, die beide mit einem Füllhorn im Arm dargestellt wurden. Auch gibt es Hinweise auf eine unbedeutendere Göttin mit Namen Copia, Göttin des Reichtums und der Fülle, sowie Abundantia, eine römische Göttin des Überflusses. Es gibt eine Figur in den magischen Volkssagen Frankreichs, die Lady Hobunde mit diesen älteren römischen Göttinnen verbindet. In der freimaurerischen Tradition symbolisiert das Füllhorn Frieden, Fülle und Freude.

Das Horn der Fülle wird typischerweise dargestellt, wie es von den Früchten der Jahreszeit überquillt: Äpfel, Weintrauben, Mais, kleine Kürbisse, Herbstlaub und Nüsse. Schauen Sie sich in diesem Herbst einmal in der Korbabteilung Ihres örtlichen Heimwerkerladens um. Finden Sie heraus, ob es ein Füllhorn zu kaufen gibt, und wenn Sie eines finden, dann nehmen Sie es mit nach Hause und füllen Sie es, um den Reichtum der Jahreszeit in Ihrem Heim darzustellen. Wenn Sie das Füllhorn einmal nach Ihrem Geschmack arrangiert haben, segnen Sie es mit diesem jahreszeitlichen Segen:

»Verzaubert ist dies Horn von mir mit
Überfluß und Lieb',
Mutter der Ernte, erhöre mich und
Antwort aus der Höhe gib!
Weintrauben für Fruchtbarkeit, Äpfel für Wissen,
Mais bringet Gedeihen mir und Weisheit
kommt von Nüssen.
Das Horn vor Fülle überfließt,
wirk Du, daß sich der Ernte Segen
bald hin zu mir ergießt!«

Von Sichel und Weizengarbe gekrönt,
während der Herbst, mit einem Nicken
hin über das gelbe Feld, fröhlich Einzug hält.
James Thomson

Weizen und Getreide

Weizengarben sind traditionelle Erntedekorationen. Wo aber findet man getrockneten Weizen? Versuchen Sie es in einem Handwerksladen. Die dekorativen, getrockneten Weizenhalme, manchmal auch »bärtiger Weizen« genannt, sind als Herbst- und Erntezeitdekorationen sehr beliebt. Weizen ist in magischer Hinsicht mit der Venus und dem Element Erde assoziiert. Die Hauptgottheiten, die mit dieser Pflanze in Verbindung stehen, sind recht offensichtlich: die Mütter des Getreides, Demeter und Ceres. Magisch wird Weizen in Zaubern benutzt, die um gutes Gedeihen und Erfolg gewirkt werden. Man stellt getrocknete Weizengarben auf, um Erfolg und Geld anzuziehen. Weizen ist auch ein Symbol der Fruchtbarkeit und die Körner können in der Tasche getragen oder in Zauberbeutel eingearbeitet werden, um die Empfängnis zu begünstigen. Wenn Sie die Chance einer Empfängnis erhöhen wollen, versuchen Sie, frisches Vollkornbrot oder Muffins zu essen, die mit Vollkornmehl hergestellt wurden.

Ein goldener Erfolgszauber

Schnappen Sie sich diesen Herbst ein hübsches Bündel getrockneten goldenen Weizens und binden Sie es mit einer festlichen grünen oder goldenen Schleife zusammen. Da beide dieser Farben Erfolg anziehen, stellen sie eine gute Wahl dar. Stellen Sie die kleine Weizengarbe auf Ihrem Altar oder magischen Arbeitsbereich auf und verzaubern Sie sie, um Erfolg und Reichtum über Ihr Heim und Ihre Familie zu bringen. Wenn Sie das Bündel einmal zu Ihrem Gefallen arrangiert haben, befestigen Sie die Schleife. Halten Sie das Bündel in Ihren Händen, erden und zentrieren Sie sich. Stellen Sie sich als Nächstes vor, wie ein goldenes Licht den Weizen umgibt, und sodann, wie dieses sich ausbreitet und Sie umfängt. Wenn Sie bereit sind, dann sprechen Sie dreimal folgenden Zauberspruch:

»Weizengarben locken den Erfolg zu mir,
wehren dem Harm und bringen den Reichtum
zu meiner Tür.
Bei Ceres und Demeter gewirkt wird dieser Bann,
so daß Reichtum, Erfolg und Glück halten an.«

Stellen Sie das Weizenbündel auf den gewählten Platz und sprechen Sie folgende Worte:

»Bei Herd und Heim ward dieser Spruch gewirkt,
für Erfolg und Gedeihen, das keinen Schaden verbirgt.«

Jede Vogelscheuche hat das geheime Ziel,
Schrecken zu verbreiten.

Keith Mohler

Die Vogelscheuche

Die Geschichte der Vogelscheuche ist ein bezauberndes Thema. Sie können schlichtweg unheimlich sein, oder lustig und voll Charme. Vogelscheuchen sind ein traditioneller Bestandteil von Herbstdekorationen und ihre Geschichte reicht weiter zurück, als den meisten Leuten klar ist. Die Vogelscheuche trug über die Jahrhunderte hinweg viele Namen. Einige, denen Sie begegnen könnten, sind »Jack-in-the-Straw«, »Tattybogle«, »Bootzamon«, »Scarebird« und »Shoy-hoy«.

Die ältesten Vogelscheuchen waren richtige Menschen und sie wurden vor über 3000 Jahren mit großem Erfolg entlang des

Nils eingesetzt. Die alten Ägypter benutzten die »Vogelscheuchen«, um ihre Weizengarben vor den Wachteln zu schützen, die das Gebiet jedes Jahr auf ihrem Zug nach Süden passierten. Man errichtete hölzerne Gestelle, in der Art kleiner Schuppen, in den Feldern und versteckte sich darin, bis die Wachteln auftauchten. Die Schuppen waren mit einem feinen Netz als Tarnung bedeckt und bei Ankunft der Vögel rannten die Bauern aus ihren Verstecken hinaus, wedelten mit weißen Bändern und schrien. Dies jagte den Wachteln genug Angst ein, daß sie in den Netzen landeten und sich in den Maschen verfingen. So schlugen die Bauern zwei Fliegen mit einer Klappe: Sie schützten ihre Saaten und strichen dabei gleich noch ein nettes Wachtelessen mit ein.

Die ersten Vogelscheuchen, die wie Menschen aussahen, waren von den Griechen gefertigte hölzerne Statuen, vor ungefähr 2500 Jahren. Sie sollten Priapus darstellen, der über die Weizenfelder sowie über die Weinberge wachte. Einigen Mythen zufolge war Priapus der unglücklicherweise vollkommen unattraktive Sohn der Aphrodite. Wegen seiner Entstellung setzte die Göttin ihn auf einem Hügel aus, wo er von freundlichen Weinbauern gefunden wurde, die ihn mit sich nach Hause nahmen. Als der Junge älter wurde, spielte er oft allein in den Weinbergen, und die Bauern der Umgebung bemerkten, daß die Krähen und anderen Vögel sich von den Weinstöcken fernhielten, wenn Priapus in der Nähe war. Sie dachten sich, daß das Aussehen des Jungen die Vögel erschrecken würde, und ermutigten ihn, jeden Tag wieder in die Weingärten zu gehen. Als die Ernte kam, wurden sie mit einer größeren Ausbeute an Trauben gesegnet als je zuvor.

Die Geschichte von Priapus verbreitete sich im ganzen Land und die anderen Bauern dachten sich, daß Statuen, die wie Priapus aussehen würden, die Vögel auch von ihren Getreidefeldern und Weintrauben fernhalten würden. Die hölzernen Figuren wurden so geschnitzt, daß sie wie der Gott aussahen, und er wurde typischerweise mit einer Keule in der einen Hand und einer Sichel in der anderen dargestellt, was eine reiche Ernte gewährleisten sollte. Die Figuren wurden purpurn angemalt und auf den Feldern aufgestellt. So, wie zuvor, blieben die Vögel auch dieses Mal weg und im darauffolgenden Herbst ernteten sogar noch mehr Bauern größere Mengen als jemals zuvor.

Wenn die Ernte gekommen war, legten die Bauern Getreidegarben und Haufen von Weintrauben an den Fuß der Statue, um Priapus für seinen Schutz während der Wachstumszeit zu danken. Mit der Zeit verbreitete sich sein Name im ganzen Land und mehr und mehr Bauern erfuhren von ihm, so daß Priapus als Gott der Gärten bekannt wurde.

Die Römer übernahmen diese Bräuche und als ihre Armeen in Frankreich, Deutschland und England einmarschierten, brachten sie ihre landwirtschaftlichen Bräuche mit sich, darunter den Glauben an den Gott Priapus. Mehr und mehr hölzerne Statuen tauchten auf den Feldern dieser Länder auf und so war die früheste Form der Vogelscheuche geboren.

Ungefähr zur selben Zeit, zu der die Griechen und Römer Statuen des Gottes Priapus benutzten, um ihre Felder zu schützen, bauten japanische Bauern eine andere Form von Vogelscheuche zum Schutze ihrer Reisfelder. Die japanischen Bauern hingen alte Stofflappen und Fleischfetzen oder Fischgräten an Stöcke, die in der Mitte ihrer Felder aufgestellt wurden. Dann wurden die Stöcke angezündet, so daß der Gestank des brennenden Fleisches und Fisches so groß wurde, daß die Tiere die Flucht ergriffen und die Vögel ferngehalten wurden. Diese From der Vogelscheuche wurde als »Kakashi« bezeichnet, was man ungefähr mit »etwas, das schlecht riecht« übersetzen kann. Zuerst wurde diese Bezeichnung nur für Vogelscheuchen verwendet, die aus Stöcken, Lappen und Knochen bestanden, doch später nannten die Japaner alle Vogelscheuchen »Kakashi«, ob sie nun stanken oder nicht.

Es gibt verschiedene Varianten von Vogelscheuchen in Japan. Einige stellten Menschen dar und waren mit Gras und Stroh ausgestopft, um dann mit einem alten Hut und ausrangierter Kleidung ausgestattet zu werden. Manchmal wurden diese Figuren so gebaut, daß es aussah, als gingen sie gerade daran, einen Pfeil von einem alten Bogen abzuschießen. Man glaubte, daß sie so auf die Vögel tatsächlich bedrohlich wirken würden. Andere Arten von Vogelscheuchen waren farbige Bahnen aus Stoff oder glitzernden Glas- und Metallsplittern, die an Seilen befestigt waren. Wenn der Wind sie packte, flatterte der Stoff und das Glas und das Metall reflektierte das Licht, was die Vögel verjagte. Egal wie sie hergestellt wurden, alle diese Vogelscheuchen mußten so konstruiert sein, daß man sie auf langen Bambuspfosten befestigen konnte. Da Reis in stehendem Wasser von 10 bis 15 cm Tiefe wächst, sorgte der Bambus dafür, daß die Vogelscheuchen über der Wasseroberfläche blieben und der Beanspruchung mehrere Monate über standhielten, ohne zu verrotten.

Der japanischen Mythologie zufolge verließ einst im Frühling der Kami Sohodo sein Heim in den Bergen und kam herab zu den Feldern und fuhr in die Kakashis ein, die menschlich aussahen. Sein Geist soll den ganzen Sommer lang in den Kakashis geblieben sein und während des Wachsens über die Reissaaten gewacht haben. Wenn ein Vogel auf einer Vogelscheuche landete, dann glaubten die Bauern, sie spräche mit dem Gott und erzähle ihm Geheimnisse. Auch wenn der Gott an einem Ort blieb, so glaubte man doch, er wisse alles, was er teilweise seinen Freunden, den Vögeln, verdankte, die ihn während der Wachstumsphase auf dem Laufenden hielten.

Wenn dann die Erntezeit kam, glaubten die Bauern, es sei nun die Zeit gekommen, in der Sohodo in seine Heimat zurückkehre. Sie sammelten alle Vogelscheuchen von den Feldern und türmten sie auf einen großen Haufen. In einer Zeremonie, die man den Aufstieg der Vogelscheuchen nannte, wurden Reiskuchen um diesen Haufen herum arrangiert, so daß der Gott für seine Reise in die Berge mit Wegzehrung versorgt war; dann wurde der Haufen angezündet und verbrannt. Wenn dann der Frühling wieder Einzug hielt, wurden neue Vogelscheuchen auf gestellt und für das Einfahren des Gottes in sie bereitgemacht.

Seine Majestät, die Vogelscheuche, war mit einem Staat verblaßter blauer Kleider angetan, und sein Kopf war lediglich ein kleiner, mit Stroh ausgestopfter Sack.

Frank Baum, »The Marvelous Land Of Oz«

Vogelscheuchen-Folklore in Europa und Amerika

Im alten Germanien waren die Vogelscheuchen eigentlich aus Holz gefertigte Darstellungen von Hexen. Die Bauern trugen sie im Winter über die Felder, um den Geist des Winters in die Figur der Hexe bzw. Vogelscheuche zu ziehen, so daß der Frühling sich bald einstelle. Dann wurde die Hexe zur Vogelscheuche und beschützte von ihrer günstigen Stellung in den Gärten und Feldern aus die frisch gepflanzten Feldfrüchte und vertrieb die plündernden Vögel.

Deutschen Volkssagen zufolge halfen Vogelscheuchen sogar dabei, Kriege zu gewinnen. Es gibt eine Geschichte, die davon berichtet, wie ein kleines deutsches Königreich vom Angriff eines mächtigen Nachbarreiches bedroht wurde. Die schlauen Bewohner der bedrohten Provinz brachten jedoch alle Vogelscheuchen aus dem ganzen Land zusammen und stellten sie auf dem Schlachtfeld auf. Als die angreifende Armee dies aus der Entfernung sah, hielt sie sie für Soldaten und zog sich im Glauben, zahlenmäßig unterlegen zu sein, hastig zurück. Die Geschichte endet damit, daß die Menschen ihren »Sieg« feierten und die Vogelscheuchen zurück auf ihre Felder brachten.

Im mittelalterlichen England wurden Vogelscheuchen nicht aus Holz hergestellt, wie es in Deutschland und Griechenland der Brauch war, stattdessen übernahmen dies hart arbeitende Jungen (und manchmal auch Mädchen), die mit neun oder zehn Jahren damit anfingen. Diese Kinder wurden »Bird Scarers« oder »Bird Shooers« genannt und waren typischerweise Bauernkinder. Die Kinder patrouillierten die Weizenfelder und hatten mit Kieseln und kleinen Steinen gefüllte Taschen bei sich. Und wenn Krähen auftauchten, begannen die Kinder, herumzulaufen, zu schreien, mit den Armen zu winken und Steine nach den schwarzen Vögeln zu werfen.

Den ganzen Sommer über arbeiteten diese mit Steinschleudern bewaffneten Kinder, egal bei welchem Wetter, auf den Feldern. Nachdem Mitte des 14. Jhs. die große Seuche zugeschlagen hatte, war die Hälfte der Bevölkerung gestorben. Die Landbesitzer mußten sich neue Wege einfallen lassen, um ihre Saaten zu schützen. Sie begannen also, mit Stroh ausgestopfte Figuren herzustellen und diese auf Stangen zu stecken. Eine große Rübe oder ein ausgestopfter Sack dienten als Kopf. Man stellte diese Vogelscheuchen in der Hoffnung auf, daß die Vögel immer noch glaubten, es wären Kinder, die auf den Feldern Patrouille gingen.

Als die Auswanderer aus Europa in den Staaten ankamen, brachten sie ihren Aberglauben über Krähen und die richtigen Techniken zur Herstellung einer ordentlichen Vogelscheuche mit. Thomas Jefferson half 1826 mit seinem unter dem Titel »Farm Book« veröffentlichten Leitfaden für Bauern, daß die Vogelscheuche im Volk beliebter wurde, denn dort erwähnte er, daß er selbst drei Stück auf seinen Kornfeldern stehen habe.

Die Holländer in Pennsylvania bauten eine sehr menschenähnliche Vogelscheuchenart mit der Bezeichnung »Bootzamon« oder »Boogeyman«. Wie bei anderen amerikanischen Vogelscheuchen wurde der hölzerne Rahmen in Form eines Kreuzes konstruiert. Sodann wurde der »Bootzamon« mit alten Overalls und Hosen bekleidet, dazu einem langärmeligen Hemd und natürlich einem ausgeleierten Strohhut. Traditionell band man noch ein rotes Band um seinen Hals, um die Holzstange und den Angelpunkt, an dem die ganze Vogelscheuche zusammengehalten wurde, zu verstecken.

Gelegentlich wurde eine zweite Vogelscheuche am gegenüberliegenden Ende des Gemüsegartens oder Feldes aufgestellt. Diese wurde »Bootzafraw« oder »Boogeywife« genannt und ihre Verkleidung war ganz so, wie man es sich vorstellt: lange Frauenkleider, ein ausgedienter Mantel und auf dem Kopf eine Haube.

Den Volkssagen der Holländer in Pennsylvania zufolge leistete die »Bootzafraw« dem »Bootzamon« Gesellschaft und half ihm, über das Getreide, die Erdbeerfelder oder die Obstgärten zu wachen. Manchmal wurden beide auch eingesetzt, um bei der Bewachung des Hühnerstalls zu helfen. Auf diese Art sank die Wahrscheinlichkeit, daß Raubvögel herabstießen und ein frischgeschlüpftes Küken als Zwischenmahlzeit wegschleppten.

Eine der unheimlicheren Geschichten über Vogelscheuchen war der Glaube, daß sie sich in der Nacht tatsächlich bewegten, durch die Felder schlichen, das Eigentum ihrer Besitzer beschützten und nach Unruhestiftern Ausschau hielten. Vielleicht bin ich ein Angsthase, aber der Gedanke, in der Nacht einer wandernden Vogelscheuche zu begegnen, wenn ich auf dem Hof meiner Familie bin, läßt mir das Blut in den Adern gefrieren. Ich wette, dieser Glaube wurde von den damaligen Teenagern gefördert, die immer nach etwas Ausschau hielten, was sie anstellen konnten. Warum also nicht etwas Unfug machen und den Bauern einen Streich spielen, indem man die Vogelscheuchen auf den Feldern herumträgt. Kinder bleiben Kinder, egal in welchem Jahrhundert sie leben.

Im späten 19. Jh. wurden amerikanische Vogelscheuchen genauso oft zum Schmuck wie zum Schützen der Felder verwendet. Die Menschen machten sich deshalb mehr Gedanken über die Gestaltung ihrer Vogelscheuchen und Putz und Stil wurden aufwendiger. Einige Vogelscheuchen waren so gut ausgestattet, daß gelegentlich ein armer Landstreicher seine Kleidung mit der der Vogelscheuche vertauschte.

Bauern und Gärtner benutzen noch immer Vogelscheuchen, um Tiere und Vögel von Gemüsegärten und kleinen Maisanpflanzungen fernzuhalten. Diese Vogelscheuchen werden jedoch oft mehr aus historisch-sentimentalen Gründen, zum Spaß oder als Gartenschmuck verwendet als zur großangelegten Bekämpfung von Schädlingen. Doch solange Vögel eine Bedrohung für die Feldfrüchte sind, werden Bauern auf der ganzen Welt Vogelscheuchen benutzen, welche Form diese auch immer haben mögen, wie sie es die letzten 3000 Jahre über getan haben. Und die Vogelscheuchen werden ihr schiefes Grinsen ziehen und insgeheim hoffen, diesen Vögeln Angst einjagen zu können.

»Ich kann dir kein Gehirn geben«,
sagte der Zauberer zur Vogelscheuche,
»aber dafür ein Diplom!«

Der Zauberer von Oz

Vogelscheuchen-Magie

Während der Herbstmonate tauchen auf den Rasenflächen und in den Blumenbeeten der Nachbarschaft überall Vogelscheuchen auf. Umgeben von Kürbissen und Heuballen, haben diese grinsenden Burschen und Mädchen den Sprung von den vergessenen Kornfeldern in die ordentlichsten Vorgärten mit einer Art schelmischen Vergnügens geschafft. Warum nicht ein wenig Magie ins Spiel bringen und die Rasendekoration in einen verzauberten Wächter für Ihr Haus und Ihr Eigentum verwandeln?

In meinem ersten Buch, »Garden Witchery«, habe ich von unserer Vogelscheuche Six-Foot Stanley erzählt. Stanley ist ein fester Bestandteil unserer Herbsttraditionen und bei allen Familien der Nachbarschaft sehr beliebt. Er ist auf einem Holzgestell errichtet und ein sehr realistisch aussehender Kürbis, in dem man ein Licht anzünden kann, ist sein Kopf. Der Kopf ist fest auf den Holzrahmen gesteckt und wird von einem alten, strohenen Fischerhut gekrönt. Wir haben das Licht mit einer Zeitschaltuhr verbunden, so daß der Kopf der Vogelscheuche dann zu leuchten beginnt, wenn die Dämmerung eintritt. Wie sein Name sagt, ist er ungefähr sechs Fuß[1] hoch, und er bewacht unseren Hof und unsere vielen Kürbisse von der Herbst-Tagundnachtgleiche bis Samhain.

---

[1] I. e. ca. 180 cm. Anm. d. Übers.

Versuchen Sie dieses Jahr, Ihre eigene Vogelscheuche aufzustellen und sie während dieser verhexten Jahreszeit für Schutz und Überfluß zu verzaubern. Hier sind einige Vorschläge, die Sie mit Ihrer Familie ausprobieren können. Außerdem wäre dies ein lustiges magisches Projekt für einen Zirkel.

Ein Vogelscheuchen-Schutzzauber für das Grundstück

Für diesen Zauber brauchen Sie eine Vogelscheuche; Größe und Stil derselben sind Ihnen überlassen. Fertigen Sie selbst eine, indem Sie alte Kleidung und einen selbstgemachten Holzrahmen benutzen. Nehmen Sie einen der realistisch aussehenden Schaumgummi-Kürbisse als Kopf und stopfen Sie die Kleider mit alten Kissen aus, die Sie in Plastiktüten gesteckt haben. Ich empfehle die Plastiktüten, weil die Vogelscheuche dem Wetter ausgesetzt sein wird. Wenn Sie sie mit Papier ausstopfen, dann wird es feucht und wahrscheinlich schimmlig. Nehmen Sie etwas Stroh oder Getreidehalme zum Ausschmücken, dann sieht es so aus, als sei die Vogelscheuche tatsächlich mit Stroh ausgestopft. Ich benutze Plastiktüten, weil meine Vogelscheuche über den Winter eingelagert wird und ich sie so im folgenden Jahr ohne viel Mühe und Aufwand wiederverwenden kann.

Vielleicht finden Sie auch in einem Handwerksladen eine dekorative Vogelscheuche, die Sie in Verbindung mit den folgenden Zaubersprüchen einsetzen können – das funktioniert sicher genauso gut. Haben Sie einfach Spaß und lassen Sie Ihre Vorstellungskraft spielen. Ich wette, Ihnen fällt etwas Magisches ein, das ganz aus Ihrem individuellen Sein kommt.

Wenn Sie Ihre Vogelscheuche fertiggestellt oder gekauft und in Ihrem Garten aufgestellt haben, dann können Sie diesen Zauber unter dem zunehmenden Mond wirken, um Schutz für sich selbst und die Ihren anzuziehen, oder Sie wirken ihn unter dem abnehmenden Mond, um negative Kräfte und die Vagabunden und Unruhestifter aus Ihrer Nachbarschaft zu bannen. Wenn die Vogelscheuche einmal aufgestellt ist, gehen Sie bei Sonnenaufgang oder Sonnenuntergang hinaus und belegen sie mit folgendem Schutzzauber. Wiederholen Sie den Spruch dreimal:

»Geformt aus Stroh und Lumpen alt
hat doch Dein Blick große Gewalt:
Bewache meinen Garten Du,
Vogelscheuche, immerzu.«

Legen Sie Ihre Haupthand (die, mit der Sie schreiben) auf die Vogelscheuche und schließen Sie den Zauber mit folgenden Zeilen:

»Zum Erntedank ist dieser Zauber gewirkt,
gebt, hohe Mächte, daß keinen Schaden er birgt!«

Eine Vogelscheuchen-Verzauberung des Überflusses

Bei dieser Verzauberung rufen Sie die Geschichte und Mythologie der Vogelscheuche, um Überfluß in Ihren Garten und Ihren Alltag zu bringen. Stellen Sie Ihre Vogelscheuche im Garten oder im Hof auf und wirken Sie den Zauber dann bei Sonnenaufgang oder Sonnenuntergang (dies sind die traditionellen Zwischenzeiten voll magischer Macht). Stellen Sie sich neben die Vogelscheuche, während Sie folgende Worte sprechen:

»Vogelscheuch' seg'ne die Gärten und Felder in ihrer Pracht
bei des Wassers, des Feuers, der Luft und der Erde Macht.
Überfluß bringen die Elemente bestimmt,
während um uns sich ihr vielfarb'ger Reigen entspinnt.«

Stellen Sie sich die vier Elemente mit ihren vier entsprechenden Farben Rot, Blau, Grün und Gelb vor, wie sie um Sie und die Vogelscheuche herumwirbeln. Strecken Sie Ihre Arme seitwärts aus, wobei Sie die Hände mit geöffneten Handflächen strecken. Stellen Sie sich vor, wie der vielfarbige Ring sich auf der Höhe Ihrer Knöchel zu drehen beginnt und sich dann schneller und schneller in die Höhe schraubt.

Versuchen Sie, sich selbst leise »Erde, Luft, Feuer, Wasser« vorzusingen, wieder und wieder, während sich die Energie aufbaut. Heben Sie nun langsam die Hände und bringen Sie die Energie mit sich nach oben, bis Ihre Ellenbogen gebogen sind und Ihre Hände sich auf Schulterhöhe befinden. Wenn Sie fühlen, daß die Energie hoch genug ist, dann senden Sie sie mit einer werfenden Bewegung Ihrer Hände aus; ducken Sie sich dann und berühren Sie mit Ihren Händen den Erdboden. Erden und zentrieren Sie sich. Schließen Sie den Zauber mit folgenden Zeilen:

»Magie, diesen Ort überall umgib,
sei gebunden im Boden, bringe Freude und Lieb'!«

Stehen Sie auf, bürsten Sie sich die Hände ab und gehen Sie in dem Wissen, daß der Überfluß seinen Weg zu Ihnen auf eine positive Weise finden wird.

Der Herbst ist die gereiftere Zeit,
die das, was sie uns an Blumen nimmt,
an Früchten wettmacht.

Samuel Butler

Herbstliche Kerzenmagie

Kerzenmagie geht zu jeder Jahreszeit. Aber warum sollte man nicht einige der herrlichen Herbstfarben und -themen in die besonders auf diese Jahreszeit angelegte Magie integrieren? Betrachten Sie doch die Kerzenmagie unter einem neuen Blickwinkel. Auch wenn sie bei den meisten Magiebenutzern die erste magische Fertigkeit ist, die sie erlernen, macht die persönliche Ausgestaltung von Magie diese ihnen ganz zu eigen und erhöht die Macht und Wirkung eines ansonsten eher einfachen Kerzenzaubers beträchtlich.

Die folgenden Kerzenfarben stellen tiefere, reichere Töne und Schattierungen dar, als man sie typischerweise mit den Herbstmonaten assoziiert. Also benutzen Sie die Korrespondenztabelle und genieren Sie sich nicht, Ihre eigenen Ideen und Traditionen der Liste hinzuzufügen. Viel Vergnügen beim Zaubern!

Kerzenfarbentabelle für den Herbst

ROT: Die Mutter, Leidenschaft, Liebe, Element Feuer, Schutz

ORANGE: Kreativität, Erntezeit, Glück, Energie

GOLDGELB: Element Luft, Wissen, Weisheit, Sonnenschein

METALLISCHES GOLD: Der Gott, die Sonne, Erfolg, Reichtum

TIEFES GRÜN: Element Erde, der grüne Mann, der Herr des Waldes, Gedeihen, glückliches Geschick, Heilung, Naturgeister

KÖNIGSBLAU: Element Wasser, Adel, Frieden, Hoffnung, Heilung

BRAUN/BRONZE: Glückliches Heim, Haustiere, Sicherheit, Erdung

BURGUNDERROT: Tiefere und stürmischere Leidenschaften, Sehnsucht, die Lebenskraft

TIEFES PURPUR: Feenmagie, Spiritualität, Schutz, Macht

SCHWARZ: Die greise Göttin, Entfernung negativer Kräfte, Schutz, Bannung

WEISS: Die Mädchengöttin, der Mond, Wahrheit, Neuanfänge, auch als Allzweckfarbe einsetzbar

Ein Kerzenzauber des Gottes und der Göttin

In diesem Kerzenzauber kommt eine Kerzentriade zum Einsatz: einmal Rot, einmal Orange und einmal Gelb. Ich habe einen Tick mit Votivkerzen, denn die sind billig und in vielen Duftnoten erhältlich. Aber wenn Sie da traditioneller denken und lieber mit Wachskerzen arbeiten, dann arbeiten Sie auf jeden Fall mit der Variante, die für Sie am besten funktioniert.

Dieser besondere Zauber ruft Sie dazu auf, ein größeres Bewußtsein dafür zu entwickeln, wie sich die Magie in Ihrem Leben manifestiert, so daß Sie, wenn der Zauber vollendet ist, erwarten können, etwas aufmerksamer für die Zauber zu sein, die Sie normalerweise ungesehen umgeben. Ein guter Zeitpunkt zum Wirken dieses Zaubers ist der Tag der Herbst-Tagundnachtgleiche. Eine weitere Option wäre ein Vollmond oder während einer Phase des zunehmenden Mondes, um Ihre magische Sensibilität zu erhöhen.

Stellen Sie anfangs drei Kerzen in zusammenpassenden Leuchtern auf. (Achtung bei Weihekerzen: Diese werden schnell flüssig und hinterlassen eine ziemliche Sauerei, wenn man sie nicht in entsprechenden Behältnissen aufstellt.) Arrangieren Sie die gewählten Kerzen zu einem Dreieck und nehmen Sie sich einen Moment Zeit, um sich zu erden und zu zentrieren. Schließen Sie die Augen und denken Sie darüber nach, welche Segnungen Sie in diesem Herbst gerne in Ihr Leben holen würden. Stellen Sie sich vor, wie Sie offener und aufmerksamer die subtilen Wege wahrnehmen, auf denen die Magie Ihr Leben durchzieht.

Nehmen Sie sich nun einen weiteren Moment Zeit und denken Sie daran, dem Herren und der Herrin für all das zu danken, was sie Ihnen gegeben haben. Wenn Sie sich bereit fühlen, öffnen Sie die Augen und zünden Sie die Kerzen in der Reihenfolge Rot, Orange und Goldgelb an. Wiederholen Sie dann folgenden Zauberspruch:

»Rot, Orange und Gold - sieh der Kerzen Schein!
Wie in alten Tagen soll heut' Magie erneuert sein.
Rot steht für die Mutter, Orange steht für die Ernt',
Goldgelb für den Reichtum und des Waldes Herrn.
Mögen diese Kerzen Magie mir bald verleih'n,
da harmlos ist der Zauber, muß es auch so sein!«

Lassen Sie die Kerzen an einem sicheren Ort herunterbrennen. Geben Sie sich ein paar Tage Zeit und sehen Sie, ob Sie eine neue Ebene magischer Aufmerksamkeit erreicht haben.

Äquinoktien-Kerzenritual der Balance

Dieser Kerzenzauber ruft Balance und Harmonie auf Sie herab. Wenn Sie sich noch an Kapitel 2 erinnern, sind dies die traditionellen Themen der Herbstmonate und ganz besonders zur Zeit des Sternbilds Waage (23. September bis 22. Oktober). Eine besonders passende Zeit zum Wirken dieses Zaubers ist die Zeit des Sonnenuntergangs. Wenn Sie das erste Viertel der Mondphase erwischen, ist das sogar noch besser. Warum gerade diese Zeit? Nun, während der westliche Himmel von den rosenfarbigen Schattierungen des Sonnenuntergangs erleuchtet wird, wird der neue zunehmende Mond sichtbar, knapp über dem westlichen Horizont. Dies ist eine Zeit unbegreiflicher magischer Macht.

Sie benötigen:

- eine weiße Votivkerze
- eine schwarze Votivkerze
- zwei Kerzenhalter
- Feuerzeug oder Zündhölzer
- eine sichere, flache Oberfläche, auf der Sie den Kerzenzauber durchführen können
- eine Handvoll schönes Herbstlaub

Stellen Sie das Ganze im Freien auf, wenn möglich. Gehen Sie hinaus und tauchen Sie in die Atmosphäre ein! Für diesen Zauber empfehle ich Votivkerzen in entsprechenden Schalen. Sie sollten vor herbstlichen Brisen geschützt sein und Sie können sie mit Leichtigkeit hineintragen, wenn Sie fertig sind, so daß sie gefahrlos weiterbrennen können. Arrangieren Sie die Blätter um die Schalen herum und wiederholen Sie folgenden Vers dreimal:

»Zu den Äquinoktien sind Tag und Nacht im Gleichgewicht,
es kehrt zurück die Harmonie und es weichet,
was behindert mich.
Eine weiße Kerze steht für das Licht und des Guten Macht,
Schwarz für das Unerwünschte und die Macht der Nacht.
Hört meinen Ruf in dieser Herbstesnacht, wißt,
mein Will' ist rein,
Ihr Götter, segnet mich, der ich steh im Mondenschein.«

Halten Sie Ihr Gesicht dem Mond entgegen und genießen Sie eine Zeit lang den Abend. Wenn Sie das Gefühl haben, fertig zu sein, stecken Sie das Blatt ein, das Sie am liebsten haben, und bringen Sie vorsichtig die brennenden Kerzen hinein. Erlauben Sie es den Kerzen, an einem sicheren Ort herunterzubrennen, und behalten Sie das Blatt als Andenken an den Zauber. Mögen Harmonie und Glück bald ihren Weg zu Ihnen finden!

O wilder Westwind,
Du Atemhauch des Herbstes selbst …

Percy Bysshe Shelley

Herbstäquinoktien-Ritual für eine Person

Es kann jedoch auch leicht in ein Gruppenritual umgewandelt werden, wenn Sie das wünschen.

Sie benötigen:

- eine purpurne Votivkerze
- eine goldgelbe Votivkerze
- zwei zusammenpassende Votivkerzenhalter

- einen kleinen Teller
- einen Haufen Weintrauben
- eine Ähre getrockneten Zierkorns und einige Weizenhalme; ein oder zwei Scheiben Vollkornbrot oder einige Kekse
- einen Kelch voll mit Wein oder Traubensaft

Bereiten Sie den Ritualbereich vor. Entzünden Sie die Votivkerzen und arrangieren Sie die Trauben für Dionysos und das Brot oder die Kekse für Demeter. Füllen Sie Ihren Ritualkelch mit Wein oder Traubensaft, ganz wie Sie wollen. Wenn Sie es wünschen, geben Sie ein paar schöne Herbstblumen hinzu oder eine Handvoll sich verfäbender Blätter und verschönern Sie so den Ritualbereich und haben Sie Spaß. Wenn Sie bereit sind, beginnen Sie, die vier Elemente anzurufen.

ANRUFUNG DER ELEMENTE

Beginnen Sie im Osten:

> »Element der Luft, um Wissen und Weisheit ich rufe Dich,
> segne in diesem Herbst mit Deinen Gaben mich.«

Wenden Sie sich an den Süden:

> »Element des Feuers, meine Tage Du erhell',
> bringe Erleuchtung und Leidenschaft mir schnell.«

Nach Westen gewandt sprechen Sie:

> »Element des Wassers, komm zu meinem Zirkel hier
> und bringe hier und jetzt den Frieden und die Einsicht mir.«

Schließen Sie mit dem Norden ab:

> »Element der Erde, vollendet ist das Werk,
> ich sei dauerhaft von Deiner Macht gestärkt!«

SCHLAGEN DES ZIRKELS

Sprechen Sie:

»Geschlagen ist der Zirkel gut, oben und unten
kreisen die Elementarmächte und halten meine Magie.«

ANRUFUNG DES GOTTES DIONYSOS UND DER GÖTTIN DEMETER

Sprechen Sie:

»Die Herbst-Tagundnachtgleiche bringt die Ernte von Frucht und Korn. Ich rufe Dionysos, Gott des Weins, und die Göttin der Saaten, Demeter. Herr und Herrin der Ernte und der fruchtbringenden Erde, segnet mich während dieser verzauberten Herbsteszeit. Mit den Herbstäquinoktien tritt eine Zeit ein, in der die Stunden des Lichtes und der Dunkelheit im Gleichgewicht sind. Helft mir, Balance und Harmonie im Inneren zu finden. Schenkt mir Eure Weisheit und erinnert mich daran, dankbar für all den Segen zu sein, den ich in meinem Leben erfahre.«

Nippen Sie ein paarmal an dem Wein und trinken Sie dann den Erntegöttern und -göttinnen zu und halten Sie mit den Weintrauben und dem Brot oder den Keksen eine einfache Mahlzeit. Heben Sie eine kleine Menge Wein bzw. Saft für die Götter auf.

KERZENZAUBERSPRUCH

»Mit den Erntefarben Purpur und Goldgelb
wird mein Leben bald von Segen und von Überfluß erhellt.
Goldhaarige Demeter und Dionysos vom Wein
bringen Gedeihen und Leidenschaft dank diesem Hexenreim.
Die Magie wird frei, wenn die Kerze verbrennt,
ist sie erloschen, ist der Zauber zu End'.«

DANK AN DEN GOTT UND DIE GÖTTIN

»Demeter und Dionysos dank ich für ihre Sorg' und Zeit
und dem Ritaul ich nun bei der Elemente Macht
ein End' bereit!«

Schütten Sie den Rest des Weins oder Saftes als Opfer für die Götter auf den Boden. (Wenn Sie das Ritual drinnen ausführen, warten Sie, bis das Ritual vorüber ist, und gehen Sie dann mit dem Rest des Weines oder Saftes hinaus, um ihn auf den Boden zu schütten.)

ENTLASSUNG DER ELEMENTE

Entlassen Sie die Elemente und öffnen Sie den Zirkel, wobei Sie im Norden beginnen. Wenden Sie sich beim Beginn jeder neuen Zeile um, um in eine neue Richtung zu blicken.

»Element der Erde, ich danke Dir, daß Du mir in dieser
Nacht Stärke und Festigkeit verliehen hast.«

Wenden Sie sich nach Westen:

»Element des Wassers, ich danke Dir, daß Du mich
mit liebevollen Gefühlen gesegnet hast.«

Bewegen Sie sich Richtung Süden:

»Element des Feuers, Dank sei Dir tausendfach für
Deine Leidenschaft und Dein strahlendes Licht.«

Schließlich schauen Sie nach Osten:

»Element der Luft, ich danke Dir für die Winde
der Veränderung, die nun durch mein Leben wehen.«

ÖFFNUNG DES KREISES

»Geöffnet ist der Kreis, doch ungebrochen, fröhlich das Treffen, fröhlich das Scheiden und fröhlich das Wiedersehen.«

ERDUNG UND ZENTRIERUNG

Lassen Sie sich auf dem Boden nieder und lassen Sie Ihre Hände auf dem Boden ruhen. Ziehen Sie stabilisierende Energie aus der Erde, nehmen Sie einige tiefe Atemzüge und zentrieren Sie sich. Stehen Sie nun auf, wischen Sie Ihre Hände ab und räumen Sie Ihre Hilfsmittel auf. Lassen Sie die Zauberkerzen an einem sicheren Ort herunterbrennen, bis sie von selbst ausgehen.

Kapitel 8

Das Fest der Erntezeit

Zahllose Menschen haben in meiner Küche gegessen und danach normal weitergelebt.

Bekanntes Sprichwort

Dieses Kapitel habe ich mit einigem Zittern zu schreiben begonnen. Tatsächlich würde jeder, der mich besser kennt, den Gedanken, daß ich über das Kochen schreibe, höchst erheiternd finden. Ich kann kochen, aber ich mag es einfach nicht. Ich liebe das Backen und bekomme einen mittelmäßigen Pie oder Kuchen hin oder sogar Torten, wenn ich nach Anleitung arbeite, aber das ist in meinen Augen Kochen zum Vergnügen. Ein Abendessen zu kochen ist viel mehr wie Arbeit. Also entschied ich mich, dieses Kapitel als den perfekten Grund zu sehen, etwas Neues zu lernen und meine Kochfertigkeiten zu verbessern, die höchstens als nichtssagend zu bezeichnen sind.

An meinen freien Tagen begann ich, mir einige Kochsendungen im Fernsehen anzusehen. Nun, es sah nicht allzu schwierig aus, es gab ein Rezept für Rosmarin-Knoblauch-Kartoffeln im Ofen, das fast idiotensicher klang. Ich dachte, ich wäre in der Lage, damit zurechtzukommen. Aufgeregt sprang ich von der Couch auf und begann, im Gewürzregal zu graben, das eigentlich das Reich meines Mannes ist. Da! In der Ecke des Kabinetts befand sich eine Knoblauchzehe aus dem Kräutergarten, sicher verschlossen in einer Plastiktüte.

Hmm... Ich rang einen Augenblick mit mir, ob ich nicht lieber richtigen Knoblauch verwenden sollte. Ich verachte den geriebenen Knoblauch, den mein Mann mit Vorliebe über alles streut, was nicht bei drei auf den Bäumen ist. Aber die Frau von der Kochsendung hatte gesagt, frischer Knoblauch sei mild. Ich entschied mich, es darauf ankommen zu lassen und herauszubekommen, wie er roch. Also zog ich ein großes Messer und trennte zwei Segmente aus der Zehe heraus. Sehr zufrieden mit mir zerstieß ich sie mit der flachen Seite des Messers, genauso wie die Frau aus der Sendung. Was kam als nächstes? Die Schale ging leicht ab und ich zerstückelte den Knoblauch so fein wie möglich. Und – Wunder des Wunders! – es roch vollkommen anders als der Knoblauchpuder. Ich gab den gehackten Knoblauch in eine Schale und eilte in den Kräutergarten, um frischen Rosmarin zu holen. Zurück in der Küche wusch und hackte ich ihn klein. Ich fühlte mich wie ein wahnsinniger Wissenschaftler und schrubbte einige Kartoffeln sauber, zerhackte sie und gab sie auf ein Backblech.

Als ich mich daranmachen wollte, das Ganze zusammenzufügen, kam eines meiner Kinder in die Küche und erwischte mich beim *Kochen.*

»Mama, was machst Du da?« fragte mich Kraig. Ich wurde rot, als ich erklärte, daß ich ein neues Rezept ausprobierte.

Statt zu antworten, starrte er mich an. »Brauchst Du Hilfe?« platzte es schließlich aus ihm heraus.

»Nein!« antwortete ich schnell. »Warum machst Du mir nicht Platz und ich finde heraus, wie sich die Sache entwickelt?«

Er murmelte etwas und verließ die Küche. Ich sah noch einmal nach, ob er auch wirklich weg und mein Mann noch draußen war, um die Steaks für das Essen vorzubereiten. Ja, ich hatte noch Zeit, alles in den Ofen zu schieben, bevor mich jemand erwischte. Schnell ging ich zum Schrank, grub das Olivenöl aus und beträufelte damit die Kartoffeln. Dann kam der Rosmarin und der gehackte Knoblauch zuoberst, und zum Schluß der lustige Teil: Ich sollte all das auf dem Backblech mit meinen Händen vermischen. Während ich mit großer Wonne ein riesiges Durcheinander anrichtete, sah ich auf, um festzustellen, daß meine drei Kinder die Küche betreten hatten und mich ansahen, als ob ich nun endgültig und vollständig den Verstand verloren hätte.

»Was machst Du, Mama?« fragte meine Tochter mich vorsichtig.

»Etwas Neues« antwortete ich gedankenverloren. Ich verteilte die Kartoffeln gleichmäßig auf dem Blech und bückte mich, um daran zu riechen. Hey, das roch wirklich gut! Ich machte eine Pause, um meine Hände zu waschen, schob das Blech in den Ofen und stellte die Uhr ein.

»Weiß Papa, daß DU kochst?«, fragte mich Kyle.

Ich seufzte und sah ihn durchdringend an. »Was bist Du, die Küchenpolizei?« fragte ich. Meine drei Teenager begannen, verschiedene sarkastische Kommentare loszulassen, und verließen lachend die Küche. Natürlich tauchte nach wenigen Augenblikken mein Mann in der Küche auf und wollte wissen, was ich vorhatte - die Kinder hätten gesagt, ich wolle Pommes machen. Ich bewachte den Ofenbereich und erklärte, daß dies etwas Neues wäre, was ich ausprobieren wolle, und nein, ich bräuchte keine Hilfe.

Nun, sehr zu meiner Freude (und der Überraschung meiner Familie) wurden die Kartoffeln wirklich gut (siehe das Rezept auf Seite 213). Ich hatte noch nie so viele Komplimente für etwas, das ich gekocht hatte, von meinen Kindern bekommen. Es brachte sogar meinen Mann dazu - der Gott sei Dank den Großteil der Kocherei erledigt -, den Knoblauchpuder aufzugeben und das richtige Zeug zu benutzen.

Während der nächsten Monate probierte ich, beflügelt von meinem Erfolg mit den Kartoffeln, noch weitere Rezepte aus. Und es machte mir tatsächlich Spaß. Wer hätte das gedacht? Ich kaufte sogar ein paar zusätzliche Küchengeräte, um das Kochen ein wenig zu erleichtern. Wenn also das Kochen nicht unbedingt Ihre Lieblingsbeschäftigung ist, dann versuchen Sie es trotzdem mit etwas Leichtem und sehen Sie, wie es Ihnen damit geht. Meine Kinder wären die ersten, die darauf hinweisen würden, daß, wenn *ich* etwas Schmackhaftes zum Essen machen kann, es *jedem* anderen auch möglich ist.

Kochen kann genauso ein Mittel sein,
sich aus auszudrücken, wie jede der Künste.

Fannie Farmer

Probieren Sie während der Herbstzeit, wenn wir dankbar für den Überfluß der Erde sind, ein paar zur Jahreszeit passende Rezepte aus. Einige davon sind alte Favoriten der Familie, andere sind großartig für Einladungen und wieder andere sind einfach Dauerbrenner. Aber das Wichtigste ist: Entspannen Sie sich in der Küche beim Experimentieren und haben Sie Spaß.

Truthahn-Zeittafel

Tauen Sie den Truthahn originalverpackt im Kühlschrank in einer flachen Schüssel auf. Rechnen Sie einen Tag für vier Pfund. (Es ist wichtig, den Vogel beim Auftauen kühl zu lagern, um das Wachstum von Bakterien zu verhindern.) Die Zeittafel ist sowohl für gefüllte wie für ungefüllte Truthähne und die Zeiten gelten nur näherungsweise (bei einem 325-Grad-Ofen).

Um mit einem Fleischthermometer festzustellen, ob der Truthahn durch ist, überprüfen Sie folgende Temperaturen: Er ist fertig, wenn er in den Schenkeln 180–185 Grad, im dicksten Teil der Brust, gerade oberhalb der Rippenknochen, 170 Grad und im Zentrum der Füllung 160–165 Grad erreicht hat. Der Ober- und Unterschenkel müssen sich zart anfühlen, wenn man sie mit dem Finger berührt.

GEWICHT	ZEIT, UNGEFÜLLT	ZEIT, GEFÜLLT
8–12 Pfund	2 1/4–3 Std.	3–3 1/2 Std.
12–14 Pfund	3–3 1/4 Std.	3 1/2–4 Std.
14–18 Pfund	3 3/4–4 3/4 Std.	4–4 1/2 Std.
18–20 Pfund	4 1/4–4 1/2 Std.	4 1/4–4 3/4 Std.
20–24 Pfund	4 1/2–5 Std.	4 3/4–5 1/4 Std.

Die Zubereitung von Wildbret

Ich erfuhr in meiner Ehe früh, daß ich beim Kochen das Spiel mitspielen mußte, das begann, als mein Mann Wild heimbrachte. Über die Jahre habe ich improvisiert und mit Enten, Gänsen und Fasanen experimentiert, die ihren Weg auf meinen Küchentisch gefunden haben. Wenn ich mich auch strikt geweigert habe, sie zu rupfen, mußte ich sie doch meistens kochen. Also bereitete mein Mann die Vögel vor und ich kochte die Gerichte, zu denen sie gut passen.

Ein wohlschmeckender Trick meines Mannes ist, die durch das Ausnehmen der Vögel entstehende Höhlung mit einem geviertelten Apfel oder einer Zwiebel zu füllen. Das nimmt dem Wildbret den »wilden« Geschmack und das starke Aroma, die es normalerweise aufweist. Wenn es fertig gebraten ist, werfen Sie den Apfel oder die Zwiebel weg, und Sie werden überrascht sein, wieviel besser das Fleisch schmeckt. Wenn Sie den Fasan oder die Ente füllen wollen, dann empfehle ich Ihnen, die Füllung in eine eigene Schale zu geben und Sie auf einer separaten Ebene des Ofens zu backen. Wenn sie der Füllung einen Touch von Geflügelaroma verleihen wollen, dann schütten Sie eine viertel bis eine halbe Tasse Hühnerbrühe auf die Oberfläche Ihrer Füllung, bevor Sie sie backen.

GEBRATENER FASAN

Heizen Sie den Ofen auf 350 Grad an. Reinigen Sie den Vogel und waschen Sie ihn gut ab. Bestreuen Sie die ausgehöhlte Innenseite mit Salz. Vierteln Sie einen Apfel und eine Zwiebel und geben Sie beides in die Höhlung. (Apfel und Zwiebel ziehen den »wilden« Geschmack heraus.) Nach dem Braten sollten Sie Apfel und Zwiebel wegwerfen. Bestreichen Sie die Haut des Fasans mit Butter, bevor Sie ihn in der Bratpfanne braten. Geben Sie nun den Fasan mit der Brust nach oben in eine Bratpfanne. Geben Sie eine halbe Tasse Wasser auf den Boden der Bratpfanne.

Legen Sie Speckstreifen über die Brust. Braten Sie das Ganze für 1-1½ Stunden. Übergießen Sie den Vogel mit Wasser und dem Sud, der sich während des Bratens am Boden der Pfanne absetzt.

WILDENTE

Heizen Sie den Ofen auf 325 Grad an. Reinigen Sie den Vogel und waschen Sie ihn gut ab. Bestreuen Sie die ausgehöhlte Innenseite mit Salz. Vierteln Sie einen Apfel und eine Zwiebel und geben Sie sie in die Höhlung. (Apfel und Zwiebel werden nach dem Braten weggeworfen.) Legen Sie die Ente mit der Brust nach oben in eine Bratpfanne. Legen Sie Speckstreifen über die Brust. Geben Sie eine halbe Tasse Wasser über die Brust. Braten Sie Wildente 15-20 Minuten pro Pfund. Übergießen Sie sie mit dem Wasser und den Säften, die sich während des Bratens auf dem Boden der Pfanne absetzen.

Kens und Ellens Füllung

Diese Füllung ist ein Konglomerat eines Rezepts meiner Mutter sowie eines Rezepts meiner Schwiegermutter. Meine Mutter benutzt keine Äpfel und meine Schwiegermutter benutzt Gänseklein, das ich widerlich finde. Dieses Rezept war ein Kompromiß, den mein Mann und ich geschlossen hatten. Über die Jahre hatte es einfach zu viele Streitigkeiten über die »korrekte« Art gegeben, wie man eine Füllung herstellt, so daß wir zum Schluß unsere eigene Version entwickelten. Das Rezept liefert genug Füllung für einen zehn Pfund schweren Truthahn.

- 1 Packen Margarine
- 1 gehackte Zwiebel
- 2 Selleriestangen, fein gehackt
- 2 entkernte und gehackte Äpfel (Schale dranlassen)

- 1 Laib Weißbrot, in kleine Stücke gerissen
- 1/2 Tasse Zucker
- 2 Eier
- 3–4 frische Salbeiblätter
- 1 ca. 12 cm langer Zweig frischer Rosmarin
- Muskatnuß zum Abschmecken
- Salz (zum Abschmecken)
- Pfeffer (zum Abschmecken)
- Etwas Milch, um die Füllung zu befeuchten

Schmelzen Sie die Margarine bei mittlerer Hitze. Braten Sie Zwiebel, Sellerie und Apfel in einer Kasserolle an, bis die Zwiebeln glasig werden. Haben Sie ein gutes Auge darauf, Sie wollen schließlich nicht, daß die Zwiebeln braun werden. Nehmen Sie sie dann vom Feuer. Zerkrümeln Sie das Brot in einer großen Schüssel und geben Sie Zucker, Eier und Gewürze dazu. Waschen Sie die frischen Kräuter; streifen Sie die Blätter von dem Rosmarinzweig und werfen Sie den hölzernen Stamm weg. Hacken Sie den Rosmarin klein und geben Sie ihn zur Sauce hinzu.

Mischen Sie die Zutaten mit den Händen und geben Sie dann vorsichtig die angebratenen Zutaten hinzu. Verrühren Sie alles mit einem großen Löffel oder vermischen Sie es, wenn Sie abenteuerlustig sind, mit den Händen (es ist jedoch heiß). Geben Sie etwas Milch zur Füllung hinzu; sie sollte nun feucht sein und sich ein wenig klebrig anfühlen.

Zu diesem Zeitpunkt des Spiels wollen Sie vielleicht ein wenig von der Füllung versuchen, um zu überprüfen, ob sie noch etwas Salz oder Rosmarin braucht. Wegen der rohen Eier würde ich keine großen Experimente machen. Füllen Sie nun den Truthahn; alles, was übrigbleibt, kann separat in einem Backgefäß gebacken werden.

Wenn Rindfleisch der König des Fleisches ist,
dann ist die Kartoffel die Königin der Welt.

Irisches Sprichwort

Rosmarin-Knoblauch-Kartoffeln

Dies ist das Rezept, das ich zu Beginn des Kapitels erwähnt habe. Und wie bei vielen Hausrezepten, so hat man auch hier bei Zutaten und Mengen einen gewissen Freiraum. Hier kann man leicht mehr oder weniger machen. Das Ganze schmeckt wie gewürzte Pommes frites.

- 6–8 Bratkartoffeln
- 2 Knoblauchzehen, fein gehackt
- 1 ca. 12 cm langer Zweig Rosmarin
- Olivenöl
- Salz und Pfeffer (zum Abschmecken)

Heizen Sie den Ofen auf 400 Grad ein. Reinigen Sie die Kartoffeln und lassen Sie die Schale dran. Schneiden Sie sie in hübsche Brocken von ungefähr 2,5–4 cm Durchmesser. Legen Sie die Kartoffeln auf ein Backblech. Zerdrücken Sie nun die Knoblauchzehen und entfernen Sie die Schale. Dann fein zerstoßen über die Kartoffeln verteilen. Entfernen Sie die Blätter vom Rosmarinzweig und werfen Sie den hölzernen Stengel weg; hacken Sie die Blätter klein und geben Sie sie hinzu. Besprengen Sie die Kartoffeln und die Kräuter mit Olivenöl und rühren Sie alles mit sauberen Händen gut zusammen. Breiten Sie die Kartoffeln gleichmäßig aus, bestreuen Sie sie mit Salz und Pfeffer und backen Sie sie für 30–40 Minuten. (Die Kochzeit kann sehr davon abhängen, wie viele Kartoffeln Sie benutzen, also behalten Sie sie gut im Auge.)

Käseüberbackener Kürbis

- 7 mittelgroße gelbe Kürbisse
- 1/2 Teelöffel Salz
- 2 Eier, getrennt
- 1 Tasse voll Sauerrahm
- 2 Eßlöffel Mehl
- 2 Tassen feingeriebener Cheddarkäse
- 8 Streifen Speck, gekocht, getrocknet, zerkrümelt
- 1/3 Tasse einfache Brotkrumen
- 1 Eßlöffel Butter
- Antihaft-Küchenspray

Waschen Sie die Kürbisse und schneiden Sie die Stengel ab. Geben Sie die Kürbisse in einen Topf mit kochendem, gesalzenem Wasser. Lassen Sie sie für 15–20 Minuten kochen, bis die Kürbisse zart sind. Lassen Sie sie trocknen und etwas abkühlen. Schneiden Sie die Kürbisse fein auf und bestreuen Sie sie mit etwas Salz.

Schlagen Sie das Eigelb fest und rühren Sie dann den Sauerrahm und das Mehl unter. Schlagen Sie das Eiweiß in einer separaten Schüssel, bis sich ein fester Schirm formt; falten Sie diesen in die Eigelb-Mixtur ein.

Schichten Sie die Hälfte der Kürbisse, die Eimixtur und den Käse in eine 33 x 22 cm große Backform, die bereits zuvor mit Antihaft-Küchenspray eingesprüht wurde. Streuen Sie den zerkrümelten Speck auf die Oberfläche. Geben Sie darauf schichtenweise die verbleibenden Kürbisse, die Eimixtur und den Käse. Kombinieren Sie die Brotkrumen mit dem Butter und verteilen Sie sie auf der Oberfläche. Backen Sie das Ganze bei 350 Grad für 20–25 Minuten. Reicht für acht Personen.

Shoepeg-Mais-Schmorpfanne

- Eine Dose (weißer) Shoepeg-Mais
- 1/2 Tasse geriebener Cheddarkäse
- 1 425-Gramm-Dose grüne Bohnen französischer Art
- 1 Dose Pilzcreme-Suppe
- 1/2 Tasse Sauerrahm
- 1 Eßlöffel gehackte, getrocknete Zwiebeln
- Etwas Salz
- Antihaft-Küchenspray

Besprühen Sie die Backform leicht mit Antihaftspray. Verbinden Sie den Mais, den Käse, die Bohnen, den Sauerrahm, die Zwiebeln und das Salz. Geben Sie alles in eine 21 auf 11 cm große Schmorpfanne. Backen Sie das Ganze in einem auf 350 Grad angeheizten Ofen für 35 oder in einer Mikrowelle für 10 Minuten. Ergibt 6–8 Portionen.

Vegetarische Spinatlasagne

Ich habe dieses Rezept von meinem Freund Scott. Es ist so leicht vorzubereiten, daß sogar ich damit zurechtkomme und es wirklich großartig wird.

- 1 Schachtel Lasagnenudeln
- 2 Packungen gefrorener Spinat, getaut und getrocknet
- 1 Portion Ricotta-Käse
- 1 Ei
- 2 Tassen kleingeschnittener Mozzarella
- 1 Tasse geriebener Parmesankäse

- 1 Stück Butter, in kleine Teile geschnitten
- 1 340-g-Packung Spaghetti-Sauce (egal welcher Geschmacksrichtung)
- Antihaft-Küchenspray

Kochen Sie die Lasagnenudeln nach Verpackungsanweisung. Lassen Sie sie trocknen und spülen Sie sie mit kaltem Wasser ab. Vermischen Sie den Ricotta, den Spinat und die Eier in einer mittelgroßen Schale und stellen Sie diese beiseite.

Besprühen Sie eine 33 auf 22 cm große Bratpfanne mit Antihaftspray und fangen Sie mit dem Anfertigen der Lasagne an, indem Sie eine Lage Nudeln hineingeben. Geben Sie große Klumpen der Ricotta-Mixtur auf die Nudeln. Als Nächstes kommen die Sauce, der Mozarella- und der Parmesankäse. Lassen Sie die Schichten aus Nudeln, Sauce und Käse einander abwechseln. Betupfen Sie die Oberseite mit Butter.

Bedecken Sie alles mit Folie und lassen Sie es bei 350 Grad für eine Stunde oder bis zum Blasenwerfen backen. Nehmen Sie für ungefähr die letzten zehn Minuten die Folie ab.

Doras Weintrauben-Gelee

Dieses Rezept ist sehr altmodisch; es stammt von der Großmutter meines Mannes und die Anweisungen sind eher, vage. Aber meine Schwiegermutter schwört auf dieses Rezept und hat es über die Jahre viele Male ausprobiert. Versuchen Sie sich selber daran und sehen Sie, was dabei herauskommt. Es gibt keinen Gradmesser bis zu dem Augenblick, da der Saft zu Gelee wird, aber meiner Schwiegermutter Janet zufolge gilt folgende einfache Regel: Je mehr Trauben Sie verwenden, desto mehr Gelee kommt heraus.

Füllen Sie einen Kochtopf mit Concord-Weintrauben – vergessen Sie aber nicht, die Stengel zu entfernen. Sie müssen kein Wasser hinzugeben, der Saft fließt ganz von selbst. Zerstampfen und kochen Sie die Trauben. Die Kochzeit kann variieren - alles, was übrigbleibt, sind die Samen, die Traubenhäute und der Saft. Schütten Sie diese gekochte Mixtur in ein Seihtuch und lassen Sie sie über Nacht in eine große Pfanne abtropfen. Der sich so ansammelnde Saft wird zu Gelee verarbeitet. Janets Anweisungen zufolge soll man das Tuch nicht wringen, um mehr Saft zu erhalten, sondern es von alleine trocknen lassen. Am Morgen werfen Sie dann den Sack mit den Überresten weg. Bereiten Sie das Gelee mit jeweils nur einer Tasse voll auf einmal vor. Lassen Sie eine Tasse Saft aufkochen. Geben Sie 1½ Tassen Zucker hinzu und warten Sie, rühren Sie diesen, bis er sich auflöst. Lassen Sie dies aufkochen und nehmen Sie es dann vom Feuer. In sterilisierte Töpfe geben. Wenn das Gelee abgekühlt ist, mit Paraphinwachs versiegeln.

Janets Apfelbutter aus dem Topf

- Knapp 2,5 kg geschälte und entkernte Äpfel
- 1¼ Teelöffel Anissamen
- 4 Zimtstangen, zerstoßen
- 1 Tasse Wasser
- 2½ Tassen Zucker
- 1 Teelöffel echter Zitronensaft

Geben Sie Wasser auf die Äpfel und kochen Sie sie, bis sie die Konsistenz von Apfelsauce angenommen haben (Apfelsauce ist klumpig). Passieren Sie sie nun durch eine Mühle oder durch einen Filtriertrichter, um die Klumpen zu entfernen. Gießen Sie die Apfelsauce nun in den Topf, decken Sie diesen ab und kochen Sie alles auf hoher Hitzestufe für etwa sechs Stunden. Geben Sie dann den Zitronensaft und den Zucker hinzu. Knoten Sie den Zimt und den Anis in ein Seihtuch ein, geben Sie

sie in die Mixtur und lassen Sie sie für ungefähr zwei Stunden kochen, bis das gewünschte Aroma erreicht ist. Entfernen Sie dann diesen Gewürzbeutel und lassen Sie es für weitere zwei Stunden kochen, bis sich die Farbe und die Konsistenz von Apfelbutter einstellen. Bitte denken Sie daran: Die Kochzeit beträgt insgesamt ungefähr zehn Stunden.

Das Leben ist ungewiß.
Essen Sie den Nachtisch zuerst.

Ernestine Ulmer

Großmutter Dorothys Kuchenkruste

Die folgende Kuchenkruste ist ganz nach meinem Geschmack; mit anderen Worten, sie geht ganz einfach. Das Rezept funktioniert immer. Wenn Sie die Kruste ausrollen, dann empfehle ich, dies auf einer Schicht Wachspapier zu tun, die mit Mehl bestäubt ist. Sie können das Küchenbord so wesentlich schneller aufräumen.

- 1 Tasse Mehl
- 1/2 Teelöffel Salz
- 1/3 Tasse + 1 Eßlöffel Backfett
- 2 Eßlöffel Wasser

Schneiden Sie die trockenen Zutaten mit einem Pastetenmischer zu feinen Krumen. Geben Sie Wasser hinzu und verühren Sie alles mit einer Gabel, bis sich ein Ball formt. Rollen Sie diesen auf Wachspapier aus, das mit Mehl bestäubt ist. Und Abrakadabra, sie haben eine Kuchenkruste! Ergibt eine Kruste.

Streuselkruste für Kuchen

Hier ist eine Alternative, falls Sie lieber eine Streuseloberfläche als oberste Kuchenschicht, statt einer herkömmlichen Kruste mögen. Auch diese geht sehr schnell und leicht.

- 1/2 Tasse Zucker
- 3/4 Tasse Mehl
- 1/3 Tasse Butter

Mischen Sie Zucker und Mehl. Geben Sie die Butter mit einem Pastetenmischer zu, bis sich die Form kleiner Streusel ergibt. Geben Sie dies auf die Oberfläche der Kuchenfüllung und backen Sie es.

Apfelkuchen für tiefe Formen

Pastete für einen 20-cm-Kuchen mit zwei Krusten.

- 1/2 Tasse Zucker
- 3 Eßlöffel Mehl
- 1/4 Teelöffel Muskatnuß
- 1/2 Teelöffel Zimt
- 1 Prise Salz
- 5 Tassen geschälte und dünn geschnittene herbe Äpfel. (Das sind etwa fünf mittelgroße Äpfel. Probieren Sie Granny Smith, McIntosh oder Golden Delicious, das sind gute Äpfel zum Backen)
- 2 Eßlöffel Butter, in kleine Stücke geschnitten

Heizen Sie den Ofen auf 425 Grad an. Rollen Sie die Kuchenkruste aus und geben Sie sie in eine Pfanne. Vermischen Sie Zukker, Mehl, Muskat, Zimt und Salz in einer großen Rührschüssel. Rühren Sie die Äpfel in diese Mischung - so lange, bis sich ein richtiger Überzug gebildet hat. Plazieren Sie die Apfel-Mixtur in eine für Pasteten geeignete Form. Geben Sie die Butter auf die Oberfläche der Mixtur. Bedecken Sie die gehäuften Apfelschnitten nun mit der Kruste für die Oberseite. Falten Sie den Rand der Kruste ein und schneiden Sie ein paar Schlitze in die obere Kruste, so daß der Dampf entweichen kann; backen Sie den Kuchen, bis die Kruste braun ist und der Saft durch die Schlitze in der Kruste läuft, etwa 40–50 Minuten. Eventuell sollten Sie den eingeknickten Rand der Kruste mit einem Streifen Alufolie bedecken und diese erst während der letzten 15 Minuten der Backzeit entfernen, um eine zu starke Bräunung zu vermeiden.

Zuckerfreie Apfelkuchenfüllung

- 8 Tassen Äpfel, geschält und in Streifen geschnitten
- 3 Eßlöffel Tapioka
- 1 Tasse aufgetauter, zuvor gefrorener Apfelsaftkonzentrat, unverdünnt
- 1/2 Teelöffel Zimt
- 1/4 Teelöffel Muskatnuß
- 2 Eßlöffel Margarine

Mischen Sie die Äpfel, das Tapiomka, den Apfelsaft, den Zimt und den Muskat. Gießen Sie dies in eine Kuchenform und geben Sie tropfenweise die Margrine darauf. Nun die obere Kruste auflegen. Bei 425 Grad für 15 Minuten backen lassen. Hitze auf 350 Grad reduzieren und für weitere 45 Minuten backen lassen.

Brombeerkuchen

- 1 Viertelmaß[1] frische Brombeeren
- 1 Eßlöffel Zitronensaft
- 1/4 Tasse brauner Zucker
- 1/2 Tasse Zucker, 2 Eßlöffel Mehl
- 1/4 Teelöffel Muskatnuß

Vermischen Sie alle Zutaten in einer großen Schüssel. Geben Sie die entstehende Mischung in eine Kuchenform und bedecken Sie sie mit einer Kruste. Schneiden Sie einige Öffnungen in die Kruste, so daß der Dampf entweichen kann. Bei 350 Grad für 60 Minuten backen lassen.

Ernteäpfel-Kopfüber-Kuchen

Oberseite:

- 3 Eßlöffel geschmolzene Butter
- 1/3 Tasse abgepackter brauner Zucker
- 1/3 Tasse gehackte Walnüsse
- 1/2 Teelöffel gemahlener Zimt
- 2 mittelgroße Äpfel, geschält und in Streifen geschnitten

Kuchen:

- 3 1/3 Tassen Backmischung
- 1/3 Tasse Zucker

---

[1] Entspricht etwa 0,95 l. Anm. d. Übers.

- 3/4 Teelöffel Zimt
- 1 Tasse Milch
- 1/3 Tasse Gemüseöl
- 2 Eier

Heizen Sie den Ofen auf 350 Grad vor. Schmelzen Sie die Butter und beträufeln Sie damit den Boden einer 22-cm-Backform. Mischen Sie in einer kleinen Schüssel den braunen Zucker, die gehackten Nüsse und den Zimt. Alles gut vermengen. Verteilen Sie diese Mixtur gleichmäßig über die geschmolzene Butter. Arrangieren Sie die Apfelschnitten auf den Nüssen und Gewürzen.

Mischen Sie für den Kuchen die Backmischung, den Zucker und den Zimt. Geben Sie die Milch, das Öl und die Eier hinzu und vermischen Sie alles so, daß die trockenen Zutaten gerade befeuchtet sind. Gießen Sie diese Mischung gleichmäßig über die Äpfel. Lassen Sie es für 35–40 Minuten backen, dann für 10 Minuten abkühlen. Lockern Sie dann die Kanten des Kuchens mit einem Messer und stülpen Sie ihn vorsichtig auf eine Servierplatte oder einen Teller um. Warm mit der geschlagenen Oberseiten-Mischung servieren. Reicht für 12 Personen.

Kürbisbrot

- 3 Eier
- 2 Tassen Zucker
- 1 Dose Kürbisse
- 1 Tasse Gemüsöl
- 2 Teelöffel Vanille
- 3 Tassen Mehl
- 1 Teelöffel Salz

- 1 Teelöffel Backsoda
- 1 Teelöffel Backpulver
- 2 Teelöffel Zimt
- 1/2 Teelöffel Muskat
- 1/4 Teelöffel Gewürznelken
- 1/2 Tasse gehackter Nüsse (optional)

Schlagen Sie die Eier schaumig. Rühren Sie den Zucker, den Kürbis, das Öl und die Vanille unter. Geben Sie schrittweise die Zutaten und Gewürze hinzu. Rühren Sie nun die Nüsse unter. Gießen Sie dies in Brotformen, deren Boden zuvor gefettet wurde. Bei 325 Grad für 60–80 Minuten backen lassen. Für 10 Minuten in den Formen abkühlen lassen, dann das Brot herausnehmen und auf einem Drahtgitter vollständig abkühlen lassen.

NB: Sie können statt Kürbiss auch drei Tassen geriebener, frischer Zucchini nehmen und so ein wundervolles Zucchinibrot herstellen.

Apfelsaucen-Kekse

- 1/4 Tasse Butter oder Margarine, aufgeweicht
- 1 Tasse brauner Zucker, fest gepackt
- 1 Ei
- 2/3 Tasse Apfelsauce
- 2 1/2 Tassen Backmischung
- 1/4 Tasse Mehl
- 2 Teelöffel Jamaikapfeffer
- 1 Tasse Rosinen (optional)

Heizen Sie den Ofen auf 375 Grad an. Schlagen Sie die Butter, den Zucker und das Ei. Rühren Sie dann die verbleibenden trokkenen Zutaten unter. Geben Sie dies löffelweise in runder Form auf ein gefettetes Backblech. Für 10–12 Minuten oder so lange bis sich eine leichte Bräunung einstellt, backen lassen. Diese Kekse fangen an zu paffen, wenn sie durch das Backen weich werden und Biß bekommen.

Wenn eine unordentliche Küche
eine glückliche Küche ist,
dann muß meine
vor Glück wahnsinnig sein.

Bekanntes Sprichwort

Backtips, Küchenhinweise und spaßige Fakten

- Um die Frische von Backpulver zu überprüfen, mischen Sie einen Teelöffel Backpulver mit 1/3 Tasse heißem Wasser. Wenn die sich ergebende Mischung nicht schäumt, ist das Backpulver abgestanden und sollte weggeworfen werden.
- Eine einfache Art, auszurechnen, wie groß der Truthahn sein soll, den Sie diesen Herbst brauchen, um Ihre Familie und die Gäste sattzubekommen, ist, ein Pfund pro Person[1] zu veranschlagen. Das gibt Spielraum für Nachschlag und Reste.
- Wein zum Truthahn? Da funktioniert so ziemlich jeder, die Sorte ist ganz Ihnen überlassen. Früher, als ich noch in einer Weinhandlung gearbeitet habe, wurde dort üblicherweise ein trockener bis halbtrockener Wein empfohlen, so z. B. Riesling, Chardonnay oder ein Zinfandel. Als weitere Alternative läßt sich über Apfelmost nachdenken (gut gekühlt servieren).

---

[1] NB: Die Autorin rechnet in amerikanischen Pfund, wobei eines etwa 450g entspricht. Anm. d. Übers.

- Eines der frühesten Kürbisrezepte erschien 1655 in dem britischen Buch »Queens Closed Open«. Diese Version des Rezeptes enthält Thymian, Rosmarin, Zimt, Muskatnuß, Pfefferschoten und, ob Sie es glauben oder nicht, Knoblauch!
- Einer der wichtigsten Punkte beim Backen ist es, die Zutaten genau zu bemessen. Wenn Sie z. B. braunen Zucker abmessen, dann geben Sie den Zucker löffelweise in die Tasse und pressen sie ihn dann fest zusammen, um Lufteinschließungen loszuwerden. Breiten Sie die Oberfläche aller abzumessenden Zutaten mit der flachen Kante eines Messers gleichmäßig aus.
- Bevor Sie eine Käsereibe benutzen, sollten Sie diese leicht mit Salatöl bestreichen, dann ist sie nachher leichter zu reinigen.

Ein Mann, der von einer Frau
Basilienkraut annimmt,
wird sie immer lieben.

Thomas Morus

Allzweckzauber zur Segnung der Nahrung

Dies ist eine Art Allzweckzauber, um Speisen zu segnen oder zu verzaubern. Die Anweisungen sind schnell und einfach. Halten Sie das entsprechende Gericht in den Händen, erden und zentrieren Sie sich und konzentrieren Sie sich schließlich auf die Speise, die Sie zubereitet haben. Sprechen Sie folgende Worte:

»Gott und Göttin segnen diese Speise für die meinen und
für mich,
sie bringe Kraft uns, Liebe und alles, was gedeihlich.
Bei der Macht von Herd und Heim ist dieser Spruch gewirkt,
nach meinem Willen muß gelingen er, da keinen Harm
er birgt.«

Servieren Sie das Gericht und genießen Sie es!

Für den Menschen ist der Herbst
die Zeit der Ernte, des Einsammelns.
Für die Natur ist es die der Aussaat
und des Ausstreuens ins Weite.

Edwin Way Teale

Verhexte Tips und Tricks für natürliche Blumengewinde

Schauen Sie in dieser Zeit des Überflusses in die Natur und entdecken Sie ihre vielen wunderschönen und kostenlosen Geschenke, z.B. Blumen und Früchte, die sich spektakulär auf Ihrem Tisch ausnehmen würden. Man könnte sie verwenden, um den Eßstisch bei einem Familienfest zu schmücken oder auch bei einer Zusammenkunft mit Ihren magischen Freunden.

- Stecken Sie mehrere Tannenzapfen zusammen und binden Sie diese mit einem bronzefarbenen Band am Stiel eines Weinglases fest oder basteln Sie mit den verschiedenen Längen und Breiten des Bronzebandes einen Tischläufer. Geben Sie verschiedenfarbige Kürbisse in einem Korb hinzu. Verstreuen Sie etwas Herbstlaub auf dem Tisch, um ihm einen festlichen Anstrich zu verleihen.
- Arrangieren Sie drei rostig-orange Säulenkerzen auf Dreifüßen oder kleinen Tellern im Zentrum eines großen Weinkranzes. Schmücken Sie den Kranz mit Herbstlaub, wobei die Blätter die Dreifüße verstecken. Winden Sie Bast oder künstliche Bittersüßbeeren um den Kranz. Ich empfehle hierfür ernsthaft künstliche Beeren, ganz besonders in der Umgebung von Speisen.
- Basteln Sie ein zur Erntezeit passendes Pflanzengewinde mit einem gebündelten Haufen Weizengarben, ähnlich dem, der im letzten Kapitel beschrieben wurde. Arrangieren Sie die

Weizenhalme so, daß sie aufrecht stehen, und befestigen Sie sie mit einer hübschen Schleife in einer festlichen Herbstfarbe. Stecken Sie die Unterseite der Stengel in einen Topf aus Terrakotta und benutzen Sie diesen als Mittelstück auf dem Tisch.

- Statt Plastikbecher zu benutzen, wenn Sie Ihren Gästen warmen Apfelmost servieren, versuchen Sie es stattdessen doch mit ausgehöhlten Äpfeln. Höhlen Sie das Herz und das Zentrum eines größeren Apfels aus - Granny Smith oder Rome-Äpfel sind z. B. eine gute Wahl - und füllen Sie diesen mit warmem Most. Garnieren Sie ihn mit einer Zimtstange.

- Arrangieren Sie frische Blumen und Früchte in einem Kürbis. Schneiden Sie zur Vorbereitung des Kürbisses seine Oberseite ab (wie Sie es auch bei einem Laternenkürbis tun würden) und höhlen Sie die Innenseite aus. Füllen Sie nun die Kürbisschale mit wassergetränktem grünem Blumenschaum (trägt den Namen »Oasis«) auf und arrangieren Sie in diesem Schaum Blumen der Jahreszeit. Oder stellen Sie einen alten Krug in den Kürbis, füllen Sie ihn mit Wasser und arrangieren Sie die Blumen in dem wassergefüllten Krug. Benutzen Sie z. B. Fetthennen, Herbstrosen, Kornblumen, Hortensien oder Chrysanthemen. Vielleicht können Sie eine kleine Weinrebe in eine Blumenauswahl einbinden und das Ganze so arrangieren, daß es aussieht, als würden sie direkt aus dem Kürbis hervorquellen.

- Wenn Sie für die Erntefeiertage mal etwas anderes suchen, dann holen Sie sich einige Exemplare der cremig-weißen Kürbisse mit den Bezeichnungen »Lumina« oder »Ghost«. Es gibt auch weiße Miniaturkürbisse, die als »Baby Boo« bezeichnet werden. Stellen Sie sich diese Kürbisse in einem Arrangement auf Ihrem Tisch vor, dazu weiße Säulenkerzen und Efeuranken, die um die Kürbisse und die Füße der Kerzenhalter gewunden sind. Vielleicht wollen Sie auch etwas Feenstaub hinzugeben und etwas goldene Metallic-Farbe auf diesen blassen Kürbissen trockenbürsten. Wie wunderbar sähe dies bei einer Feier des Erntemondes oder einer Sabbatversammlung Ihrer Gruppe aus!

Wenn Tag und Nacht im Gleichgewicht
machtvoll und schwach die Sonn',
an den geringer'n Sabbaten, beginnt
der Hexen Fest mit Wonn'.

Doreen Valiente, »The Witches Creed«,
aus »Witchcraft for Tomorrow«

Speisesegen und heidnische Gebete

Ich habe den Eindruck, daß Wicca-Anhänger und Heiden oft beklemmt sind, wenn sie vor einer Mahlzeit gemeinsam ein Gebet sprechen sollen. Wie viele von Ihnen waren schon einmal im Haus eines Verwandten und haben, während jeder andere ein Gebet rezitiert hat, nur darauf gewartet, bis dies vorüber war, während Sie einfach ruhig und höflich dagesessen sind? Nun, haben Sie schon einmal darüber nachgedacht, Ihr eigenes Gebet zu erfinden? Wie wäre es mit etwas Einfachem, das man sprechen könnte, ohne unter Nicht-Heiden für Aufregung zu sorgen? Hier sind einige Ideen, die mir gekommen sind. Die ersten beiden sind ziemlich allgemein, so daß sie in der Gegenwart von Nicht-Heiden verwendet werden können, das dritte jedoch ist für den Sabbat der Herbst-Tagundnachtgleiche.

Erntegebet

»Zur Erntezeit danken dem Herrn und der Herrin
für ihre Gaben wir,
und bitten, daß Ihr segnet mit Gelingen, Liebe und Freude
die Speisen und uns hier.«

Allgemeines Tischgebet

»Wir danken für dieses Mahl,
das bereitet in Anmut und Lieb'.
Segen von oben gib.«

Sabbatgebet

»In dieser Nacht des Gleichgewichts
versammeln sich die Alten,
hier herrscht nur Lieb' und guter Will,
da kann Böses nicht walten.
Bringt Frieden uns und Gleichgewicht
und segnet dieses Mahl,
wenn wir die Herbstfeier begeh'n
und das Gleichgewicht der Stundenzahl.«

Zum Schluß dieses Kapitels sollten Sie daran denken, daß die Erntedankfeier weiten Raum für Interpretation und persönliche Gestaltung läßt. Wenn es in Ihrer Heimat ortsübliche Speisen gibt, die hier nicht aufgeführt sind, dann vernachlässigen Sie sie auf keinen Fall bei Ihren Herbstfeiern.

Ob Sie diesen Sabbat nun Mabon, Modron, Cornucopia, das Fest von Avalon oder Winter Finding nennen oder es einfach als Herbst-Tagundnachtgleiche bezeichnen, es bleibt immer eine Feier der Fülle der Erde und der Kornernte. Also kochen Sie Ihrer Familie etwas Schmackhaftes, das zur Jahreszeit paßt, und freuen Sie sich über all die unglaublichen Geschenke, die die Erde uns bietet.

Kapitel 9

Herbstpotpourri: Zauberkünste und magische Projekte

O! Herrlich die Herbsttage,
in ihrem klaren Sonnenschein …

Lionel A. Matott

Eines der besten Dinge dieser Jahreszeit ist, daß man sich wirklich leicht in den Geist dieses Feiertags einfinden kann. Es ist einfach und kostet nicht viel, einen Hauch der Schönheit der Natur in Ihr Haus zu bringen. Sie können farbenfrohe Blätter auf einem Wandbord verstreuen oder Miniaturkürbisse darauf arrangieren, oder auch Zierkorn oder Kürbisse in einer hölzernen Schale oder einem Korb. Lassen Sie all diese Farben und Erfahrungen in dieser Jahreszeit ihren Einfluß auf Ihre Ausübung der Kunst gewinnen. Stellen Sie sich all die wunderbaren magischen Projekte und zur Jahreszeit passenden Zaubersprüche vor, die Sie wirken könnten.

In diesem Kapitel möchte ich zeigen, wie man bezaubernde und speziell für diese Jahreszeit geeignete Verzauberung für das Haus erschafft. Auch gibt es eine Bastelanleitung für einen Herbstkranz aus Weinranken, künstlichen Weintrauben und Früchten der Saison; dieses Projekt ist eine Anrufung der Erntezeit und einiger Freuden und Leidenschaften des Dionysos. Wie wäre es damit, eine Herbstgirlande zu winden, mit blitzenden Lichtern und farbenfrohem Herbstlaub, die Ihre Haustür beschützt? Oder würden Sie gern kleine Laubkränze schmücken, die Sie zusammen mit Ihrem Zirkel oder Ihrer Gruppe für den Sabbat machen könnten? All dies geht schnell, kostet wenig und kann zum Erfolg und Schutz verzaubert werden.

Es gibt Anleitungen für Leuchtkörper mit Laubwerk, die Sie beim Sabbattreffen oder auch einer Vollmondfeier Ihrer Gruppe entlang des Bürgersteigs vor Ihrem Haus oder am Hauptweg durch Ihren Garten aufstellen können, die Ihrem Haus aber auch einfach so einen festlichen Anstrich verleihen, wenn Ihnen der Sinn nach ein wenig Magie steht. Auch finden sich Anweisungen für verhexte Kräuterseifen, die Kräuter und Körner enthalten. Und das Beste daran ist, daß diese einfachen und lustigen Zauberkünste ungefähr jeder bewältigen kann.

Und dann gibt es für all diese Hexenkünste natürlich jeweils einen passenden Zauberspruch oder eine Verzauberung. Am Ende des Kapitels werden auch drei der Jahreszeit entsprechende

Korrespondenztabellen aufgeführt, die Sie beim Zaubern unterstützen sollen, sodann auch eine Korrespondenzliste von Kristallen und Steinen für den Herbst. Und dann habe ich, wie immer, ein Zauber-Arbeitsblatt für Sie beigefügt. Erstellen Sie Kopien davon, so daß Sie ein Hilfsmittel haben, mit dem Sie selbst Herbstzaubersprüche und Verzauberungen erschaffen können. Benutzen Sie die Tabellen und das Arbeitsblatt aus diesem Kapitel, um Ihre Magie zu unterstützen, Zauber selbst zu erstellen und Ihrer Herbstmagie mehr Schwung zu geben. Also los, probieren Sie diese verzauberten Projekte und Zauberkünste aus und zücken Sie Ihre Kleberpistole. Dies ist der perfekte Anlaß, kreativ zu werden, Ihre Individualität zu feiern und die Kunst mit Ihren Herbstfeiern zu verbinden.

Alles war gebunden,
in Frucht und Blum' der Feen
und jede Blum' war mein.

Edgar Allen Poe

Weinlaubkranz für die Tagundnachtgleiche

Ein Traubenkranz ist die klassische Dekoration für diese Jahreszeit. Die Weintraube hat Verbindungen sowohl zu den lokalen Weinernten wie zu den den Äquinoktialfeiern, vom Hexenerntedank und den Erntefesten ganz zu schweigen. Verzaubern Sie den Kranz, um Liebe und Magie zu Ihnen nach Hause zu holen und während der farbenfrohen Herbsttage mit ein wenig von Dionysos' Leidenschaft und Enthusiasmus zu würzen.

- Ein Weinkranz (45-60 cm)
- 5 oder 7 künstliche Weinreben
- Weinlaub
- Ein dunkelpurpurnes Band

- Eine Klebstoffpistole
- Blumendraht, 24er-Umfang

Arrangieren Sie die Weintrauben und das Laub auf dem Weinkranz. Binden Sie eine Schleife und befestigen Sie sie, wo auch immer sie Ihnen gefällt. Es muß nicht immer genau in der Mitte an der Ober- oder Unterseite des Kranzes sein. Ich bringe die Schleife oft nicht genau im Zentrum an - das macht den Kranz in visueller Hinsicht interessanter. Eine andere Möglichkeit ist es, das Band durch den ganzen Kranz laufen zu lassen. Wenn Sie große Blumen - oder wie in diesem Fall größere Obstgebilde - einarbeiten, dann sollten Sie eine ungerade Zahl wählen, sonst sieht der Kranz aus wie eine Uhr. Wenn Sie dann alle Komponenten zu Ihrem Gefallen arrangiert haben, hängen Sie den Kranz auf und verzaubern ihn mit folgenden Worten:

»Siehst du des Dionysos Zeichen an diesem Kranz
von Wein?
Durch ihn wird Lieb und Zauberkraft in meinem Haus
für immer sein.
In dieser Herbstzeit hebe an die Magie,
meinem Heim bringe Gelingen, Glück und Weisheit sie.«

Metallischer Minilaubkranz

Dieses magische Projekt macht wirklich Spaß. Vielleicht machen Sie es das nächste Mal, wenn Sie sich mit Ihren magieinteressierten Freunden treffen, zusammen und verzaubern es dann auch gemeinsam. Wenn Sie nach hölzernen Restbeständen und zum Herbst passenden Gegenständen suchen, dann schauen Sie sich in einem Kunsthandwerksladen um. Die Holzreste gibt es oft in kleinen Päckchen von vier bis sechs Stück, so daß man sie gut teilen kann. Hier noch ein hilfreicher Hinweis: In den Monaten des Spätsommers und des Frühherbstes gibt es die meisten

Herbstgirlanden und Halloween-Accessoires, die Sie für Ihre jahreszeitlichen Handwerksprojekte verwenden können.

- Ein Miniatur-Weinkranz (ungefähr 15 cm Durchmesser)
- Ein kleiner dekorativer Besen
- Ein kleiner, hölzerner zunehmender Mond
- Ein kleiner hölzerner Stern
- Eine Herbstlaub-Girlande aus Metall
- Gelbe Acryllfarbe
- Orange Acrylfarbe
- Glitzer-Überlack (wenn Sie wollen)
- Eine flache 2,5-cm-Bürste
- Ein Liner-Pinsel
- Eine kleine dekorative Schleife, aus einem zur Jahreszeit passenden Band gebunden (etwa knapp zwei Meter)
- Etwa 45 cm eines dünnen Bandes, um den Aufhänger zu fertigen und den Besen zu verschönern
- Blumendraht, 24er-Durchmesser
- Drahtschneider und Schere
- Eine Klebstoffpistole für niedrige Temperaturen und Klebstoffstifte

Winden Sie die Girlande eng um den Kranz und schneiden Sie sie dann mit dem Drahtschneider ab. Sie können die Enden der Girlande entweder in den Kranz stecken oder auf der Rückseite mit einem Tropfen Heißkleber aus der Klebstoffpistole festkleben. Legen Sie ihn nun beiseite. Lackieren Sie den Stern und den Mond mit einer Grundschicht gelber Farbe. Legen Sie wenn nötig eine zweite Schicht darüber. Um die Kanten von Mond und Stern herauszuheben, verdünnen Sie die orange Farbe und lassen sie die Kanten des Sterns und des Mondes entlanglaufen, um den Eindruck von Schatten zu erzeugen. Nehmen Sie jetzt den Lidpinsel und unverdünnte orange Farbe und fügen Sie damit eine kleine Kurve auf dem Mond hinzu, um sein Auge darzustellen. Lassen Sie dies nun trocknen. Wenn alles getrocknet ist, können Sie es entweder mit Siegelmaterial überziehen oder auch mit schillerndem Glitzerlack, um es funkeln zu lassen. Wenn der Überlack getrocknet ist, befestigen Sie diese Holzstücke mit der Klebstoffpistole an dem Kranz (ich hänge den Besen auf neun Uhr, den Stern auf zehn Uhr und den Mond auf drei Uhr, die Schleife an die Unterseite, aber machen Sie das ganz so, wie es Ihnen gefällt). Binden Sie eine kleine einfache und dekorative Schleife und befestigen Sie sie mit Blumen-draht oder Kleber aus der Pistole an dem Kranz. Verschönern Sie den Griff des Miniaturbesens mit einem dünnen Band. Binden Sie mit einem Band eine Schlaufe, mit der Sie den Kranz an der Oberseite aufhängen können.

Wenn Sie fertig sind, verzaubern Sie den Kranz mit Macht- und Schutzkraft durch folgende Worte:

»Ein funkelnder Kranz bringt Magie überreich,
an der Wand oder Tür wirkt er Schutz auch sogleich.
Der Glanz des Metallaubs schirmt vor bösem Geschick,
Der Stern bringe Kraft mir, die Schleife bring' Glück.
Bei der Macht des Mond's und des Besens so klein
soll der Kranz mit Magie von meiner Hexenkunst
gesegnet sein.«

Beleuchtete Schutzgirlanden für den Herbst

Das nächste Projekt ist etwas für Sie, wenn Sie während der dunkler werdenden Tage Ihre Haustür auf eine festliche und der Jahreszeit entsprechende Weise schützen wollen. Holen Sie sich diesen Herbst in einem Kunsthandwerksladen ein paar künstliche Girlanden aus Herbstlaub und Beeren. Wenn Sie dem Ganzen ein paar Funken hinzufügen wollen, kaufen Sie noch einen Strang Miniaturlämpchen in Orange und winden ihn in die Girlande. Arrangieren Sie diese Girlanden über Ihrem Hauseingang und stecken Sie die Lichter in der nächsten günstig gelegenen Steckdose ein. Schalten Sie die Lichter in der Nacht an, dann haben Sie einen gut erleuchteten Eingangsbereich und einen festlichen Schimmer.

Ich hänge jeden Herbst eine beleuchtete Girlande über meiner Haustür auf. Ich benutze die Beleuchtung der Veranda mit einem Adapter, den ich anstelle der Glühbirne einschraube, und stecke dort die schmucken orange Lichter direkt an. Dann muß ich nur noch die Verandabeleuchtung von drinnen anschalten und die Lichter gehen an und erhellen die Veranda.

Hier ist ein kurzer Zauberspruch, um diese Saison-Girlanden zu verzaubern; außerdem verstärkt er noch die Schutzzauber an Ihrer Tür:

»Ich häng' auf die Girlande zu dieser Herbsteszeit,
mir und den Meinen bring Licht und Sicherheit!
Herbstpflanzen, bringt Schutz und Macht,
des Zaubers Entfaltung beginnt, umgibt uns und
hält über uns Wacht.
Bei den Mächten der Ernte, von Sonne und Mond,
da's niemandem schadet, wird mein Wille belohnt.«

Die nächt'gen Flammen, segensreich …

Shakespeare

Belaubte Leuchtkörper zur Erhellung der Nächte

Stellen Sie sich vor, wie es wäre, wenn Ihre Gäste beim nächsten Gruppentreffen von flackernden, verzauberten Leuchtkörpern begrüßt würden, die den Weg zu Ihrer Haustür erleuchten. Was für eine wunderbare Art, die richtige Stimmung für eine magische Zusammenkunft oder die Feier der Herbstäquinoktien zu erzeugen. Leuchtkörper kann man benutzen, wann immer einem danach ist – Sie müssen nicht erst bis Halloween warten.

An einige Dinge sollte man jedoch denken. Stellen Sie sicher, daß die Leuchtkörper an einem geschützten Platz stehen, wo sie nicht umfallen können. Halten Sie die Flammen in den Behältern niedrig, so daß jemand, der vorübergeht, nicht versehentlich eine offene Flamme streift. Und behalten Sie sie im Auge – Leuchtkörper im Freien dürfen nie unbeaufsichtigt sein.

- Glaskonservenbehälter
- Sand oder Katzenstreu (billige, geruchfreie; das ist kein Scherz, es funktioniert wunderbar und bremst sogar Feuer)
- Weiße Miniatur-Säulenkerzen
- Bast
- Ausgewählte Herbstblätter, Beeren und Seidenblumen

Kippen Sie eine Tasse Katzenstreu auf den Boden des Glasbehälters. Befestigen Sie darin die kleine Kerze. Nehmen Sie dann einige Blätter oder einen Zweig mit herbstlichen Beeren und binden Sie sie an den Hals des Behälters (halten Sie die Dekorationen einfach und klein). Binden Sie eine kleine Schleife und sorgen Sie dafür, daß alle Dekorationen nicht in die Nähe der Öffnung des Glases kommen. Schließlich wollen wir nicht, daß die Dekoration Feuer fängt. Wenn Sie die Behälter zu Ihrer Zufriedenheit dekoriert haben, stellen Sie sie entlang des Bürgersteigs an Ihrem Haus oder an den Stufen zu Ihrer Veranda auf. Wenn dann die Dämmerung eintritt, zünden Sie die Lichter an und sprechen folgenden Zauberspruch: Viel Vergnügen!

»Dunkle Herbstnacht wird hell von Eurem Licht,
belaubte Kerzen, erleuchtet meinen Weg für mich!
Bis ich Euch lösch', scheint beständig und treu,
es erstrahl' Euer Glanz, an dem ich mich freu'.«

Mit Lächeln und Seife wurd' es verzaubert …

Lewis Carroll

Kräuterseifen

Haben Sie sich je an der Herstellung von Melt-And-Pour-Seifen versucht? Das wäre ein schönes Projekt für einen Herbstnachmittag. Es macht Spaß, kostet nicht viel, riecht großartig und erlaubt Ihnen, magisch kreativ zu werden, alles auf einmal. Sie brauchen ein paar Haushaltsgeräte: ein paar Glasschüsseln, einen Meßbecher (mikrowellenfest), eine Mikrowelle oder einen Wasserbadtopf, wenn Sie über einer Flamme schmelzen wollen.

Die für die Seifenherstellung notwendigen Zutaten sind (zu besorgen in einem örtlichen Handwerksladen):

- Ein Block schmelzbare weiße Glycerinseife
- Seifenformen, Form nach Wahl
- Eine Packung Seifenfarbe (zum Beispiel eine mit Blau, Gelb und Rot)

- Duft: Nehmen Sie ein Öl mit Seifenduft, das sich in der Seifenabteilung findet
- Ätherische Öle, wenn Sie diesen Seifenduft vorziehen
- Beigaben, so z. B. Hafermehl, Honig oder Lavendelknospen

Sie werden bemerken, daß in diesen Rezepten die magischen Verbindungen der Kräuterzutaten für Sie aufgelistet sind. Das Beste am Seifenmachen ist jedoch, daß Sie experimentieren und Ihr eigenes Ding durchziehen können. Passen Sie den Duft Ihren Vorlieben an und verändern Sie auch die Farben, wenn Sie das wollen. Hier ist jedoch noch ein Tip: Wenn Sie die Seifen färben wollen, dann nehmen Sie nur Farbe, die auch wirklich für Seifen geeignet ist. Die kostet nicht viel und bringt viel bessere Ergebnisse, als wenn man Lebensmittelfarbe verwendet. Außerdem kann Lebensmittelfarbe auf die Haut abfärben. Das wäre doch wirklich nichts. Wenn Sie eine kleine Packung roter, gelber und blauer Seifenfarbe kaufen, dann können Sie daraus gefahrlos jede Farbe mischen, die Sie wollen.

Machen Sie Ihre Hausaufgaben, bevor Sie ätherische Öle wie Tannen- oder Zimtöl oder andere Beigaben zu Seifen hinzugeben. Tannen- und Zimtöl können die Haut irritieren. Diese reinen ätherischen Öle sind stark und können auf der Haut Blasen entstehen lassen. Wenn Sie im Internet nach weiteren Ideen und Rezepten suchen, dann werden Sie dort haufenweise Rezepte zur Seifenherstellung finden und viele davon beinhalten Zimt in Puderform. Seien Sie also vorsichtig. Zimtstaub - Sie wissen schon, der aus der Speisekammer - kann bei Leuten mit empfindlicher Haut zu Problemen führen (ich bekomme Hautausschlag, wenn ich handgemachte Seifen mit Zimt benutze).

Ich habe das auf die harte Tour gelernt, als meine Freundin Nicole mir einen ganzen Schub verschiedener Honig- und Hafermehlseifen (meine Lieblingsseife) zum Geburtstag gemacht hatte. Jeder Seifenriegel mit Zimt führte zu einem roten Ausschlag, der wie Hitzeblattern aussah. Sie mußte mir dann die Seifen mit

Zimt heraussuchen, so daß ich wußte, welche ich behalten konnte und welche ich weggeben mußte. Wenn Sie also diese Seifen herschenken wollen, dann versehen Sie jede mit einem kleinen Aufkleber, so daß der Empfänger weiß, was sie enthalten, und so mögliche allergische Reaktionen vermeiden kann.

Wenn Sie wirklich in magische Stimmung kommen wollen, dann legen Sie die Seifenmacherei auf einen Sabbat, eine bevorzugte Mondphase oder einen besonderen Wochentag. Ich habe zum Beispiel all meine Seifen am Vollmondstag gemacht, um sie mit Kraft und einem Extraschub Magie aufzuladen. Das können Sie genauso machen. Montag für Mondenergie, Freitag für besonders lang anhaltende Vibrationen oder Sonntag für Erfolg und Glück. Viel Spaß!

Lavendel-Zitronen-Seife

- 6 Riegel weiße Melt-And-Pour-Seife
- Ein Eßlöffel Lavendelknospen
- 4 Tropfen ätherisches Lavendelöl
  (für Gesundheit, Liebe und Frieden)
- 3 Tropfen süßes Orangenöl
  (für Freude und zur Stärkung der magischen Kraft)
- 3 Tropfen rote Seifenfarbe
- 2 Tropfen blaue Seifenfarbe
- Seifenformen

Schmelzen Sie die Seife in der Mikrowelle oder auf einer Herdplatte in einem Wasserbadtopf. Wenn Sie eine Mikrowelle benutzen, stellen Sie sie für 40 Sekunden auf hoher Stufe und gehen Sie dann mit 30-Sekunden-Schritten vor, bis die Seife schmilzt. Nehmen Sie sie dann aus der Mikrowelle und geben Sie die Farbe hinzu. Rühren Sie die Seife um, um sie schneller abkühlen zu lassen. Geben Sie nach etwa einer Minute die ätherischen Öle in die geschmolzene Seife. (Wenn Sie es der Seife gestatten, etwas abzukühlen, verfliegt der Duft nicht.)

Jetzt kommt der schwierige Teil. Rühren Sie die Seife weiter um, um sie abkühlen zu lassen, bis Sie eine leichte Verdickung der Konsistenz bemerken. Rühren Sie nun den Teelöffel mit den Lavendelknospen unter. Das sorgt dafür, daß der Lavendel in der Seifensubstanz verbleibt, statt an der Oberfläche zu treiben. Geben Sie die Mixtur nun schnell in einen Meßbecher und schütten Sie sie von diesem in die Formen.

Stellen Sie diese nun für 15 Minuten ins Gefrierfach - dies trägt zum schnelleren Abkühlen bei. Je größer die Riegel, desto länger dauert dies. Wenn sie fest geworden sind, nehmen Sie sie aus dem Gefrierfach. Kippen Sie die Formen um und nehmen Sie vorsichtig die Seife heraus, die Sie auf sauberen Papiertüchern oder einem Backblech fertig abkühlen lassen sollten, bis sie hart sind. Die meisten Seifenrezepte empfehlen, sich die Seife an einem kühlen, trockenen Ort für zwei Tage »erholen« zu lassen. Dies erlaubt es der Seife, noch härter zu werden, so daß die Seifenstücke länger haltbar sind.

Die erstellte Menge hängt von der Größe der benutzten Formen ab, es wird auf ungefähr vier kleine Riegel hinauslaufen.

Honig-Hafermehl-Seife

- 7 Riegel weiße Melt-And-Pour-Seife
- Einige Tropfen Honig-Mandel-Seifeduftöl
  (für Weisheit und Erfolg)
- 1/4 Tasse fein gehackter Hafer
  (für Gedeihen, Ernte und das Element Erde)
- 4 Tropfen gelbe Seifenfarbe
  (eine schöne, warme Farbe für diese Seife)
- Sternförmige Seifenformen

Ungekochtes Hafermehl in einer Küchenmaschine oder einem Häcksler kleinhacken, bis es ganz fein erscheint. Beiseite stellen. Die Seife schmelzen und aus der Mikrowelle nehmen, zum Abkühlen umrühren und dann das Duftöl zugeben. Seifenfarbe zugeben, bis die gewünschte Farbe erreicht ist, weiterrühren, um die Seife schneller abkühlen zu lassen. Rühren Sie nun das Hafermehl in kleinen Schüben unter und vermischen Sie alles gut.

Geben Sie dies nun in den Meßbecher, um die flüssige Seife gut im Griff zu haben, und rühren Sie weiter um. Sobald Sie feststellen, daß die Seife dickflüssiger wird, gießen Sie sie schnell in dic Formen. Sollte sie Ihnen zu matschig geworden sein und Sie sie deshalb nicht mehr auskippen können (hey, das ist mir beim ersten Mal auch passiert), dann schieben Sie sie einfach noch mal schnell in die Mikrowelle und schmelzen sie ein wenig nach (etwa in 20-Sekundenschüben). Verrühren Sie sie nochmals und gießen Sie sie nun in die Formen. Diese Seife riecht nach Hafermehl, doch das Duftöl peppt es ganz schön auf.

Gärtner-Schrubber-Seife

- 8 Würfel Melt-And-Pour-Seife
- Einige Tropfen Grüntee-Seifenduftöl (für Gesundheit und Stärke)
- Einige Tropfen ätherisches Lavendelöl (für Transformation)
- 1 Teelöffel Lavendelknospen (zum Schutz)
- 1/4 Tasse Maismehl (für die Erntezeit und Glück)
- 3 Tropfen gelbe Seifenfarbe
- 3 Tropfen blaue Seifenfarbe (gibt einen sanften Farbton von Gartengrün)
- Blätterförmige Formen oder riegelförmige Formen mit Blumen an der Oberseite

Schmelzen Sie die Seife und rühren Sie sie dann für 30 Sekunden um, um sie abkühlen zu lassen. Geben Sie den Duft und die Lavendelknospen hinzu. Rühren Sie nun langsam das Maismehl unter. Geben Sie die flüssige Seife in einen großen gläsernen Meßbecher, so daß Sie sie leicht umfüllen können. Rühren Sie die Mixtur weiter um, um sie abzukühlen, so lange, bis die Seife gerade anfängt, dickflüssig zu werden. Nun schnell in die Formen gießen und diese dann für 15 Minuten ins Gefrierfach geben. Nehmen Sie sie dann heraus und lassen Sie sie vollständig hart werden. Stülpen Sie die Formen über einem Papiertuch um und drücken Sie die Seife mit sanftem Druck heraus.

Diese Gärtnerseife ist hervorragend geeignet, den ganzen Schmutz und Dreck von den Händen abzuwaschen. Das Maismehl verleiht dem Ganzen ein rauhe Textur und außerdem riecht es großartig. Wenn Sie die Seife machen, müssen Sie große Sorgfalt walten lassen und die geschmolzene Seife und die anderen Zutaten verrühren, gerade bis sich eine Verdickung einzustellen beginnt. Das kann ein paar Anläufe erfordern. Das erste Mal, als ich diese Seife gemacht habe, hatte sich das ganze Maismehl am Boden der Riegel abgesetzt, als ich sie aus den Formen drückte. Als ich dann auf die richtige Seite legte, war die ganze Oberfläche der Seife vom Maismehl goldgelb. Eines meiner Kinder kam in die Küche und meinte: »Hey cool, wie hast Du die Schichten hinbekommen?«

Was mich zu der Erklärung nötigte, daß es keine Schichten geben sollte. Ich rief meine Freundin Nicole an, die ständig irgendwelche Seifen macht, und fragte sie, was ich tun sollte. Sie sagte mir, ich solle sie zerhacken und nochmals schmelzen. Ich tat es und verrührte die Mischung aus Flüssigseife und Maismehl sorgfältig und achtete dieses Mal aufmerksam darauf, wann sich die Verdickung einstellte. Sobald dies geschah goß ich sie in die Formen und gab diese ins Gefrierfach, um die Seife schneller hart werden zu lassen. Fünfzehn Minuten später stellte ich zu meiner Freude fest, daß das Maismehl sich ganz so, wie es sollte, in den Riegeln verteilt hatte.

Jetzt waren die Riegel sanftgrün, ganz durchsetzt von Maismehl und Lavendelblüten. Sogar mein Mann war beeindruckt. Wenn Sie also dieses Seifenrezept ausprobieren, dann geben Sie sich ein paar Versuche. Wenn der Fall der Fälle eintritt und Sie eine goldgelbe Schicht Maismehl am Boden erhalten, dann machen Sie es so, wie Nicole vorgeschlagen hat, und benutzen Sie die Seife beidseitig, mit einer rauhen und einer glatten Seite.

Seifenzauber

Dieser erste Seifenzauberspruch kann gesungen werden, wenn Sie die Seife schmelzen, mischen und in die Formen gießen. Dieser lustige kleine Zauberspruch soll Sie zum Lächeln bringen. Das letzte Mal, als ich nachgesehen habe, durfte man seine Hexenkunst noch genießen und dabei lachen. Magie soll eine freudvolle Angelegenheit sein!

»Seife zu machen - welch Genuß,
die abwäscht Staub und der Arbeit Verdruß!
Mit magischem Kraut und Zauberfarb'
laß blubbern die Seif', es ist kein Arg.«

Wenn Sie die Seifen als magische Gabe verschenken wollen, dann versuchen Sie es mit folgendem Zauberspruch, um sie für Genuß und glückliche, freundliche Gefühle zu durchwirken. Nachdem die Seife aus den Formen heraus ist und sich etwa einen Tag erholt hat, wählen Sie die Riegel aus, die Sie herschenken wollen, und strecken Sie die Hände darüber aus. Stellen Sie sich vor, wie ein heller Lichtstrahl aus Ihren Händen kommt und in die Seifen eindringt. Sprechen Sie dann folgende Worte:

»Mit Lieb'und Magie ist diese Seif' versetzt,
so bring' sie Freude Dir, wenn Du im Zuber sitzt.
Aus dem Brautopf der Hexe kommt das kluge Geschenk,
mit Neigung ich es zu Dir lenk'!«

Als schnelle Geschenkideen: Arrangieren Sie die Seifen doch in einem kleinen Korb oder auf einem bemalten hölzernen Tablett. Wenn Sie die Seife lieber einzeln verschenken wollen, dann wickeln Sie jedes Stück in durchsichtiges, glänzendes Zellophanpapier und binden Sie Bast oder ein Band in einer Schleife darum. Vergessen Sie nicht, kleine Schilder mit den Zutaten darauf anzubringen!

Korrespondenztabelle für weitere Herbstzauber

Hier ist eine kurze »Auf-einen-Blick«-Liste der verschiedenen magischen Korrespondenzen für den Sabbat der Herbstäquinoktien bzw. Mabon. Benutzen Sie sie, wenn Sie Zaubersprüche, Verzauberungen und Rituale entwerfen. Denken Sie daran, daß das Geheimnis des Fortschreitens vom Anfänger zum erfahrenen Praktizierenden darin besteht, zu experimentieren, zu entwerfen und dann Zauber, die man selbst erschaffen hat, zu wirken. Also steigen Sie ein und finden Sie heraus, was für überwältigende Dinge Sie diesen Herbst herbeizaubern können.

Erntegottheiten

ABUNDANTIA: Römische Göttin des Überflusses. Oft mit einem Füllhorn oder einem von Früchten überquellenden Korb dargestellt.

BACCHUS: Die römische Entsprechung zu Dionysos.

CERES: Die römische Version der Demeter. Eine Muttergöttin der Erde, des Korns und der Ernte. Der Name der Tochter der Ceres lautete Prosperina.

COPIA: Die römische Göttin der Fülle, ebenfalls mit einem Füllhorn dargestellt.

DER GRÜNE MANN: Eine traditionelle heidnische Ikone und eines der vielen Gesichter des Gottes der Vegetation. Siehe Kapitel 5.

DEMETER: Die griechische Muttergöttin des Korns, des Ackerbaus, der Erde in ihrer Fülle und der Ernte. Ihre Tochter ist Persephone. Siehe Kapitel 4.

DIONYSOS: Der griechische Gott des Weinstocks, der Ehe und des Weins. Siehe Kapitel 5.

FORTUNA: Griechisch-römische Göttin, die mit einem Füllhorn dargestellt wird.

HERNE, DER JÄGER: Ein weiterer Gott des Waldes und der Vegetation. Ein Gott der Jagd und der Hirsche.

ISIS: Die oberste ägyptische Figur der Muttergöttin. Isis war eine Göttin der Magie. Sie stand jedoch auch mit Ackerbau, Korn und der Fruchtbarkeit der Erde in Verbindung. Die Verehrung der Isis verbreitete sich durch Europa und war dort für mehrere tausend Jahre aktiv.

MABON: Ein walisischer Gott, der zweimal geboren wurde. Mabon wurde zuletzt mit dem Sabbat der Herbst-Tagundnachtgleiche in Verbindung gebracht und verlieh ihm schließlich seinen beliebtesten Namen.

MODRON: Die Mutter des Mabon, eine walisische Göttin.

MORGAN LE FAY: Als eine Priesterin von der Isle of Apples (Avalon) wäre Morgana eine zur Herbstzeit passende Göttin.

OSIRIS: Der ägyptische Gott der Erneuerung und Auferstehung, auch als der »gewaltige Grüne« bekannt. Die Feste des Osiris feierten die Nilüberflutungen und den Beginn der Wachstumszeit.

PERSEPHONE: Die Tochter der griechischen Göttin Demeter und die Gattin des Hades. Persephone ist die Göttin des Frühlings und die Königin der Unterwelt. Siehe Kapitel 4.

POMONA: Eine römische Göttin der Äpfel und Apfelhaine. Siehe Kapitel 4.

PRIAPUS: Der Gott der Felder, der Gärten und der Ernte. Abbildungen von ihm bildeten die ersten Vogelscheuchen. Siehe Kapitel 7.

SOHODO-NO-KAMI: Der japanische Gott der Ernte und der Felder, der die Vogelscheuchen bewohnt und während der Wachstumszeit über das Land wacht. Siehe Kapitel 7.

Kristalle und Steine für den Herbst

ACHATE: Diese Steine kommen in Zaubersprüchen und Verzauberungen für Tapferkeit, Gartenbau, Gesundheit und Mut zur Anwendung. Das Tragen von Achaten während der Gartenarbeit soll wunderschöne Blumen und üppige Früchte und Gemüse hervorbringen. Es gibt verschiedene Achat-Varianten, von denen alle ihre eigenen Assoziationen und elementaren Entsprechungen haben. Hier seien nur einige aufgeführt:

Gebänderter Achat: Feuer, Ausschalten von Stress, erwirkt Schutz. *Blauer Achat*: Wasser, Frieden, beruhigender Einfluß auf den Träger. *Grüner Achat oder Moosachat*: Erde, Gesundheit, Gartenbau und Gedeihen. *Roter Achat (*auch Blutachat): Feuer, verstärkt Gelassenheit und Frieden.

AMETHYST: Steht mit Element Wasser in Verbindung. Dieser Stein entspricht den Göttern Dionysos und Bacchus, was er wahrscheinlich teils seinen herrlichen Purpurtönen und teils dem Glauben verdankt, er schütze vor Trunkenheit. Dies ist ein weiterer Stein, der Frieden und Mut fördert und zu einer Nacht ungestörten Schlafes verhelfen kann.

KARNEOL: Eine Variante des Chalzedons. Dieser rote Stein wird mit dem Element Feuer assoziiert und kann einer Person helfen, sich von negativen Gedanken zu befreien sowie Tapferkeit und Mut zu verstärken.

OPAL: Der Opal steht mit allen vier Elementen in Verbindung und wird getragen, um Schönheit und die psychischen Kräfte zu verstärken und gutes Glück und Erfolg zu fördern. Der Opal ist ein Geburtsstein des Monats Oktober.

PERIDOT: Dieser sanftgrüne Stein liegt mit dem Element Erde auf einer Linie und kommt in Magie zur Anwendung, die Stress und Aufregung bekämpft. Wenn Sie ihn in einem Ring tragen, ermuntert er Sie, dem Leben gegenüber eine optimistische Einstellung zu wahren; auch wirkt er schützend gegen manipulative Magie. Der Peridot ist der Geburtsstein für Menschen, die im August geboren sind.

SAPHIR: Der Saphir steht mit dem Element Wasser in Verbindung und ist ein machtvoller Stein, den die Magier und Zauberinnen in alter Zeit trugen. Der Saphir wirkt Schutz, kann in defensiver Magie Anwendung finden und wirkt heilend und zentrierend. Er kann mit Erfolg in fast jede Art positiver Magie eingebunden werden. Wenn Sie zufällig einen Sternensaphir besitzen, dann dürfen Sie sich glücklich preisen. Diese sollen gleich doppelt so mächtig sein wie die gewöhnlichen. Der Saphir ist der Geburtsstein für Menschen, die im September geboren sind.

TOPAS: Dieser liebliche gelbbraune Stein wird mit dem Element Feuer assoziiert und ist ein heilender Stein. Der Topas soll beim Abnehmen helfen und Verletzungen vermeiden; auch kann er in Zaubern Verwendung finden, die Depressionen erleichtern sollen. Dieser Stein soll doppelte Wirkkraft erhalten, wenn er in Gold gefaßt wird. Der Topas ist der goldene Geburtsstein für den Monat November.

Magische Kräuter, Pflanzen und Nahrungsmittel

ÄPFEL: Stehen unter dem planetaren Einfluß der Venus und elementar mit dem Wasser in Verbindung. Als eine der Früchte, die besonders mit dem Sabbat der Herbst-Tagundnachtgleiche in Verbindung stehen, ranken sich um den Apfel zahlreiche Sagen und Legenden. Siehe Kapitel 4 und 7 für nähere Informationen.

ASTERN: Verbunden mit dem Element Wasser fördert die Aster Liebe und ist die Herbstblume, die fast dem gesamten, wenn nicht wirklich dem gesamten griechischen Pantheon geweiht ist. Auch lockt die Aster Schmetterlinge in Ihren magischen Garten.

CHRYSANTHEMEN: Eine beliebte Herbstblume, die der Sonne und dem Element Feuer entspricht. Die würzig riechende Blüte hat die Macht, Geister auf Abstand zu halten und Ihr Grundstück während der Herbstmonate zu schützen. Siehe Kapitel 6 für nähere Informationen.

EFEU: Der immergrüne Efeu soll einem alten Glauben zufolge Trunkenheit heilen, weil er Dionysos geweiht ist. Efeu steht mit dem Element Wasser in Verbindung, fördert Treue (was einer der Gründe ist, warum er so gerne in Brautsträußen auftaucht) und verstärkt Schutz und günstiges Geschick.

EICHENBLÄTTER: Sie stehen in planetarer Hinsicht unter dem Einfluß der Sonne und korrespondieren elementar mit dem Feuer. Bauen Sie diese Blätter in Zauber für Weisheit, Macht, Geld und männliche Fruchtbarkeit ein und rufen Sie dabei den Gott der Natur sowie den grünen Mann an.

GARTENNELKEN: Nelken stehen mit dem Element Feuer in Verbindung und geben Kürbis- und Apfelrezepten in den Herbstmonaten ganz definitiv einen gewissen Kick. Man kann sie auch ganz verwenden und in Zauberbeuteln oder Zaubern anwenden, die Ihren persönlichen Schutz oder Ihre Finanzen verbessern sollen.

GRANATAPFEL: Verbunden mit dem Element Feuer. Er ist ein Symbol weiblicher Macht, der Reproduktionsorgane und - kaum überraschend - weiblicher Fruchtbarkeit. Ein alter Volksname für den Granatapfel ist »Apfel mit vielen Samen«. Diese mysteriöse Frucht hat Verbindungen zu Persephone, Hera und vielen Muttergöttinnen.

KÜRBIS: Eine lunare Frucht, die mit dem Element Wasser in Verbindung steht, und ein klassisches Symbol der Erntezeit, der Herbst-Tagundnachtgleiche und, natürlich, des Samhainsabbats (besser bekannt als Halloween) ist.

MUSKAT: Dieses bekannte Kochgewürz steht mit dem Element Feuer in Verbindung. Es ist ein weiteres Basisgewürz, das gut funktioniert, wenn man es auf unangezündete Glückskerzen streut, um so etwas magischen Schwung hinzuzufügen.

SALBEI: Dieses Kraut ist dem Element der Luft beigesellt und symbolisiert Weisheit und Wohlbefinden. Salbei ist eine der Hauptzutaten für die Sauce für den Ernte- oder Thanksgiving-Truthahn. Salbei fördert Wissen und Schutz, wenn er in einem magischen Garten gepflanzt wird.

TANNENZAPFEN: Entsprechen dem Element Luft und sind ein männliches Fruchtbarkeitssymbol. Man benutzt sie auch als Spitze von Zauberstäben. Sie können mit Leichtigkeit in einen natürlich anmutenden Korb eingearbeitet werden und bei Zaubern, die für die Herbst- und Wintermonate Geld anziehen sollen, Verwendung finden.

WEINTRAUBEN UND WEINRANKEN: Diese mit Dionysos und Bacchus assoziierte Frucht symbolisiert Fruchtbarkeit, Liebe und Leidenschaft. Weinranken sind, auf Gartenmauern aufgemalt, glückbringende Symbole.

WEIZEN: Das klassische natürliche Sinnbild der Erntezeit. Assoziiert mit dem Element Erde, Demeter, Ceres und den meisten Muttergöttinnen. Weizen symbolisiert Gedeihen, Fruchtbarkeit und den Segen der Erde.

ZIMT: Ein feuriges Kraut, das beim Kochen als Gewürz beliebt ist. Es kann in Verzauberungen, Zaubern und Ritualen angewandt werden, die Erfolg und Schutz wirken sollen. Ein fröhlicher und zur Jahreszeit passender Duft.

ZIERMAIS: Diese uramerikanische Pflanze entspricht dem Element Erde und ist Demeter bzw. Ceres geweiht. Üblicherweise benutzt man sie in Zaubern, die Schutz und Erfolg fördern sollen, aber man kann auch getrockneten Mais oder Maismehl als Opfergabe für die Naturgeister und Mutter Erde verwenden.

Herbstzauber-Arbeitsblatt

Ziel: ______________________________

Tag: ______________________________

Mondphase: ______________________________

Mond-/Sonnenzeichen: ______________________________

Angerufene Gottheit: ______________________________

Benutzte Kräuter und ihre magische Bedeutung: ______________

____

____

____

Benutzte Herbstblumen und ihre magische Bedeutung: ________

____

____

____

Kerzenfarbe: ______________________________

Kristalle oder Steine: ______________________________

____

____

____

Zauberspruch oder Vers: ______________________________

____

____

____

____

Ergebnisse: ______________________________

____

____

____

Abschluss

Noch einmal lacht das alte Jahr
ob seines Reichtums, der kein Gold.
Noch einmal Lieder singt die freud'ge Schar
und Preis wird der Natur Triumph gezollt.

John Greenleaf Whittier

Die Erntehexe

Während sich der September vor unseren Augen entrollt und in die herrlichen Oktobertage übergeht, sollten Sie daran denken, die Farben der Jahreszeit und die Veränderung in der Luft zu genießen, so lange sie andauert. Die Erntezeit ist prächtig, also seien Sie dankbar für diese Zeit der Fülle und genießen Sie den zusätzlichen Hauch von Magie, wenn die herbstlichen Winde durch Ihre Stadt blasen und die farbenfrohen Blätter wirbeln und tanzen lassen. Für meinen Geschmack dauert der Herbst nie lang genug. Allzu schnell kommt Samhain und die Zeit der dunkelsten Tage ist da. Bis dahin werden alle Blätter von den Bäumen gefallen sein und die Herbstblumen sind verwelkt, während die Chancen, daß ein scharfer Frost den Beginn des Winters bringt, zunehmen.

Ich hoffe, es hat Ihnen Spaß gemacht, etwas Zeit mit mir zu verbringen, während wir die zahlreichen Zauber der Herbstzeit erkundet haben. Ich denke, wir können die Möglichkeit, daß dieser Sabbat jemals wieder vergessen oder übersehen wird, getrost ausschließen. Ich hoffe, daß Sie dieses Buch nicht nur für den Tag der Herbst-Tagundnachtgleiche und seine Feier, sondern während dieser ganzen verhexten Herbstzeit benutzen.

Lassen Sie sich von dieser wundervollen Jahreszeit inspirieren. Halten Sie Ihr Gesicht in den goldenen Herbstsonnenschein und lassen Sie sich von den Energien und dem Gefühl des Gleichgewichts, das während dieser Zeit des Kalernderjahres so stark ist, motivieren. Setzen Sie sich ins Mondlicht und genießen Sie das Wunder des Erntemondes und seiner ganzen Magie. Lernen Sie die Gottheiten der Ernte, des Weins und der Vegetation kennen und finden Sie heraus, was sie Sie in diesem Herbst lehren.

Machen Sie sich eine gute Zeit in Ihrem Garten, wirken Sie einige Zauber und Verzauberungen mit Herbstblumen. Gehen Sie barfuß über knisterndes Herbstlaub und genießen Sie es. Versuchen Sie auch, ein paar dieser wunderschönen und vielfarbigen Blätter einzusammeln und während der Erntedankzeit einige einfache Farbzauber für Veränderung und Überfluß zu wirken. Basteln Sie eine Vogelscheuche für Ihre Familie und verzaubern Sie sie mit Schutzmagie. Schmücken Sie Ihr Heim mit natürlichen Symbolen der Ernte und wirken Sie Ihre Magie mit der starken Intention, die Veränderungen herbeizuführen, die Sie sich wünschen.

Zaubern Sie in der Küche für Ihre Familie und Freunde etwas Magisches und versuchen Sie sich auch an zur Jahreszeit passenden Handwerksarbeiten. Es gibt zu dieser Jahreszeit so viele wundervolle natürliche, magische Gegenstände, mit denen man arbeiten kann. Schauen Sie sich das überfließende Füllhorn, das die Natur während des Herbstes darbietet, gut an und fügen Sie Ihrem Leben und Ihrer Kunst ein wenig natürliche und einfache Herbstzauber hinzu.

Möge Ihre Erntezeit verzaubert und gesegnet sein mit dem Gleichgewicht und dem Überfluß der Herbst-Tagundnachtgleiche und der geheimnisvollen Magie der Jahreszeit. Ich wünsche Ihnen das Beste – farbenfrohe Herbsttage, verzauberte Herbstnächte, bis oben hin erfüllt mit Freunden, Familie, Liebe und Lachen.

HEXEN-ERNTESEGEN

»Der schöne Herbst bringt Freude uns
und wahren Überfluß,
die Magie, die ich lehrte Dich,
Du gut behalten mußt!
Schau in die Rund' zur Zeit des Herbst's,
Rot strahlt und Gold wie nie,
öffne Dein Herz, entdeck' aufs Neu
die uralte Magie.
In dieser hellen Herbsteszeit
der Zauber rein und schlicht,
bring' Liebe und auch Lachen Dir,
wie es der Hex' entspricht.«

Danksagung

Ein Buch zu schreiben bedeutet zu lernen und ich darf sagen, daß ich beim Schreiben ganz besonders dieses Buches eine Menge gelernt habe. Im Verlauf dieses Abenteuers müssen ein paar Worte des Dankes an Ben, den Computer-Zauberer, gesprochen werden, der das Manuskript gerettet hat, als mein Computer zusammenbrach und komplett wiederhergestellt werden mußte. Wenn mich dies auch gebremst hat, so konnte es mich doch nicht aufhalten, da mir Ben dankenswerterweise einen Laptop geliehen hat. Und so wuchs das Buch trotz technischer Schwierigkeiten.

Auch möchte ich meine Wertschätzung für die wunderbaren Männer und Frauen der heidnisch-wiccanischen Gemeinde zum Ausdruck bringen, die mir so großzügig bei meiner Suche nach historischen Informationen geholfen haben. Sie haben mir Bücher geliehen, Quellen empfohlen und mir Hinweise gegeben, wo ich mich umsehen könnte, als ich mit meiner Suche nach Antworten begann. Zu diesen wunderbaren Menschen gehören Ken, Nicole, Paula, Dorothy Morrison, Kala Trobe, Catherine Wishart, Stephanie Taylor und Raven Grimassi, Natalie Harter, Becky Zins und Megan Atwood.

Ich glaube, daß ich am Ende meiner Suche nach Informationen feststellen kann, daß ich mehr Freunde gewonnen habe als historisches Quellenmaterial ... ich glaube, ich habe einen guten Tausch gemacht.

Bibliographie

Freude ist die Ernte eines ruhigen Auges.
Justin O'Malley

Almond, Joyce and Seddon, Keith. *Understanding Tarot: A Practical Guide to Tarot reading.* London, UK: Aquarian Press, 1991.

Angell, Carolc, S. *Celebrations Around the World: A Multicultural Handbook.* Golden, CO. Fulcrum Publishing, 1996.

Baring, Anne and Cashford, Jules. *The Myth of the Goddess: Evolution of an Image.* London, England: Penguin Books, 1991.

Barth, Edna. *Turkey, Pilgrims and Indian Corn: The History of Thanksgiving Symbols.* New York, NY: Seabury Press, 1975.

Batten, Juliet. *Celebrating the Southern Seasons: Rituals for Aotearoa.* North Shore City, New Zealand: Tandem Press, 1995.

Bremness, Lesley. *Herbs.* New York, NY: Dorling Kindersley Publishing Inc., 2000.

Bullfinch, Thomas. *Myths of Greece and Rome.* New York, NY: Penguin Books, 1979.

Cabot, Laurie and Mills, Jean. *Celebrate the Earth: A Year of Holidays in the Pagan Tradition.* New York, NY: Dell Publishing, 1994.

– *The Witch in Every Woman.* New York, NY: Dell Publishing 1997.

Campanelli, Pauline. *Ancient Ways.* St. Paul, MN: Llewellyn, 1993.

Carr-Gomn, Phillip. *The Druid Animal Oracle.* New York, NY: Simon & Schuster, 1994.

Chandler, Clare. *Harvest Celebrations.* Brookfield, CT: Millbrook Press, 1997.

Conway, D. J. *Moon Magick.* St. Paul, MN: Llewellyn, 1995.

– *Lord of Light and Shadow: The Many Faces of the God.* St. Paul, MN: Llewellyn, 1997.

Corwin, Judith Hoffmann. *Harvest Festivals Around the World.* Parsippany, NJ: Silver Burdett Press, 1995.

Culpeper, Nicholas. *Culpeper's Color Herbal.* New York, NY: Sterling Publishing Company. (Originalausgabe in Großbritannien von W. Foulsham & Co. Ltd., 1983.)

Cunningham, Scott. *Cunningham's Encyclopedia of Magical Herbs.* St. Paul, MN: Llewellyn, 1996.

Curott, Phyllis. *Book of Shadows.* New York, NY: Broadway Books, 1998.

– *Witchcrafting: A Spiritual Guide to Making Magic.* New York, NY: Broadway Books, 2001.

De la Tour, Shatoiya and Richard. *The Herbalists Garden.* Pownal, Vermont: Storey Books, 2001.

Dossey, Donald E., Ph.D. *Holiday Folklore, Phobias and Fun.* Los Angles, CA: Outcomes Unlimited Press Inc., 1992.

Dugan, Ellen. *Garden Witchery: Magick from the Ground Up.* St. Paul, MN: Llewellyn 2003.

– *Elements of Witchcraft: Natural Magick for Teens.* St. Paul, MN: Llewellyn, 2003.

– *Cottage Witchery: Natural Magick for Hearth and Home.* St. Paul, MN: Llewellyn, 2005.

– *7 Days of Magick.* St. Paul, MN: Llewellyn, 2004.

Farrar, Janet and Stewart. *Eight Sabbats for Witches.* Custer, WA: Phoenix Publishing Inc., 1981.

– *The Witches' Way.* Custer, WA: Phoenix Publishing Inc., 1984.

Franklin, Anna. *The Sacred Circle Tarot.* St. Paul, MN: Llewellyn, 2001.

Gallagher, Ann-Marie. *Magical Spells for your Home.* Huappauge, NY: Barron's Publishers, 1980.

Giblin, James and Ferguson, Dale. *The Scarecrow Book.* New York, NY: Crown Publishers, 1980.

Heffner, Sarah, Wolfgang. *Heirloom Country Gardens: Timeless Treasures for Today's Gardens.* Emmaus, PA: Rodale, 2000.

Helfman, Elizabeth, S. *Celebrating Nature: Rites and Ceremonies Around the World.* New York, NY: The Seabury Press, 1969.

Henes, Donna. *Celestially Auspicious Occasions: Seasons, Cycles & Celebrations.* New York, NY: Berkley Publishing Company, 1996.

Jackson, Ellen. *The Autumn Equinox: Celebrating the Harvest.* Brookfield, CT: Millbrook Press, 2000.

Knight, Sirona. *Faery Magick: Spells, Potions, and Lore from the Earth Spirits.* Franklin Lakes, NJ: New Page Books, 2003.

Le Vane, Martha. *Nature Style: Elegant Decorating with Leaves, Twigs and Stones.* New York, NY: Lark Books, 2002.

Marchland, Peter, J. *Autumn: A Season of Change.* Hannover, NH: University Press of New England, 2000.

Markle, Sandra. *Exploring Autumn: A Season of Science Activities, Puzzlers and Games.* Don Mills, Ontario: Macmillian Publishing Company, 1991.

Matthews, John. *The Quest for the Green Man.* Wheaton, IL: Quest Books, 2001.

McLeish, Kenneth. *The Shining Stars: Greek Legends of the Zodiac.* Cambridge, NY: University Press, 1981.

Monroe, Douglas. *21 Lessons of Merlyn.* St. Paul, MN: Llewellyn, 1998.

Morgan, Diane. *The Thanksgiving Table: Recipes and Ideas to Create Your Own Holiday Tradition.* San Francisco, CA: Chronicle Books, 2001.

Nahmad, Claire. *Earth Magic: A Wisewoman's Guide to Herbal, Astrological & Other Folk Wisodm.* Rochester, Vermont: Destiny Books, 1994.

– *Fairy Spells: Seeing and Communicating with the Fairies.* London, England: Souvenir Press, Ltd., 1997.

O'Rush, Claire. *The Enchanted Garden.* New York, NY: Random House, 2000.

Rosen, Mike. *Seasonal Festivals: Autumn Festivals.* New York, NY: The Bookwright Press, 1990.

Rushing, Felder. *Scarecrows: Making Harvest Figures and Other Yard Folks.* Pownal, Vermont: Storey Books, 1998.

Skolnick, Solomon, M. *The Language of Flowers.* White Plains, NY: Peter Pauper Press, 1995.

Snodgrass, Mary Ellen. *Signs of the Zodiac: A Reference Guide to Historical, Mythological and Cultural Associations.* Westport, CT: Greenwood Press, 1997.

Starhawk. *The Spiral Dance: 10th Anniversary Edition.* New York, NY: Harper Collins Publishers, 1989.

– *Titans and Olympians: Greek & Roman Myth.* Time-Life Books London, England: Duncan Baird Publishers, 1997.

Valiente, Doreen. *Witchcraft for Tomorrow.* Blaine, WA: Phoenix Publishing, 1978.

– *An ABC of Witchcraft.* Custer, WA: Phoenix Publishing Inc., 1973.

Vitale, Alice Thoms. *Leaves: In Myth, Magic and Medicine.* New York, NY: Stewart, Tabori and Chang, 1997.

Walker, Barbara, G. *The Woman's Dictionary of Symbols and Sacred Objects.* Edison, NJ: Castle Books: Castle Books, 1988.

Walsh, William, S. *Curiosities of Popular Customs and of Rites, Ceremonies, Observances, and Miscallaneous Antiquities.* London, UK: J.B. Lippincott Company, 1898.

Zeitschriften:

»Ellen, the heart of the rose« von Iain Lowe. Erschienen in *Witchcraft & Wicca Magazine*, Samhain - Imbolg - Ausgabe 2002, S. 38–40. Veröffentlicht bei »The Children of Artemis«, London, England.

Websites:

www.nm.esortment.comthanksgivinghis rxgy.htm *Thanksgiving History: Sarah Joseph Hale* von Christina Coruth, 20. 01. 2004.

www.infoplease.com 22.01.2004.

www.irishcultureandcustoms.com *Putting out the Hare, Putting on the Harvest Knots* von Bridget Haggerty, 22.01.2004.

www.space.com *The Harvest Moon Arrives Early This Year* von Joe Rao, Night Sky Columnist, 04.02.2004.

www.missouriwine.org 18.01.2004.

www.wildwoodtimes.com/mo *Missouri's Wine Country* von Conor Watkins, 18.01.2004.

www.thewineman.com/MO winehistory.htm 18.01.2004

Index

Amberbaum (Liquidambar styraciflua) 170
Ackerbau 26, 102, 109, 127, 247
Ägypten 23, 26, 138
Altar 59, 86, 96, 110, 128, 140, 172, 183, 185
Amerika 23ff, 34, 39, 88, 190
Amsel 21, 49, 51, 61ff
– Zauber 73
Ananassalbei (Salvia rutilans) 150
Apfel
– Butter 217ff
– Kuchen für tiefe Formen 219
– Kuchenfüllung, zuckerfrei 220
– Magie 120
– Most 224, 226
– »Stern des Wissens« 177
Apfelsaucen-Kekse 223
Aphrodite 63, 72, 101, 130, 177
Äquinoktien 21, 25, 31, 38, 64, 68, 90, 182
– Kerzenritual 199
Arbeitsblatt für Herbstzauber 253
Ariadne 136
Aromatherapie 59
Astarte 23
Astern 151, 250
Astrea 49, 64
Avalon 229
Azteken 24

Backpulver 224
Baumwürger (*Celastrus orbiculatus*) 154
Baumwürger, gemeiner 153
Bergesche, europäische (*Sorbus aucuparia*) 169
Birke 167
Blumengewinde 226
Bootzafraw 191
»Brachlandlinien« 115
Bragi 177
Brombeerkuchen 221
Brot 97, 168, 201ff, 212, 223

Ceres 23, 186, 185, 246, 252
Chang-O 80, 88
– Anrufung der 82
Cherokee 24
Chicomecoatl 24
China 81
Clematis (*Clematis paniculata*) 152
Chrysantheme 148, 152, 176, 227, 250
– und Zirkelwirken 162
Corn 26
Corn Belt 39
Corn dolly 33

Demeter 16, 23ff, 26ff, 49ff, 50, 54, 100ff, 122, 180, 185, 201ff, 0247ff, 252
Dionysos 16ff, 86, 127ff, 178, 202, 232ff, 247, 249ff

Eichbaum 142
Eichel 53, 172
Eichenblatt 172
– Hortensie (*Hydrangea quercifolia*) 153
Eichenkönig 138
Elen von den Wegen 114, 122
Erdmutter 22, 32, 48, 50, 64, 102, 138
Eremit, der 67
Ernteäpfel-Kopfüber-Kuchen 221
Erntedank 23, 44
Erntefest 16, 20ff, 28, 36ff, 42ff, 99
Erntefolklore 35, 45
Erntegottheiten 245
Erntegöttinnen 99
Erntekind 24, 35
Erntekönigin 36
Erntemond 76ff, 84, 146
Erntezeit 20, 29ff, 48, 54, 64, 84, 176, 189, 197, 226, 232, 251ff
Espe 167
Europa 24ff, 190, 247
Europäische Bergesche (*Sorbus aucuparia*) 169

Fackel, brennende 11
Fasan 210
Federn 61ff, 73, 86
Fee 52ff
Feenmeditation 52
Feenweisheitszauber 90
Feldfrüchte 20, 24ff, 32, 36, 39, 43, 49, 63, 100, 128, 138, 190, 192
Feste, keltische 25
Freya 177
Frühlingswasser 116
Füllhorn 44, 110ff, 183ff, 246ff, 256
Füllung, Kens und Ellens 211

Gaia 23
Garbe 32ff
Gartenhexe 150
Gebete, heidnische 228
Gerechtigkeit (Tarotkarte) 66
Gerste 24, 29, 33, 37, 63, 109
– Monat 21
Girlande 235, 237
Gleichgewicht 20, 22, 64, 67ff
»Glühwürmchentanz« 95
Granatapfel 102, 107, 113, 202, 256
Greisin 28, 101, 179
Grüne(r) Mann, der 126, 137, 139, 146, 197, 247
Grüne(r) Ritter, der 139
Gruppenritual 94, 96, 133, 200

Hades 101ff, 106ff, 248
Hafer 27, 33, 63, 242
Hagebutten 156
Hartriegel (*Cornus florida*) 171
Hase 63, 81

Haselnuß 37ff
Hathor 178
Hekate 101
Helios 101
Hera 129ff, 177, 251
Herbstäquinoktien 21, 24, 76, 149, 179, 202, 238, 246
– Ritual 162, 200
Herbst-Tagundnachtgleiche 13, 15ff, 19, 22ff, 31ff, 43, 45, 48, 59, 76, 79ff, 84, 139, 151, 180ff, 193, 202, 229, 247, 250ff, 256
Herbstblätter 56, 74, 92, 110, 132
Herbstblumenzauber 147
Herbstlaub-Girlande 256
Herne 138, 142ff, 247
Herr der Ernte 31, 126
Hexen-Erntesegen 257
Hirsch 21, 63, 143ff, 247
Holy Rood Day 37

Idunn 176ff
Iris, die Göttin 107
Irland 27, 34ff
Ischtar 23, 28, 177, 180
Isis 23, 26, 28, 180, 247
Ivalde 176

Jack-in-the-Green 138, 141
Jack-in-the-Straw 186
Jefferson, Thomas 191
John Barleycorn 28

Kakashi 188
Kartoffeln, Rosmarin-Knoblauch 213
Kerzenmagie 48
– Farbentabelle, für 197
– herbstliche 196
Kerzenzauber
– des Gottes und der Göttin 197
– Libra 69
– Virgo 57
Knoblauch 206ff, 213, 225
Königin der Münzen 49, 54ff, 56
Königin der Unterwelt 109, 112, 248
Königin des Himmels 80
Korbflügelstrauch (*euonymus alatus*) 155
Kore 100
Korn 28, 31ff, 104, 109, 180, 183, 202, 246ff
Kornblume 110, 227
Kornbündel 176, 179
Kranz 35, 109, 226, 235ff
Kräuterseifen 232, 239
Kräuterzauber 59, 60, 71
Kristalle 49, 63
– Korrespondenztabelle 248
Kuchenkruste 218, 220
Kupfer 63, 69ff
Kürbis 15, 22, 24, 41, 92, 96, 110, 176, 180ff, 193, 226ff, 251
– Brot 222
– käseüberbacken 214

Lammas 16, 25
Lasagne 215ff
Leuchtkörper 82, 232, 238
Libra, die Waage 63ff

Libra-Meditation 65
Lughnasadh 25, 149, 179

Maat 63ff
Mabinogion 115
Mabon 21ff, 25ff, 32, 44, 61, 84, 115, 132, 142, 180, 182, 229, 247
– der Gott 21
– Aussprache 44
Mädchen, das 179
Mais 23ff, 34, 40ff, 54, 56, 63, 78, 96, 165, 184
– Mutter 23ff
– Shoepeg, Schmorpfanne 215
Maori 42ff
März 42
Mäßigung 63
Michaeli 38
Mittsommer 59, 94
Mittwinter 38
Minze 49, 59ff
Missouri, Weinanbaugebiet 134ff
Modron 21, 44, 229, 247
Mohn 105, 109
Mondfest 80
Mondhase 81ff
Mondmagie 75, 84
Mutter 23, 26, 179, 197, 247

Neumond 112
Neun der Münzen 49, 54ff
Neuseeland 42
Norwegisch 44
Nüsse 37ff, 50, 184, 222ff
Nutting day 37

Oktober 40, 44, 63, 68, 76, 149, 182, 199, 249
– Fest 39
Opfer, symbolisches 28, 32
Osiris 138, 248

Pan 118, 128
Pani 43
Pappel (*Populus tremuloides*) 167
Pennsylvania Dutch 191ff
Persephone 16, 23, 49ff, 100ff, 130, 247ff, 251
Petersilie 63, 71ff
Pilger 40, 182
Platane (*Platanus occidentalis*) 168
Pomona 118ff, 177, 248
Pongal 24
Priapus 187ff
Purpurdost (*Eupatorium purpureum*) 155

Reh 142, 144, 146
Rhea 130
Rose 49, 87, 88, 112, 156, 177
Rosmarin-Knoblauch-Kartoffeln 213
Rotahorn, Japanischer (*Acer palmatum*) 172
Roteiche 171
Runen 169, 177

Sabbat 13, 15ff, 22, 25, 28, 32, 38, 43ff, 64, 139, 182, 228ff, 232, 241, 246ff, 250, 255
Samhain 24, 31, 38, 64, 149, 179, 193, 251, 255

Sandelholz 63, 116
Schneeball (*Viburnum carlesii*) 156
Schnitter 35, 118
Schottland 29, 34
Sechszackiger Stern 65, 67ff
Sedum 157
Seifen
– Gärtner-Schrubber 243
– Honig-Hafermehl 242
– Lavendel-Zitronen 241
– Zauber 245
Selene 92ff
Semele 129ff
September 20ff, 37ff, 42, 49, 55, 63, 68, 76, 80, 84ff, 88, 149, 151, 179ff, 249, 255
– Kräuterzauber 59
Shoepeg-Mais-Schmorpfanne 215
Silenus 128
Silvanus 138
Skorpion 64, 168
Speisesegen 228
Steinbock 183
Steine 49, 63
– Korrespondenztabelle 248
Stiefmütterchen 112, 158
– Zauber 161
Streuselkruste für Kuchen 219
Sumpfeiche (*Quercus palustris*) 171

Tanzende(r) Gott, der 131
Tarotkarten 49, 54ff, 63, 67ff
Tarotzauber 48, 53, 66
Taube 63, 72
Teelicht(er)60, 72, 82, 121ff, 182
Thanksgiving, amerikanisches Erntefest 39
Tiefe Formen, Apfelkuchen für 219
Tischgebet 229
Trichterwinde (*Ipomoea*) 159
Truthahn 41, 209, 211ff, 224, 251
– Zeittafel 209

Überfluß 16ff, 32, 42, 54ff, 98, 110, 134, 152, 184, 194ff, 202, 209, 256
Unterwelt 21, 31, 101ff, 108, 112, 130, 168, 248

Vanille 121, 155, 222, 223
Vega, der Stern 42
Vegetarische Spinatlasagne 215
Venus 63, 69, 72ff, 119, 151, 156, 159, 167, 177, 180, 185, 250
Verdus 138
Vertumnus 118ff
Viktorianische Epoche 26, 38
Virgo, die Jungfrau 49
Vogelscheuche(n) 176, 186ff
– Magie 193
– Schutzzauber 194
– Verzauberung 195
Vollmondritual für eine Person 85ff, 98

Waage, die 20, 38, 48, 63ff
Wein 22, 25, 85ff, 97, 119, 127, 132, 134ff, 176, 201ff, 224

Wein
– Handlung 134, 224
– Mond 85
Weinfest 44
Weinlaubkranz 233
Weintraube 22, 24, 41, 81ff, 85, 88, 110, 128, 133, 135, 176, 178ff, 184, 201ff, 232, 234, 252
– Ernte 132ff, 233
– Gelee 216
– Kranz 226, 233ff
Weißesche 171, 173
Weizen 24, 26, 33ff, 49ff, 54ff, 63, 109ff, 118, 185ff, 201, 252
Wildbret, Zubereitung 210
Wintersonnwende 43, 149

Xilonen 24

Yamwurzel 24, 43
Yi, der Bogenschütze 80ff
Yul
– Feierlichkeiten 38
– Fest 35

Zeus 101ff, 108, 129ff, 172, 183
Zierkorn 179ff, 201, 232
Ziermais 55, 92, 96, 110, 179, 252
Zimt 49, 116, 217, 219ff, 225, 227, 240, 252
Zirkel schlagen 92
Zuckerahorn (*Acer saccharum*) 169
Zuckerfreie Apfelkuchenfüllung 220
Zwiebelpflanzzauber 163

Allegria

Die neue spirituelle Ernährungslehre

ILSE-MARIA UND JÜRGEN FAHRNOW
Leichtnahrung
Die neue Kraftquelle für Körper und Geist
978-3-7934-2104-7
€ [D] 19,90 · 336 Seiten
ISBN: 978-3-7934-2104-7

Diese neue Gesundheitsphilosophie, zeigt statt Fasten und Askese eine leichte, lichtvolle Ernährungsweise auf.

Mit »Leichtnahrung« bringen Sie mehr Licht, Gesundheit und Leichtigkeit in Ihr Dasein, werden leistungsfähiger, zufrieden und »leuchtend«. Die Autoren helfen dabei mit Übungen und Rezepten, die Körper, Geist und Seele in einem neuen Licht verbinden.